2014

...die „casa del papel" im Aufbau

Christian Seegert
Phantastisches Tagebuch - Band 7.3

Impressum

Band 7.3 (2014)
© 2021 Christian Seegert, Ritterhude, *cseegert.tbc@web.de*
Alle Rechte liegen beim Autor.
Herstellung und Verlag: BoD – Books on Demand, Norderstedt
Satz & Layout: Martin Labedat, Northeim

Phantastische Tagebücher

In Vorbereitung ist
Band 15 (2020.2)

Titelbild: ... die „casa del papel" im Aufbau
Neubau der Europäischen Zentralbank, Wikimedia

ISBN: 9783754347409

Bibliografische Information der Deutschen Nationalbibliothek: Die Deutsche Nationalbibliothek verzeichnet diese Publikation in der Deutschen Nationalbibliografie; detaillierte bibliografische Daten sind im Internet über *dnb.dnb.de* abrufbar.

Vorwort

Was fällt auf übers Jahr – ich fange mit der AfD an, die sieben Jahre später eine andere Prägung hat – 2014 einfach als Gründung gegen das allfällige Europa- und Euro-Regime – die Koalition, wie die Opposition, verbitten sich jede Kritik – wie HELMUT KOHL seit Anfang der 90er Jahre – insofern steht die Partei natürlich von Anfang an rechts von der CDU, was diese vermeiden möchte!

Dann die IG Metall-Frau in der Regierung, sie inszeniert einen Aufbau-Katalog von Sozialleistungen, vorzüglich im Renten-Format, dessen Milliarden den bereits größten Haushalts-Block weiter aufblähen werden – ihr Motto, fern jeder Renten-Mechanik: das haben die sich verdient – und: Geld spielt keine Rolle, zahlt ja die Zukunft.

Dazu natürlich die Standards – die Zahlenwerke der Klima- wie der Bildungsrepublik verheißen auch wenig Gutes, bedeutende Äußerungen und Zwischenergebnisse kommen auf den Tisch, bisweilen brachial intoniert. Wer das hier liest, kennt mich. – Den Vogel schießt in diesem Jahr der Dämm-Meister ab.

Schließlich natürlich ein bißchen Organisiertes Verbrechen, dieser treue Begleiter der Wohlgesinnten. – In dessen Schatten grassiert's *a bissel korruptiv* bis ins Parlament. Als *dös* auffliegt, wird's stillschweigend und ziemlich folgenlos beendet.

Zu allerletzt: regelmäßige Ausflüge in die Abgründe des letzten Jahrhunderts finden sich durchgehend, aus gegebenen Anlässen – häufig im Groben bekannt, sehr häufig im Detail unbekannt – ich verspüre einen gewissen Zwang, das aufzuschreiben. Abgesehen davon, daß die Folgen viel von der aktuellen Großraum-Mentalität prägen.

Ritterhude, im März 2021

2014

2.1. Kilroy was here, Nr. 1:
Ein Zeitlos gezogen.
Im Horoskop steht:
es war eine Niete.

So geht das jeden Tag in der Zeitung und ich zitiere es.

Wieder lege ich die Biographie von KEITH RICHARDS beiseite, die Führer-Erlasse 1939 bis 1945 gehen vor.

Fünf Milliarden solls amerikanische Kunden gekostet, auf bestellte Ware bis zu sechzehn Monate gewartet zu haben. Vor der Übernahme des Lagerhausbetreibers *Metro Int.* durch *Goldman Sachs* waren es sechs Wochen. Klassisches Bankgeschäft des pfiffigen Exponenten zulasten der Realwirtschaft, als könnte die warten.

Dramatisch die drei Jahre nach dem Neustart 1949, als Anklagen, Urteile und Inhaftierung des Nazi-Spitzen-Personals kassiert, revidiert und reduziert wurden, dem Sturm der Entrüstung nachgebend. Zahllose Organisationen, WERNER BEST inmitten alter Kollegen, forderten ein Ende, vorneweg die evangelische Kirche, die SPD und die FDP, Hort der Bedrängten. Alle stützten sich auf aggressives Fordern im Volk, wo die Freilassung der ,Kriegsverurteilten' skandiert wurde, dieser Camouflage von Massenmord und Verbrechen. – Der Zeitgeist war total, ihm widerstand nur eine Minderheit – im Schatten der Besatzungsmacht – so erscheint es.

3.1. Nr. 2
Die dunkle Motte hier
an der weißen Wand
wartet den Frühling ab.

ULRICH VON SUNTUM legt einen weiteren Vorschlag vor zur Abkehr vom Euro-Desaster (3.1.14), der verhallt. Das System von

Brüssel, EZB und der Kommandobrücke des ESM findet beim politischen Personal hierzulande massive Stütze. - Und die große Mehrheit wünscht sich ja Staat, mehr Staat, solange Staat, bis es besser wird. Dabei ist die akkurate Aushöhlung der einst gewährten Verfassungsräume durch ausufernden Staatseingriff eine Zusammenstellung wert. Nur interessiert das keinen! Jeder Rechts-, Vertrags- und Verfassungsbruch sind im Euro-Staats-Banken-Spiel des letzten Jahrzehnts ohne ernsthaftes Hindernis durchgegangen. Bloß keine Abstimmung! Die Wahlen reichen - Europa wird dabei quasi durchgereicht.

Zum Jahrhundertereignis zeigt die Zeitung eine englische Europa-Karte von 1914 neben der aktuellen. Das sieht harmlos aus. Als sei nichts Gravierendes passiert: *Germany* links, Deutschland rechts, im Osten etwas reduziert, das unterworfene Lothringen fehlt auch - *Austria* und *Hungary* jetzt getrennt, die K.u.K.-Monarchie eben zerlegt. - Was dieses mörderische Umschlagen der alten in die neue Welt bewirkte, ist nicht sichtbar in dieser seltsamen Ruhe: zwei monströse Kriege und zwei monströse Systeme, deren 75 Jahre währender Furor Menschen und Erde, Heimat und Vertrauen verwüstete, Völker traumatisierte, die bis heute suchen. Auf dem Balkan suchen sie bis zur Stunde nach Vergewisserung, was ist Bosnien-Herzegowina, was Mazedonien, was gehört zu Albanien. Lügt die Karte? Verschweigt sie etwas? Nein. Sie ist wie Statistik, sie zeigt, wie der Mensch sich die Erde untertan macht, sie aufteilt. Eine Momentaufnahme, ein Segment des Lebens, wie die Heirat. Oder der Tod. Sie hat etwas Trostloses mit ihren fein gezogenen Linien. Die sollen ja bedeutungslos sein nach aktueller Lesart, Europäer sollen die Leute werden, nur, wie geht das? - Vielleicht in den eigens dafür geschaffenen Institutionen wie dem Europa-Parlament, vielleicht noch proklamierlich im Bundestag, aber in Scharmbeckstotel? Das ist schon eher was für im Überbau Herumirrende.

Nr. 3
Keiner hört mehr das Gras wachsen,
seitdem ein energisches Amt
alles zubetoniert hat.

Nr. 4
Die Einwohnerzahl von Beijing, ein Klacks,
verglichen mit den Milliarden,
die in meiner Nase siedeln.

7.1. Abschluß der Biographie des WERNER BEST. Der ‚Konzeptor‘ des Massenmordes gehörte für den Rest seines Lebens zur Prominenz, die in den folgenden 45 Jahren dagegen kämpfte, für ihre Taten zu Rechenschaft und Buße gezogen zu werden, nahezu durchweg erfolgreich. Vor dem letzten Antrag der Staatsanwaltschaft auf Eröffnung des Hauptverfahrens wegen tausendfachen Mordes bewahrte ihn schließlich der Tod im Juni 1989.

Das Aussage-Kartell einstiger Gestapo-Kollegen sowie die Dramatik gesundheitlicher Begutachtungen, etwa der Art:
‚Dr. B erklärte, … er befinde sich infolge der U-Haft in einem furchtbaren Zustand, der von Unruhe und Angst gekennzeichnet werde‘,
konnten jahrzehntelang allen Anfechtungen widerstehen. Solch empfindsame Beobachtung und Teilhabe nötigt zur Anmerkung, daß keinem der Entrechteten, Enteigneten, Deportierten, Vergasten und Erschlagenen je solch mitfühlendes Bedenken zuteilwurde, geschweige denn den Überlebenden, die im Gruselkabinett von medizinischer und juristischer Begutachtung um Kleinrenten kämpften.

BEST ist eine der Figuren aus dem Kabinett ‚unfertig geborener Menschen‘ des ARNO GRUEN: tot in empathischem Gefühl, im Mitfühlen, dabei larmoyant und zu Tränen selbstmitleidig, wenn mit seiner Verantwortung konfrontiert. – Zugleich blieb er bis zum Tod die Agilität in Person als Berater der Nazi-Entourage wie als Zeuge vor Gericht, so daß die Staatsanwaltschaft noch 1988 mit Erstaunen ‚den frischen Eindruck des Zeugen konstatierte – sowohl geistig als auch körperlich.‘

Nr. 5
Wirtschafts-, Politikexperten,
ach, sie überstrahlten oft sogar
Kaffeesatz und Horoskop.

7

8.1. Bayern: also, Frau A. (Namen sind Schall und Rauch, Geschlecht eh) möchte Nachfolger von S. werden. Und sie ist neu im Kabinett, dem großen in Berlin. Zwei Gründe, einen großen Vorschlag zu machen. Was gibt's Größeres als die schon schwer hinkende Tante Energiewende. Also sagt sie: weiter so, wenns Geld fehlt, Kredit! Die Zukunft profitiert ja, also soll sie auch zahlen (wer ist eigentlich Frau Zukunft! klingt wie der Herr Niemand des WALTER ULBRICHT 1961). – A. denkt nicht nur an die Nachfolge, auch ihr Vorschlag birgt landespolitisches Potenzial! Vom EEG-Wahnsinn profitiert Bayern nämlich am meisten, da werden die Milliarden sozusagen auf die Dächer genagelt, *göll!* *Dös* EEG ist so eine Art *Lönderfinanzausgleich ,revörse'*. Was links gezahlt wird, kommt rechts wieder rein, direkt vom König Kunden, was heute Verbraucher heißt. Und, so die A., beim Klima-Kredit könnt' *mers* grade so weiterlaufen lassen. Der Klima-Kredit ist schließlich auch ein anderes Kaliber als die blöde Auto-Maut vom Kollegen D., *göll!* – Jedenfalls: S. springt im Dreieck, legts Veto ein und *stoibert* die A. zum Rapport, was heute Gespräch heißt. Die ziehts zurück. Das war ein klassisches Zirkel-Training, so eine verkürzte Springprozession. – FRÉDÉRIC BASTIAT sprach vor Jahrhunderten schon von den ,Hofschranzen der Volkstümlichkeit'.

In 2000 plädierten BDA und DGB für die Einführung eines Schulfachs Wirtschaft – dreizehn Jahre später ist das vorbei – die rot-grüne NRW-Regierung will den seit 2012 laufenden Schulversuch mit 80 % Zustimmung in ein Fach ,Verbraucherbildung' umschwurbeln (LISA BECKER 8.1.14) – BRIGITTE BALBACH vom Verband ,Lehrer NRW':

> ,Grün will uns erzählen, was wir essen und trinken dürfen, dass wir nicht rauchen sollen und was wir sonst noch dürfen oder nicht.'

Die Ortzeitung beklagt die verheerende Klimabilanz, wenn der Vulkan ausbricht, zum Beispiel der Pinatubo, die Sau. Was tun, Vortragsreise an die Vulkane des Planeten, geht bestimmt durch, Drittmittel eines Forscherlebens unterm Aufkleber ,Klima', das ist selbstredend! *Göll!*

Um 2 Uhr mittags zum Zug nach Coburg. Die Schöne hinterm Tresen bringt mir Brot & Bier aufs Zimmer. Die Situation ist nicht zu ignorieren, aber nicht brenzlig. Schnell auf den nächsten Abweg. – Mit dem Gilgamesch-Fragment ins Bett: erst unter dem projizierten Götterhimmel mit seinen sortierten Eigenschaften, entscheidend jedoch seiner Unsterblichkeit, kann die Auseinandersetzung mit der irdischen Endlichkeit geführt und zur Akzeptanz gebracht werden – nachdem alle faustischen Versuche gescheitert sind.

Nr. 8
Schleierhaft, dieser Dunst
über dem unscharfen
Hochzeitsphoto im Album.

‚Partei der Freiheit' will sie sein, im nächsten Wahlkampf. – Die Organisation, die wie keine zweite dazu beitrug, das Land ökologisch-sozial zu verriegeln, die am EEG wie sonst niemand festhält, die – mit den Worten des WINFRIED KRETSCHMANN – sich daran freut, wenn die Leute umsetzen, was die Politik formuliert, die in NRW die Universitäten unter die strikteste Aufsicht seit Jahrzehnten nimmt, die in Baden-Württemberg als erstes das seit vier Jahren erfolgreiche System der Leistungskurse beseitigt. Aber, mag Grün denken, wenn die Merkel uns schon die Energiewende geklaut hat, dann gehen wir der FDP ans Eingemachte, die hat das eh längst verlegt und hast du nicht gesehen – *furt* ist sie auch! Es geht ja im Berliner Käfig beim Querbeet-Wildern zuvörderst ums Plakatieren. Einheitspartei ist unschicklich, gibt auch weniger Posten, weniger Geld, also getrennt marschieren, vereint schlagen! Isso!

Nr. 9
Wie brav sie nach den Schnäppchen schnappen,
wie treu sie Plastiktüten schleppen!
Seid gnädig mit den Shopping-Schnepfen!

10.1. Besuch mit dem Verwalter beim Mieter, der seit drei Wochen die Fristlose hat. Nächster Besuch Montagabend.

Die neue Familienministerin will ‚Familienarbeitszeit' bei vollem Entgeltausgleich. Wer in der zehngleisigen Familienpolitik auch das noch bezahlen soll, ist eh wurscht, Kredit! Deshalb nennt sie's Vision. Der Rückbau der bürgerlichen in die ‚geschlossene Gesellschaft mit dominierendem Staatseingriff, die einem System unterschiedlicher Berechtigungen nach dem Maßstab distributiver Gerechtigkeit unterliegt.' HABERMANNS Projektion ist in vollem Gange, die Protagonisten drängeln sich in Berlin.

Aktuell hauen sich 1.) alle mit dem EU-Kommissariat, 2.) viele mit Bulgarien und Rumänien, 3.) das EU-Parlament mit Ungarn, 4.) Polen mit Großbritannien, welches Kindergeld für polnische Kinder streichen will, 5.) Griechenland mit dem ganzen System, in Sonderheit ANGELA MERKEL, was sonst? Wer hat sich das ausgedacht?

12.1. Vor der Ausfahrt: wir sind wieder nach Hamburg eingeladen, was anziehen!? – geht das? – Nein! – Warum nicht? – Du siehst aus wie ein Clown, guck mich an und guck, was dazu paßt, dunkle Hose, Hemd und meinetwegen fetzige Krawatte – So? – Ja, ist die Hose sauber? Und das Hemd nicht vollgekleckert! – Nein! – Bei schwarzen Hemden weiß man das nie! Du kannst die Hose ruhig öfter in die Wäsche geben, dann mußt Du weniger dran rumusseln. Wir können uns das leisten. – Ich halts … aus.

13.1. Ja, ich finde das Möbel auch toll, gewagt. Also fahre ich zum Verkauf aus Schadensfällen und packe für fünfhundert einen Eisenschrank, Assoziation: aus der Zeit des amerikanischen Bürgerkriegs, eine Leinwand (zum Aufziehen) und eine große Schale ein.

Am Friedhof vorbei mit Elvis fällt viel frisches Grün und weißer Abschied auf. ‚Küß mich einmal noch, berühre mich einmal noch, wenn ich so liegen werde, bereit zum Ablegen in die Erde', geht mir durch den Sinn. – Elvis nutzt meine Abwesenheit und verschwindet.

Mittels zweier Transportrollen wuchte ich den Schrank ins Haus, von Rollatortauglichkeit keine Spur. Marion spricht das kontinuierlich an, ich fühl mich bereits so.

‚Die Medien konstruierten eine eigene, geschlossene Realität und konditionierten mit ihr unser Wissen über die Welt', so NIKLAS LUHMANNS Quintessenz 1995 von allem, was ihn umtrieb. CASPAR HIRSCHI bürstet den Autor gegen den Strich.

Nr. 10
Gediegen, soviel wie dauerhaft
ein Partizip, das nicht ganz gediehen,
ja fast schon mißraten ist.

Turmbau Elbphilharmonie, nix Harmonie, Vollgas von 187 auf aktuell 860 Mios, davon 800 steuerlich, Eröffnung so um 2017. Auftragsvergabe ohne Leistungsverzeichnis, keine Kontrolle und ohne Plan in die Haftung. Ein Ex-Kollege aus Uni-Zeiten wird als maßgeblicher Hasardeur genannt. Er war seiner Partei sehr verbunden.

Ein Auto zu steuern sei unzüchtig, bekundet ein Rabbiner. Das sagt auch der arabische Antagonist, Vertreter der zweiten monotheistischen Religion. Beide stehen der Schöpfung machtlos und sich gewalttätig gegenüber. Die dritte quält sich wenigstens damit.

Nr. 11
Hinter der geretteten Fassade
die dem Komfort zuliebe
entkernten Jahrhunderte.

14.1. ZDF-Kultur: Über den Gestus der Odenwaldschule, es ist grauenhaft.

Nr. 12
Die selber nur watscheln,
statt hoch überm Meer zu kreisen,
nennen Tölpel den Tölpel.

16.1. Nr. 14
Mein Verfallsdatum: unbekannt.
Was sagt der Astrologe,
Was sagt der Hausarzt dazu?

17.1. Nur noch drei Geberländer im Länderfinanzschwurbel, klagt die Ortszeitung. Besser als im Finanzrat der EZB, da gibt's nur einen (natürlich gibt's ein paar mehr!). So gehen die Gerechtigkeitsspiele, 8,5 Milliarden wurden durchgetauscht. – Der flotte Rentenausbau für die Basisgruppen der großen Parteien, Mütter und Facharbeiter, zieht an die 17 Milliarden!

Nr. 15
Die Armut der Zentralbank:
Geld kann man drucken,
Vertrauen nicht.

Die ‚Führer-Erlasse' spiegeln das Attentat wie die Aussichtslosigkeit auf den Schlachtfeldern. – Noch am 20.7.44 wird der Leiter der Parteikanzlei mit der ‚Durchführung des totalen Krieges im Bereich der NSDAP' beauftragt. Kurz drauf wird der ‚Ehrenhof' aus Feldmarschällen und Generälen (die gleiche Infamie wie bei den Funktionsjuden im KZ) gebildet, der die Attentatsbeteiligten überprüfen und sodann der ‚Volksjustiz' in Gestalt des Volks-Gerichtshofs unter ROLAND FREISLER überantworten soll. – Am 7.8.44 wird DIETRICH VON CHOLTITZ als Kommandierender General von Groß-Paris eingesetzt, der achtzehn Tage später entgegen mehreren Befehlen Hitlers zur restlosen Verteidigung bzw. Zerstörung die Stadt zurückgibt. – Die ‚Auskämmung' der Materialbestände wie des Volkes mittels des ‚Volksaufgebotes' wird in immer kürzeren Abständen ‚befohlen', Verfolgungsbefehle gehen in Abständen raus. Eine Aktion ‚Hochleistungsflugzeuge' ergeht per Befehl.

Am 7. Dezember, nach dem Zusammenbruch der letzten Offensive an der Westfront, verschickt der Führer Grundsätze zur Erziehung des Offiziers- und Führernachwuchses. – Am 21.1.45 soll die ‚neu zu bildende Heeresgruppe Weichsel … so rasch als möglich' dem Reichsführer-SS HEINRICH HIMMLER unterstellt werden, offener und unbeirrbarer Übergang in die Fiktion in der Berliner Erde. Tags zuvor werden die Jahrgänge 1897 zur Vernutzung auf dem Schlachtfeld freigegeben. – Waffennotprogramm, Entlastung der Transportlage, Unterbringung der Flüchtenden aus dem Osten in Dänemark folgen. – Am 9.3. wird die Bildung eines ‚Fliegenden Standgerichts' befohlen, am 13.3. der ‚Einsatz aller Kräfte für den Sieg' angemahnt, wozu ‚die politische Aktivierung und Fanatisierung' der Truppen erforderlich sei. Dafür ist der Truppenführer ‚voll verantwortlich'. – Der Führer betäubt das Volk. – Am 19.3. wird die Zerstörung von allem im Reichsgebiet befohlen, was dem Feind nutzen kann. ‚Entgegenstehende Weisungen sind ungültig.' Als genügten die täglichen Bombenflüge nicht, der Führer traut ihnen wohl nicht – er möchte sein Ideal, das Volk in Zelten und Erdlöchern, noch erleben. Der Führer setzt auf sein Volk, das in Erdlöchern verschwindet, am besten ihm folgt. – Am 28.3. wird die ‚Aufstellung eines Freikorps Adolf Hitler' verfügt. Das sind die 18-Jährigen, fanatisiert, die schießend in den Trümmern von Berlin herumirren werden. Nach den Alten setzt der Führer die Jungen in die Front. – Am 30.3. mäßigt der Führer seinen Zerstörungsbefehl ob der fanatischen Durchführung. ‚Totale Zerstörungen' jetzt nur noch auf seine Weisung hin. – Am 4.4.1945 geht es um die ‚Heranziehung des im Heimatkriegsgebiet (sic!) befindlichen Transportraums', am 7.4. präzisiert der Führer seine Heimat-Zerstörungsstrategie hinsichtlich Brückenbauten, Autobahnen und anderem mehr. Er schließt seinen Befehl mit dem Hinweis, es müsse bei allem ‚bedacht werden, daß (alles Zerstörte) bei Rückgewinnung verlorener Gebiete … der deutschen Produktion wieder nutzbar gemacht werden (kann)'. Also zerstören, aber mit Bedacht, so deliriert des Führers Hirn.

Nr. 16
Wenig wirtliche Gegend,
wo im Winter nicht jeder
ein warmes Bett findet.

Ab 15. April – in fünf Tagen ist Geburtstag, in fünfzehn Selbstmord – konzentriert sich der Führer in seinem Befehlston auf die Fortsetzung der Kampfhandlungen in den verbleibenden Flecken des Reichsgebietes, Titel: Unterbrechung der Landverbindung. Hier folgen detaillierte Vertretungsregeln für den Fall, daß der Führer sich grade südlich oder nördlich der Unterbrechung aufhält und einen Befehl hat. Dann soll ein ‚Oberster Reichsverteidigungskommissar‘ ernannt werden, der, ja was eigentlich. Diese Post geht an zwölf Generäle.

Am 20. April erfolgt die Beauftragung des KARL DÖNITZ für den Nordraum, zwei Tage drauf die Anordnung, jeden ‚augenblicklich zu erschießen oder zu erhängen‘, (da ist der Führer Realist: vielleicht ist keine Patrone mehr zur Hand), der ‚unsere (der Führer ist sich seines Volks sicher) Widerstandskraft schwächt, propagiert oder gar billigt‘. Das ist schon sprachlich ein Kollaps, weil das Billigen der Widerstandskraft doch eher einer Auszeichnung wert wäre. Da war wohl die Kokaindosis zu hoch. Jedenfalls sind alle solche ‚ein Verräter‘, weshalb schnellste Liquidation geboten ist. Diesen Weg geht der Führer schließlich auch, ohne andere mit seinem Abgang zu behelligen. Übrigens gilt diese Anweisung, so der Folgesatz, ‚auch dann, wenn angeblich solche Maßnahmen im Auftrage des Gauleiters Reichsminister Dr. Goebbels oder gar im Namen des Führers befohlen werden sollten‘, welche Maßnahmen auch immer. – Am Tag drauf funkt der Führer den HERMANN GÖRING an und widerruft die Nachfolgeregelung. Dessen Verhalten sei ‚ein Verrat an meiner Person und der nationalsozialistischen Sache …‘ Welcher Vorfall ihm die Laune verdarb, wird nicht ausgeführt (der hat die Fühler ausgestreckt!). – Am 24. April erklärt der Führer per Fernschreiben, daß er weiterhin den Krieg, d. h. alle Operationen, anweist, aus dem Führerbunker. – Dann hört das Befehlen auf.

Nr. 18
Die Welt sähe ganz anders aus,
wenn wir statt Händen
Pelze und Pfoten hätten.

Du kamst vom Chor mit Schrecken: ‚Du wirst ja siebzig,
nächstes Jahr, ein alter Mann. Da müssen wir schnell verreisen, solange es noch geht!‘ – Ja, schnell verreisen!

Nr. 19
Am hellen Vormittag
gegen die Eisblumen hauchen,
bis sie schwinden.

ANDREAS SCHEUER (39) ist neuer Generalsekretär der CSU,
diesem Verein zur Vereinbarkeit von Parlament und Familie.
Und Doktor ist er der Magie wegen. Den hat er in Prag vom Hof
geholt, genauer übers ‚Kleine Doktorat‘. Das Titelchen hatten
‚Bayern und Berlin‘, zwei souveräne Teilrepubliken, ‚vereinbart‘,
wie es verheißt. Näherer Aufklärung steht, wie so häufig, der
Schutz personenbezogener Daten im Weg. Bekannt wird gleichwohl, das Dokterchen berechtige zur Nutzung nur im Verein-
barungsgebiet. Das aber ist bekanntlich unverbunden, wie das
Reichsgebiet seinerzeit! Im Kleinen Doktorat auf Reisen, etwa
zwischen München und Berlin – das erfordert Ortskenntnis,
ja Buchführung. Was steht auf der Visitenkarte, ein regionaler
Sperrvermerk? Wie wenn der Regionaldoktor hinter Hof angesprochen wird, *Tach Herr Dokter!* – Was tut er? – Etwa: Pardon,
bis Berliner Ring nur Herr Scheuer, aber dann! – Titel macht
schon immer Pose, hier wird er zum Hohlkörperdeckblatt, zum
Abdecken. Wissenschaft auf Montage, die Hausarbeit aus dem
Netz, es ist eh wurscht – und wieder machen es Windbeutel des
politischen Geschäfts vor, Motto: geht doch! Altmeister ALFONS
GOPPEL hält die Hand drüber, ‚kein Grund zum Abdanken‘, er
kennt ganz Anderes, so klingt die Botschaft.

Dabei gings dem Andreas eh nur ums kleine Brötchen. Das Thema seiner gut kopierten Arbeit eher dumpf, so eine strapaziöse

15

Version von ‚*mia sahn mia*‘ eben. Treiber war einfach die *connection*, hier die Pan-Europa-Union. Daher gabs den Titel auch ohne Kenntnis des Tschechischen, ohne Besuch von Lehrveranstaltungen, wozu auch, wenn er nach jedem Satz vom Podest den Nachbarn fragen muß! Und kopiert hat er ‚treu bis zum Bindestrich‘, wie die Zeitung recherchiert. – Das hat noch am selben Tag die Beseitigung des Titels in all den schmierigen Netzauftritten zur Folge. Die CSU sei eben ‚eine für Grenzüberschreitungen offene Partei‘, feixt die Zeitung. Mich auch, der Titel lohnt das Zitat:

‚Wahlkampf der CSU – eine Betrachtung (sic!) am Beispiel der Medientouren des Ministerpräsidenten und Parteichefs Dr. Stoiber.‘

So gings 2001, als Entourage eben. Zuvor, 1998–1999 war der Stoiber-Scheuer ein ‚Mitarbeiter des Ministerpräsidenten Dr. Stoiber‘, was jetzt nicht überrascht. Ich sollte das dem GERHARD POLT schicken, aber der hat wohl kapituliert. – Danach, also später, zog der Scheuer-Stoiber über die Landesliste mit dem Dr. STOIBER auf dem Platz 1 in den Bundestag ein. Auch das ist nach allem ein völlig normaler Vorgang, Herrschaften. – Soviel Unterwerfung kostet die Teilhabe an der Macht. Das kenne ich, der Konformismus ist eine weichgekochte Kartoffel.

Nr. 20
Je besser die Verfassung,
desto ärgerlicher für den Minister,
für scharfe Sheriffs und Algorithmen.

Und noch eine bayrische Spezialität: angesprochen auf das nazienteignete Barockgemälde ‚Das Zitronenscheibchen‘, antwortet der Generaldirektor der Bayerischen Staatsgemäldesammlungen, blaß: ‚Wir verschenken keine Bilder‘. – Das ist dort Tradition, in solchen Fällen nicht herauszugeben sondern zu verkaufen. Und das Geld einzustecken.

Nr. 22
Der kleine Gott aus Jade,
verdrossen sieht er zu,
wie wir uns brüsten.

Aus Darmstadt wird ‚Sozialtourismus‘ als Unwort des Jahres gemeldet. Was denn mit dem Promotionstourismus sei, fragt die Zeitung.

Die NRW-Regierung hat einen Ruf im Scheitern ihrer Haushalte wegen Verfassungswidrigkeit. Mit ihrem Hochschulgesetz baut sie diese Kompetenz aus.

Jonas kommt, wir wandern mit Elvis und Patrick zu Anna, also Gassiweg, Feld, Bahnhof. Dort *skyped* er mit Lena. Die sitzt grade in der Küche in Argentinien.

Nr. 23
Flechten Spinnen Weben Stricken:
die genialen Erfindungen
nennt keine Chronik.

Ich schleiche um die begonnenen Großformate herum, kein Anschluß. Also ziehe ich die Leinwand aus dem Spinnweb hoch, mit diesem Turm von Babel und dem Leiterwagen, aus dem die Flammen schlagen. Schreibe es voll, meint Marion.

Hier ein alter Text: ‚Darf ich Ihnen, mit Verlaub, meine Verwirrung anzeigen. – Babel, eine Leinwand von 150 mal vielleicht 120, steht schon bald zehn Jahre hinter allem anderen, staubt, zwanzig andere gingen darüber hinweg, mal recht, mal schlecht. So mach ich's zum Tagebuch, Sekundenbuch, zur Momentaufnahme. Die fängt mit der Frage an, was der Leiterwagen eigentlich soll, aus dem das Feuer schlägt. Und die Flammen werden vom Sturm zurückgeschlagen. Es war eine Feuerbestattung, die zum Halten kam, ein abgebrochenes Ende. Nur das Feuer geht nicht aus. Und neben dem Wagen erhebt sich der Turm von Babel. Den sah der Herr als Anmaßung und Größenwahn der Leute an, weshalb er ihre Sprachen verwirrte. Dieses Sein wie Gott spüre ich heu-

17

te noch. Die Turmfenster auf der Leinwand sind erleuchtet. Licht hatten die Erbauer der Atomschutzbunker in den sechziger Jahren auch – für den Fall, daß sie in diese Festsetzung gezwungen wurden. – Zentral ist der Horizont, diese Null, inzwischen ja mit drei ‚L‘, wenn ich's die Nulllinie nenne. Erinnern Sie sich? Die Sprachenkommission tagte zehn, fünfzehn Jahre, für diese Verwirrung. Ich meine also diese Nulllinie, auf der Leben stattfindet. Worauf der brennende Leiterwagen steht. Riesig ist der Untergang, das Gewesene, wohin der Schatten des Babelturms fällt. Warum eigentlich nicht in die Zukunft, fragte Stephen Hawking (72). Inzwischen warnt er vor ihr. Was die Kreuze zeigen, die sinkenden, bleibt unklar, das versunkene Segelschiff vermißt jede Aufklärung‘.

Weitere Information: ‚Die Bibel erzählt von einem Volk aus dem Osten, das *die eine* (heilige) Sprache spricht und sich in der Ebene in einem Land namens Schinar ansiedelt. Dort will es eine Stadt und einen Turm *mit einer Spitze bis zum Himmel bauen*. Da stieg der Herr herab, um sich Stadt und Turm anzusehen, die die Menschenkinder bauten. *Nun befürchtet er, dass ihnen nichts mehr unerreichbar sein* [wird], *was sie sich auch vornehmen*, das heißt, dass das Volk übermütig werden könnte und vor nichts zurückschreckt, was ihm in den Sinn kommt. Gott *verwirrt* ihre Sprache und vertreibt sie *über die ganze Erde*. Die Weiterarbeit am Turm endet gezwungenermaßen.‘

Die Verwirrung der Sprache ist heute kein Hindernis mehr. Sie ist in einer höheren aufgehoben. Und die Türme zu Babel werden heute einfach zu Ende gebaut, so häufen sie sich.

Er (54) hatte den Code für alle Türen der Bank, in seiner Position selbstverständlich, auch für die auf das Dach. Er kletterte daher hoch, nach vielen Jahren in der Bank, stellte sich auf die Kante des Simses und ließ sich fallen, vorbei an 58 Stockwerken, schlug auf. Es wurde abgesperrt. Eingesammelt. Termine.

Dann die Aktualität des Wilden oder die Vermessung Euro-

Babel – Acryl auf Leinwand – 120 x 150 cm – seit 2008

pas, ach was, GÜNTER KUNERTS Tröstliche Katastrophen. Chemoplast verkaufte Kerzen aus Sträflingsproduktion im Westen, soviel war Fakt, *newwar!* Sieben Funktionäre der DKP standen auf der Gehaltsliste aus den Erlösen. Die waren nicht Sträflinge sondern sangen, daß die Internationale das Menschenrecht erkämpfe. Ich sang mit. Ich kann gut singen.

Nr. 24
Die alten Meister.
Die Rekorde auf den Auktionen
verfolgen sie aus der Ferne
mit einem ironischen Lächeln.

Mit dem EEG inszenierte JÜRGEN TRITTIN das gewaltigste Klientelsystem neuerer Zeit. Nach ANGELA MERKELS Energiewende scheint es wie der Euro in den Arkanbereich der Heiligsprechung gelangt. – Immerhin, die Abschaltung zweier Atomreaktoren wegen Energiewende war rechtswidrig. Scheißegal, denkt der Minister, oder zwei – das Geld kommt aus dem Drucker.

20.1. Früh zum Zug nach Hamburg, S-Bahn, Bus, Quickbornstraße. Ein aufmerksamer Coachee, viel Präsenz aus Eigenem. – Um halb vier zurück, um 6 gassi, Marion zieht mir die Stirnlampe auf. – Dann packe ich und reise ins Hotel zum nächsten Workshop, Kirchseelte.

Es ist Anfang 2014, ich versuche, mich von Larmoyanz freizumachen, so kurz vor siebzig. Merkt Marion was? Die öffentliche Erkundung des Alterns macht uns unsicher, Sie nicht? Es geht nicht mehr seinen Gang. Jeder steht unter Beobachtung. Zuwendung ist anders als Beobachtung, fast schon Aufsicht. Das Leben als Überprüfungsvorgang. – Ich will es vor den anderen merken und unauffällig gegensteuern. Bloß nicht weinerlich werden, wie WOLGANG KUNERT das Altern beschreibt, die Rückkehr in kindliche Horizonte. Das ist schon ganze Larmoyanz. Aber um Abrüstung geht es schon so um siebzig. Ich könnte den Doktortitel vermarkten, an den CSU-Chef SCHEUER vielleicht. Dann hat er was für immer und überall, was echtes. Aber er strahlt konstant positiv ab. Der hält durch, sagen seine Ziehväter, ein Mann mit Dienstlächeln, welches KERSTIN HOLM neulich beschrieb.

Nr. 28
Der Mann, der die alte Jacke
einfach nicht wegschmeißen will.
Er mag es, daß sie geflickt ist.

24.1. Auch im Lehrplangebäude Baden-Württembergs lautet das vornehmliche Bildungsziel: der Mensch als Verbraucher. So werden Endgeräte in technischen Beschreibungen bezeichnet. Nicht personale Souveränität sondern eine von vielen Passivseiten stehen im Vordergrund. Sodann die Horden von Verbraucherschützern, nahtloses Andocken ans schulische Präparat. Vielleicht die grüne Vision von Gesellschaft, die Chef KRETSCHMANN so leutselig formulierte, die Sache mit dem Umsetzen politischer Vorgaben.

Nr. 29
Der Tadel
Wir haben kapiert: Unsere Capriccios,
Güllen und Luftsprünge machen munter.
Nur – wo bleibt da die Bodenhaftung?

JÜRGEN TRITTIN sagts härter: die Gesellschaft sei noch nicht
reif für sein Programm, die Welt zu verbessern.

Nr. 30
Unvollständigkeitstheorem.
Auch in Theorien,
die sauber gebürstet sind,
wuseln die Fusseln.

Da bricht Prokon zusammen, auf Subventionen gebautes Geschäftsmodell – und ANGELA MERKEL kündigt besseren Verbraucherschutz an. Es schürft mir das Hirn auf! – Also nochmal
in Kaskaden-, in Kataraktform:

1. Erst wird das Billionen-Ruinierungsprojekt losgetreten,
(vgl. Bd. 7.3, 2015, 10.3., dauert noch).

2. Dann wird die systematische Fehlallokation von Ressourcen über dauerhafte *windfallprofits* durch Staatsgarantie ge-
steuert.

3. Schließlich wird das zu fröhlicher Öko-Gefolgschaft er-
zogene Publikum in die betreute Verbraucher-Seitenlage gebracht, während

4. das Scheine sammelnde Unternehmertum als Ursache alles Bösen an der Rampe steht.

Solche Skandalabfolge erforderte Kurzschrift, das raffst Du nicht,
aber es ist nicht ausgedacht. – Machtbewußtsein und sparsames
Taktieren prägen den Stil der Chefin. Ihre Entourage schweigt,
die weitere Umgebung auch. Ich glaube, sie haben ein Gespür
dafür, wann sie zu schweigen haben. Der Ziehvater war da noch

derber. – Und es ist noch nicht alles: denn die Gewerkschaft schlägt Alarm, es sei doch wohl ein Sonderfall, also Subvention!, wegen Stellenwegfall.

Kilroy hilf!   Nr. 31:
Steuerberater
Wie er sich die rosigen Hände reibt,
wie er verzweifelte Kunden beruhigt,
das ist das Schöne an seinem Beruf.

Tue ich ihr unrecht? Ist sie ganz unglücklich inzwischen über der Entwicklung, findet keinen Ausweg? Mag sein, sie hatte zu wissen, was sie tat. Wer hat ihr geraten? Vielleicht brauchte sie keinen, sie hat so viele stillgestellt. Niemand widersprach oder schmiß das Handtuch, lest nach, wie die Folgsamen in jener Nacht des Atom-Notaus im Kreis liefen. Hatte sie nur noch Ja-Sager um sich? Wahrscheinlich, was soll sie auch mit einem Nein-Sager! Alles so gemütlich hier, wenn alle entlastet sind. Die Chefin wars, wie so oft.

Nr. 32
In der Tundra
Die Schneeeule lacht uns aus –
ka ka ka –
wenn wir herzen.

Vor 70 Jahren: Öffnung des KL Auschwitz. Erzählt wird, nach den Leichenverbrennungen schabten die Bewohner von Belzec wochenlang menschliches Fett von den Fensterscheiben, das Fett von Genia, Genndla, Haskiel, Hedda, Hudesa, Icchak, Icek, Ichel, Juda, Judel, Judes und den fünfhunderttausend anderen. Sechsundzwanzig Buchstaben zählt das Alphabet, und tausend auf jeden.

25.1. Das Atommoratorium war Rechtsbruch, wiederholt die oberste Instanz. Das ist beim politischen Dogmatismus die Regel, etwa in der Welt des Euro, noch schlimmer, wenn's nur Taktik war. Das Grundempfinden vom kommenden Desaster ist allgemein, aus dem Volksvermögen wird Zeit gekauft, besser: Zeit wird aus dem Volksvermögen subventioniert. Es ist vergleichbar den Börsenspielen, deren Akteure die Zukunft versilbern und sich vom Hof machen. ANGELA MERKEL möchte weder Grexit noch den ersten Energiekollaps erleben. Für den Aufschub zahlen viele.

26.1.   Unser Haus hat aktuell drei Zustände: Auszug, Leon prozessierend, Einzug, Jonas *in process*, Wohnen, Marion und ich. Elvis genießt alle Zustände. Alle Räume sind voll mit Material, welches reinkommt, raus soll, dazwischen unseres.

Nr. 34
Zwischenzonen
Geschmacks- und Gewissensfragen,
Dunkelziffern im Halbschatten.
Überall Grautöne.

27.1.   Kelvin aus Kanada orderte zwar sieben Formate, hat sich aber auf meinen Zahlungsvorschlag hin nicht mehr gemeldet. War dann vielleicht doch ein Scheck-Gangster, wie der Nachbar gleich vermutete. Habe meine Gutgläubigkeit grade noch ansehenswahrend verpacken können. Jetzt bietet ein *professore* mit *conto* in Catania seine Dienste an: Teilnahme am Katalogbuch gegen Bares. Gleich geht mir ,*dubiose Mafiosi traurig seine calamari fritti*' durch den Kopf. – Auf Nachfrage schreibt er, ich sei bereits ausgewählt, ja dann muß ich wohl und schreibe ein CV in *rough 'n' dirty english* und schicke ihm Geld. Am 17. April ist Präsi' in Rom.

Nr. 35
Futterneid
Wer nimmt uns die Butter vom Brot?
Die Ausländer, die Konkurrenz,
oder ist es die Diätpolizei?

28.1.   PETE SEEGER starb (94). War er wie Ghandi, wohl daneben.

Nr. 36
Rettungsdienst
Abschleppen läßt sich leicht, dem Himmel sei Dank,
wer liegen, wer sitzen bleibt.

29.1. Von Rentnern die Stimme, für Rentner die Wohltat. Die CDU
hatte den größten Stimmenzuwachs bei 70+. Daher geht das Pa-
ket Rente ab 63 im Winkemodus durch. Aber vor dem kalbenden
Eisberg die Nachhaltige geben. Der Wohlfahrtsstaat enteignet
und liquidiert. Er befriedigt am Ende wenige, die Eitelkeiten der
firnisstarken Kaste.

Reisebüro – middach – gassi – Sport – Sparkasse – abends im
Bankhaus ist es unterhaltsam, ein Kirchenmann, Herr Klude
zum Zuhören, Schnittchen und Rotwein.

500-Euro-Scheine weiterhin vorzugsweise in Spanien, Basis der
235-Milliarden-Schattenwirtschaft. Das ist ein Viertel des BIP.
– Wenn Litauen beitritt, wird im EZB-Rat rotiert. Dabei fliegt
jeder mal aus der Kurve, jedenfalls sein Stimmrecht. Dann sitzt
auch mal der Hauptgläubiger auf der Bank und die Schuldner
verhandeln über's Debit.

Enteignung des Menschen: MARTIN VOIGT zitiert HANS-JO-
CHEN GAMM:
    ‚Wir brauchen die sexuelle Stimulierung der Schüler, um die
    soziale Umstrukturierung der Gesellschaft durchzuführen
    und den Autoritätsgehorsam einschließlich der Kinderliebe
    zu den Eltern gründlich zu beseitigen.‘
Das formulierte KARL MARX eleganter:
    ‚Wir heben die trautesten Verhältnisse auf, indem wir an die
    Stelle der häuslichen Erziehung die gesellschaftliche setzen.‘
Und am klarsten SIGMUND FREUD, was die Verfügbarkeit der
so Zugerichteten betrifft:
    ‚Kinder, die sexuell stimuliert werden, sind nicht mehr erzie-
    hungsfähig, die Zerstörung der Scham bewirkt die Enthem-
    mung auf allen anderen Gebieten, eine Brutalisierung und
    Mißachtung der Persönlichkeit der Mitmenschen.‘

Nr. 38
Schnell entsorgt.
Der Skandal, über Nacht
ist er vermodert
auf der Mülldeponie.

Nr. 39
Umsonst gehamstert.
Die gehorteten Nüsse
aus den Augen verloren:
tjuck, tjuck schimpft das Hörnchen.

<u>Enteignung</u> hat ihren Platz in der Sphäre des Habens. Das blockiert Wahrnehmung. Der Begriff gehört in die Gruppe von eigen, Eigenart, eigentlich und natürlich Eigentum, davor noch eigentümlich. Dann kann von Enteignung des Menschen gesprochen werden, ganz jenseits der wirtschaftlichen Sphäre. Es betrifft dann seine Eigenart, seine Eigenheiten als biologische, morphologische Elemente seiner ‚Natur‘. So sehr Vieles geworden ist im Wechselspiel von gesellschaftlichem Außen- und dem Innenraum, also seine ‚gesellschaftliche Natur‘ wurde, so schnell greifen missions-getriebene Konzepte wie das ‚*Gendering the people*‘ auf den Kern seines Wahrnehmungs- und Empfindungshaushalts zu. Das geschieht im ideologischen Radikalismus auf den Folien von Gleichheit und Diskriminierung. In Lagern dieser Welt wie in Erziehungskommunen kommt es zur Enteignung der Scham, in der Entfaltung diversester Geschlechts-Prototypen zur Verhinderung oder Zerrüttung des geschlechtlichen Selbstbewußtseins, in der Sexualisierung des Alltags zur Prostituierung und Zerstörung des Selbst-Wertes. Der Kommunismus bietet die umfassendste Form des Zugriffs auf den Menschen, seine Blank- und Bloßstellung in einem kruden, parolenumstandenen und strafbewehrten Funktionskontext. – Lange hat mich ein Schriftstück nicht so befeuert wie MARTIN VOIGT.

Nr. 44
Ahnungslos.
Bevor der Meteorit einschlägt,
ein leises Grollen,
das wir nicht vernehmen.

Das Schreiben des WARLAM SCHALAMOW taucht ein in die
Weiten der russischen Landplatte, ohne Aussicht auf Überleben, hinter Stacheldrahtverhauen zur Existenz gezwungen. Da
entwickelt sich ein Denken und Sprechen, das nach Osteuropa
hineinreicht bis zur Oktoberrevolution. Dann wird der Stachel-
drahtverhau mit Leben erfüllt. Und alles Denken und Sprechen
von den Dingen der Menschen erstirbt im Lager.

Nr. 47
Von einem Flugplatz zum andern,
so wie früher die Handwerksburschen
sind Minister, Bosse und Dichter
immerzu auf der Walz.

1.2. Und deutlich wird mir in einer sternsichtigen Schlafpause der
hintere Sinn des Schutzes von Familie und Ehe.
„Das Triebhafte verliert seine Zügel, wenn die ‚vertikale Kul-
turvermittlung' durch Eltern verschwindet."
Schamempfinden ist dieser familiär-soziale Prozeß in der
Menschwerdung. Das ist das konservative, konservierte und
konservierende Bild von Familie in der Verfassung. Der aktuelle
Blick auf Familie hat diesen Hintergrund verloren, das oberste
Gericht wohl auch: die Gleichstellungsfurie stellt das Männer-
paar und das Frauenpaar neben die Familie, mehr noch, es nennt
sie Familie. Damit ist der Begriff von wesentlichem Inhalt freige-
stellt, massive kulturelle Enteignung.

Nr. 51
Romeo y Julieta
Brautvater im Sonntagsanzug
raucht vor dem Standesamt
Zigarre im Schnee.

DON DE LILLOS ,Libra', die Verarbeitung des Mordes an JF KENNEDY, liegt vor mir – *in english*. Das ist original, aber keine Lektüre. Ich versuche es mit PAUL AUSTERS New York Trilogie, es bleibt fremd. Ist das schon Mangel an Anstrengung, mir passiert viel Solches, ich achte nicht auf alle Aspekte einer Sache. *Brain drain* wäre aber zu viel.

,*Europe is very specific*', kommts WOLFGANG SCHÄUBLE in Brüssel bei einem weiteren sinnfreien *statement*. Es wird nicht nachgefragt sondern hingenommen, einzige Auslegung: er weiß mehr, als er sagt und das will freundlich überspielt werden. Was macht er, wenn's im Geheimkabinett ESM zur Sache geht! Wohl nichts, allein seine Anwesenheit gewährleistet Gefolgschaft des Meisterschülers. Er ruft HELMUT KOHL an, Unsinn, mit dem liegt er über Kreuz, der will auch nichts mehr hören. Er hat das Land eingebracht, das muß reichen.

Stalinat: Dichter und Schriftsteller nach der Oktoberrevolution werden erschossen, emigrierten – GORKI 1921 – oder bringen sich um, JESSENIN, MAJAKOWSKI. – Wir freudigen Genossen feierten sie in ihren Texten. – Am Ende stimmte nichts, ,was als Pose erschienen war, erwies sich als Tragödie'.

Das Leben des WARLAM SCHALAMOW ist der Gang durch den Sturm von Umsturz, von sechs Jahren Bürgerkrieg, woran sich, in die große Begeisterung, befeuert von himmelstürmender Propaganda, direkt das Elend, Nichtstun anschließt, weil alles fehlt. Fast alle Namen enden mit Exil, Deportation, Verhaftung, Erschießung, Mord und Selbstmord. Die Begeisterten sind die ersten in den Lagern, die von der Tscheka befüllt werden. Die Masse des Gefolges lernt den neuen Konformismus, der sich der zaristischen Methoden des ,Katorga', Verbannung zu Zwangsarbeit, im neuen Gulag bedient. – Zum 50. Geburtstag 1929 wird STALIN zum ,Führer' tituliert. – Die ,Entkulakisierung' bringt die Totenzahlen an den zweistelligen Bereich heran, die große Säuberung 1936 bis 1938 faßt weitere Millionen, bis der Krieg gegen das in Nachbarschaft gerückte zweite Lagersystem Europas die weiteren Millionen übernimmt. – SCHALAMOW wird erstmals zu drei Jahren ‚Konzentrationslager zur besonderen Verwendung' verurteilt. Um keinen zu übersehen, wird Widerstand gegen die Macht vielfältig verschlüsselt. Er heißt: Trotzkisten – Rechtsabweichler – Anarchisten – Terroristen – Spione – Diversanten – Menschewiki – Sozialrevolutionäre – Nationalisten – Weißemigranten – Verräter der Heimat, natürlich Kulaken, ukrainische und weißrussische Intelligenz. – Alle Benannten, oft die Familien, die Frauen von Vaterlandsverrätern kamen in Dutzenden von Gulags des Nordens unter. Jene Konzentrationslager hießen ab 1930 ‚Besserungsarbeitslager'. Die Insassen verfristeten ihre Lebenszeit dort in der ‚Umschmiedung' zum Sowjetbürger, war das ohne Aussicht, wurde erschossen. Über Eingängen stand informationshalber ‚Die Arbeit ist eine Sache der Ehre, des Ruhmes, der Tapferkeit und des Heldentums'. – Über dem Tor des deutschen Pendants hieß es schlicht: Arbeit macht frei.

Eine Troika reiste mit Erschießungslisten durch den gulagverseuchten Permafrost des Nordens und ‚sammelte kontingentweise Häftlinge zur Erschießung'. Zur Begründung erfand die Nomenklatura jenes Gespenster-Konglomerat von Konterrevolutionären, Aufständischen, Schädlingen (sic!) und so fort. – ‚Zum Tode verurteilt wurde … gemäß Protokoll der Troika' – ‚Bei Hurrarufen auf Stalin zu schweigen ist ausreichend für die Erschießung.' – ‚Jede Tonne Gold kostete 700 bis 1000 Leben', formulierte SCHALAMOW die Gleichung von Produktions- und Beseitigungsarbeiten. Die anonymen Gräber seien das wahre Mausoleum, JORGE SEMPRUN: man hätte Gänge mitten in den Massengräbern, den Werkstätten des Sozialismus errichten können. Man würde vor den Tausenden von nackten, unverweslichen Leichen der im Eis des ewigen Todes eingeschlossenen Deportierten defilieren (127), ‚ein Auschwitz ohne Öfen (138)'.

Mit dem Überleben beginnt die ‚Rückkehr in eine Zauberwelt, die Rückkehr der Gedichte ins Gedächtnis, die Rückkehr der Wörter aus dem Sprachverlust, das Schreiben über das Vorfeld der Stummheit', bestehend aus Hunger, Kälte, Schmutz, Erschöpfung, Isolation. – Zeitgleich, zwischen 1942 und 1944 betrieben 200.000 Juden in Maly Trostinec Landwirtschaft und

28

Viehzucht, einem Nazi-Lager und NS-Wehrdorf in der Nähe von Minsk. ‚Erdöl, Juden und Deutsche sind unsere wichtigsten Exportgüter‘, erklärte später der *Conducator* des rumänischen Sklavenkommunismus.

Nazi (Mitschrift):
die Taten zu Mariä Lichtmeß in Borów 2. Febr. 1944 Befriedungsaktionen im Generalgouvernement – Im Einsatz ist das Polizeibataillon 316 – Bild eines Blutbades – Trupps von 2–3 Mann zogen von Haus zu Haus, erschossen Frauen, Kinder und Männer, zündeten Häuser u Ställe an – erschossen alle, die sie trafen und warfen sie ins Feuer – lebendig in die Häuser gesperrt und verbrannt worden – ... schoss auf die Leute, die aus den Häusern rannten.

Der Ansager:
Führer am 22. August 1939: ‚Ziel ist die Beseitigung der lebendigen Kräfte – Herz verschließen gegen Mitleid – Brutales Vorgehen – ... Mann, Weib u Kind polnischer Abstammung u Sprache in den Tod schicken – Das ist nun einmal das Lebensgesetz – Die Bürger Westeuropas müssen vor Entsetzen erbeben.‘ – Aktion Erntefest: Erschießung vierzigtausend – Bild eines Blutbades.

Die Täter:
Marino B. (Polizist in Bochum) – Johann B. (Bauarbeiter in Daun) – August Friedrich Wilhelm F (ehem. Spieß, Hagen) – Josef K. – Kurt G. (Polizeimeister in Insterburg) – Karl G. (Polizist in Mönchengladbach) – Heinrich G. (Händler in Heiligenkirch) – Peter S. (Weber in Süchteln):
‚natürlich hörte ich auch das Geschrei der Leute und das Gebrüll bzw. die lauten Kommandos ... – ... mir diese Menschen furchtbar leid taten, da ich damals auch schon Frau und Kind hatte, aber was blieb mir anderes übrig ...‘

‚... betraten die Häuser schlagartig ... – ... brannte die Ortschaft lichterloh ... – ... es blieb kein Haus verschont ... – ... Kinder, Frauen, Greise, niemand überlebte die Vernichtung des Dorfes – ... höre die Schreie noch heute ... – ... mit meiner Gruppe habe ich die Bewohner von 3-4 Häusern erschießen müssen ..'.

‚... im Heimaturlaub weiblichen Bekannten erläuterte, wie man in Kiesgruben hinrichtet – mit Gummischürze, die Kinder zuerst, dann die Mütter ... – ... die Minenprobe, wie der Stalinrasen in Potsdam ...'

 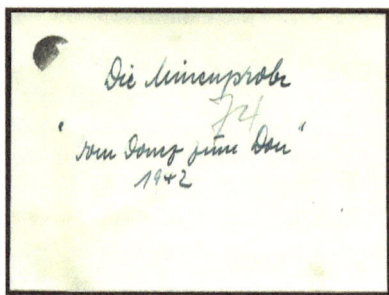

Die Minenprobe – Foto imgur.com

3.2. ‚Ich fahre nach Auschwitz. Küsse, Dein Heini', schrieb HEINRICH HIMMLER seiner Frau, und: ‚Genieße den Besuch in Dachau und grüße alle von mir.' Die Trennung von Beruf und Privatem gelang diesem völlig normalen, ja durchschnittlichen Menschen auf das beidseitig Vorzüglichste. Mutti durfte sogar gucken kommen. Es waren überhaupt normale Menschen, wie etwa *adlatus* BEST & CONSORTEN. – Das Tagebuch des Kollegen ALFRED ROSENBERG wurde grade in den USA gefunden, auch er ein braver, am Ende feinsinniger Kopf, in Nürnberg allerdings zum Tode verurteilt. Der Prozedur entzog sich HIMMLER am 23.5.1945 durch Gift in der Gefangenschaft. Alles umgängliche Leute beim Genozid.

MAXIMILIAN SCHELL starb, 83.
DIETER BOHLEN wird sechzig und lacht.

PHILIP SEYMOUR HOFFMAN starb im 47. Jahr. Ich habe kein Filmbild von ihm. Er war wohl so außergewöhnlich, daß ich beim Lesen des Nachrufs nur so ein wenig erbleiche.

Wieviele Menschen kommen mit einem kurzen Leben aus. Und wir trauern, ich frage bisweilen, wie lange noch. Welch dumme Ablenkung von leben.

4.–6.2. L.earn-Workshop im Drei-Mädel-Haus. – Kongeniale Trainer seien wir, berichtet Lothar. Er solle auf mich aufpassen, hätte Lülli ihm gesagt. – Was denkst du grade, fragt sie mich beim Abendbrot aus maßloser erotischer Präsenz heraus. Ich verlor wohl für einen Moment die Kontrolle.

8.2. Vicki ist Abteilungsleiterin für Europa im US-Außenministerium. ‚Fuck the EU‘, kommts ihr am Telefon – schon weiß es die ganze Welt. Die Umstellung fällt einfach schwer.

ANGELA MERKEL ‚will die CDU weiter erneuern‘. Wußte gar nicht, daß die Partei auf diesem Weg ist. Bisher ist nur Entkernung zu erkennen, also ein zunehmender Hohlkörper. Was ja auch was Neues ist.

‚Letztlich zielt radikaler Lebensneid auf Mord, um so das Unerreichbare wenigstens aus der Welt zu schaffen‘. KARL LÖWITH, zitiert aus dem Schmuggelgut für den Rassenwahn.

13.2. Rückkehr vom Coaching in Hamburg. – Der Energiewende-Netzausbau liegt im Streit. Das Ausland schwankt zwischen Mitleid und Spott. Das Investitionsvolumen im Land sinkt seit Jahren, auch deswegen, von BASF etwa. Das EEG-System kontrolliert die Fläche: mehr als 2.000 Abnehmern bleiben 5 Milliarden erspart, welche die übrigen obendrauf bekommen. Alles soll neu justiert und gegen Brüssel verteidigt werden. Die Seßhaften zahlen, die Flüchtigen nicht.

14.2. Überbordendes Feedback aus Hamburg, mit drastischen Einsichten garniert, zeigt, daß die Mechanik der Konfrontation stimmt. Ich schicke die ‚Fünfer-Kette‘, wenn Sie ahnen …

16.2. Die Enteignung des Menschen durch Ökonomisierung des Körpers und des Verhaltens geht zügig voran. Was technisch möglich ist, wird sogleich am Mann bzw. seinem verlängerten Arm, dem Auto, umgesetzt. Mit Chip im Auto bauen die Versicherungen das Geschäftsmodell aus, zur Kontrolle, Bewertung und Prämiierung des Fahrverhaltens, die Krankenkassen folgen. Der Chip im Mann und der Frau erstellt den ‚Health-Score‘ und hält, gegen Prozente, zum Gesund-Stil an. Was liegt da näher als der Direkt-Kontakt bei wiederholtem Fehltritt, 12 Volt genügten. So arbeitet der Versicherungs-Eingedeckte gegen eine wachsende Zahl von Soll-Profilen. Die Einkehr des Lebenssinns, der ‚Wahnsinn der Normalität‘ bahnt sich den Weg, im Namen des Guten, besser des Preiswerten. Nach dem Zugang zum Fahrzeug, zum Mann und zur Frau kommt die Wohnung ins Visier. Im Namen des Ökologismus soll der Energieverbrauch vor Ort eingesehen werden.

Für NEELIE KROES, Digi’-Kommi’ Brüssel, ist das ausgemacht und harrt nur der Anwendung: die Dame trägt bereits das Kontroll-Armband, während sie von der Gesund-Begleitung schwärmt. Die Berliner Europa-Flüchtlinge werden bei sowas mit offenem Arm empfangen. Fahren ist dann nur ein Aspekt ökologisch korrekter Lebensführung. Die Sanktionierung der Abweichung wird in freundlich lesbarer Form den Bußgeldkatalog des Lebens erweitern. Der sollte, weil Kernlektüre mitteleuropäischer Gewissenhaftigkeit, auf DIN-A 6 und Dünndrückpapier produziert werden. So ist Mitführung unauffällig möglich (Anm. 2021: lächerlich Meister, Teil der Gesund-App wird’s!).

Der *homo oeconomicus* war eine Schimäre der Wirtschaftswissenschaft, er verschwindet langsam als Maßstab für die Wahrsagerei. Was die Lager-Systeme des letzten Jahrhunderts nicht schafften, wird dem neuen Europa gelingen: der Schimäre wieder Leben einzuhauchen, sie heißt dann *homo ökologicus*. – Das verfassungsrechtliche Regelwerk verliert mit der Kontrolle menschlichen Eigensinns unter allseits freundlichem Einvernehmen seinen Gegenstand. Schließlich ist der Zugang zum Körper nicht ausdrücklich bewehrt, wie etwa das Betreten der Wohnung.

Der ‚Umweltbetrieb' (? wer da, was ist gemeint, wie betrete ich eine Umwelt?) mit dem Suggestiv-Siegel ‚EKO', und nu?, dieser Betrieb stellt der ‚Abfallgemeinschaft', jetzt geht's los, da war ich noch nie, ‚Lohmannstraße' – jetzt hat's Kontur, das Zusammenstehen im Müll, die Kennzeichnung hat gleichwohl Gespenstisches, sowas von Abfallkollektiv, *newwa* Genossen, also die EKOS stellen da eine Nachforderung an den Vertreter dieses Kollektivs. Das bin ich. Eigentum belastet eben, mental mehr als pekuniär.

Abends zu Elvis aus dem Berliner ‚Estrel' ins Bremer Musical-Theater. Nimmt mich mit, die Stimme ist nahe dran, die Auswahl der *songs* zu pompös, eher nach dem Motto, *issernichnett!* Der Durchstieg des Sängers durchs Publikum zu anbiedernd – aber es wird wohl gemocht. – Dann zurück aufs Land, ich packe und erreiche das Hotel in Bad Zwischenahn um halb zwölf. – Dort gibt's wieder *slapstick* vom Feinsten mit dem Personal.

Kleine Transfers aus dem Buch in den Laptop, während der fingierte Überfall zur Entwendung des ‚Sophienschatzes' zu DDR-Zeiten inszeniert wird. Im Täterhintergrund steht die KuA, die Kunst- und Antiquitäten GmbH des ALEXANDER SCHALCK-GOLODKOWSKI, dem Zentral-Organ für Devisenbeschaffung. Das fing an mit der Räumung von Bergwerks-Stollen, befüllt mit Nazi-Raubkunst. Was nicht erfaßt wurde, gelangte ins Sonderdezernat des ERICH MIELKE. Aus den Erlösen finanzierten die Herrschaften das Agentennetz im Westen.

Im Nazi-Lager- und Stollen-System, wo Kunstraub Regimeraison war, passierte das Gleiche: 434 Kunststücke ausgelagert in den Berliner Zentralbunker, nicht mehr aufzufinden! 74 Säle bleiben leer. Es hat sogar gebrannt, doch sechzig Jahre später tauchen unversehrte Stücke aus der Charge auf. ‚Wir hatten eine durchgehende Kistennummerierung und es fehlen cirka fünfzig Kisten, Nr. 136 bis 199. Das entspricht etwa 400 Kunstwerken', sagt ein ehemals Beteiligter. Zwar wirkt das ‚Wiesbadener Manifest' gegen den Siegerkunstraub, aber unter den Rückgaben fehlen die 434 bis heute.

18.2.   Der Abschluß des Workshops mit harter Komfortzonen-Kritik: die Trainer haben nicht informiert, daß die Teilnehmer aktiv werden sollten, die Provokationen waren nicht zu ertragen (die Ursachen auch nicht!), die Frontalbeschallung nervig. Ach ja, und vieles war bekannt. Trainer sind schuld. – Ihr macht einen fertigen Eindruck, hatten wir bereits mittags festgestellt – naja, das wissen die ja selbst! – Abends erzählt Marion Vergleichbares aus der Schule, ich gehe schnurstrax an den Rotwein.

Die Kinder des Propagandaministers werden seine ersten Opfer. Und HITLERS Frauen, die seine Nähe suchen und in der Abweisung leben. Sie sind für ihn ‚Stücke seiner Ausstellung‘, gehören zur Inszenierung seines Auftritts, seiner Posen, grade durch Abwesenheit. ‚Hitler läßt lieben, ohne selbst zu lieben‘. EVA BRAUN gelingt es, nach zwei Selbstmordaktionen zu ihm durchzudringen. Gegen seinen Willen reist sie durch das zerbombte Land, das zum Führer hält. Im Angesicht des Todes ist er bereit zur Ehe. Die sechs Kinderleichen der MAGDA GOEBBELS liegen dort bereits, in Reihe, vergiftet. Die Ehepaare folgen. – Alte Frauen und Männer aus der nächsten Umgebung erzählen. Dem alten Mann steht das Wasser in den Augen, als er von einem mitgehörten Telefonat berichtet: Hitler habe immer nur tonlos geantwortet auf Eva Brauns Begeisterung, ‚na, wenns dir gefällt‘. Er erhielt sich die Schwärmerei, die Anbetung, die Unterwerfung der Frauen unter seine Pose dadurch, daß er keine an sich ranließ. So blieb er, irgendwas von ihm, immer zu haben.

19.2.   Das Gestern, Workshop, Marions Schule, Hitlers Frauen, geht mir noch durch den Kopf, während ich eine silberne Schale mit 40 cm Durchmesser mit den etwa zwanzig Babysocken ins Hotel trage. Jedes Strümpfchen enthält den L.earn-Würfel aus Stahl mit sechs Abkürzungen, Kantenlänge 2,8 cm, die fürs Thema und Verhalten stehen.

Heute kommt das ‚Leben oder Schreiben‘ des WARLAM SCHALAMOW dazu, der mit seinen 250 Seiten nicht aufhört. Die ‚kalte Mechanik von Hunger, Erschöpfung, Gleichgül-

... jedes Strümpfchen enthält den L.earn-Würfel

... der L.earn-Würfel

tigkeit und Mord' wurde noch im letzten Jahr seines Lebens wieder akut: 1979 ins Altersheim gebracht, ,lebte er wieder wie ein ,dochodjaga' im Lager'.

(*Anm.*: dochodjaga: Bezeichnung für Häftlinge, die durch Auszehrung, Krankheit oder Entkräftung dem Tode nahe sind und kaum noch Menschliches an sich haben; vergleichbar dem Begriff ,Muselmann' in den deutschen Konzentrationslagern.)

GERDIE GREIGS Biographie des LUCIAN FREUD zitiert MARTIN GAYFORDS: ,Wie um Himmels willen malt man einen Menschen'. – Als FREUD sich jeden Verlust im Wettspiel leisten konnte, hörte er auf zu spielen. Leben ging nur mit Risiko.

20.2. Aus dem Hotelzimmer in den nächsten Workshop mit den Direktoren, planvolles Suchen nach dem Gemeinsamen. – Der letzte Teil aus dem SCHALAMOW zaubert mir Bäche von Tränen durchs Gesicht. Welch ein Leben hier, alles risikofreie Zone!

21.2. ,Der heiße Stuhl' am zweiten Tag zeigt Brillanz an Klarheit, Respekt und Empfehlung. Ich verteile abschließend die Stahlwürfel in den Babysocken.

22.2. Schweren Schritts räume ich Zimmer und Hotel, der Abend war flüssig. – Die Zeitung zeigt den Außenminister beim Händedruck mit WIKTOR JANUKOWITSCH, ex-Chef der Ukraine. Ein Abkommen gelang kurz vor der Eskalation zum Bürgerkrieg. Die Herren sehen sich nicht an, WJ steht neunzig Grad abgewandt mit gesenktem Blick. VITALI KLITSCHKO blickt auf die Mappe mit dem Verhandlungsergebnis. Für seinen Händedruck mit dem Kontrahenten wird er auf dem Maidan minutenlange Schmährufe ernten. Damit endet ein kleptokratisches Geschäftsmodell, die Oligarchen gehen auf Abstand, der Privatbesitz am Kiewer Meer wird besetzt und geräumt, ,das Volk genießt, was die Gangster nahmen'.

Die Bezeichnung des ukrainischen Aufstands als Faschisten- und Antisemitenpack-Aktion durch eine Dame der Linkspartei illustriert die Stabilität des Politbüromodus knapp fünfundzwanzig Jahre nach dessen Abgang, bemerkenswert: viele dieser Lagersympathisanten schweigen. Dabei könnten sie lange Klarheit gewinnen, denn in <u>Nordkorea</u> betreibt die Bruderpartei eine dreckige Kopie des braunen Systems, konsequent am Vorbild Stalin orientiert, der ihre Arbeitsmethoden seit den zwanziger Jahren als Gulag etablierte. Eine UN-Kommission berichtet: es herrsche eine Politik der Aushungerung der Bevölkerung, in den Lagern der Ausrottung durch Arbeit, Kinder ab 5 Jahren bis zu achtzehn Stunden pro Tag, der Vertreibung der ‚niederen Kasten' aus der Hauptstadt in die Peripherie, ein System der Massenerschießungen, der Sippenhaft, der Zwangsarbeit, der ‚Taubenfolter', Gras, Wurzeln, Insekten und Mäuse nähren die Elenden. – Eine politische Kaste zertritt ein Volk, das seine verkümmernden Ressourcen an sie abtritt.

Bundestag: die Selbstregulierung des Einkommens haben Fachleute im Griff, hier die große Mehrheit der Beamten und Gewerkschafter. Bevölkerung sieht anders aus, *eija, wanns keiner sonst macht, gell?* Also, erst werden knapp zehn Prozent auf die 9.082 aufgesattelt, sodann gilt der Index der allgemeinen Lohnentwicklung. Das klingt fromm, fängt aber mit einem Paukenschlag an: ab 2016 geht nämlich der Mindestlohn in den Index, da gibt's ad hoc Aufschläge bis zu 70 Prozent. Je mehr Arbeitslose, desto stärker steigt die parlamentarische Diät. Klingt ein bißchen pervers – unter Diät verstehe ich auch etwas ganz Anderes, meine Herren. Und Damen. Und so. Der Schein des politischen Wohltäters verbirgt den gewitzten Beutemacher. Und niemand fällt der Selbstherrlichkeit in den Arm, die doch das Volk vertritt.

‚Schwarzrote Truppe, fast sechshundert Mann', singt die Prunksitzung in Veitshöchheim – *wenns die Nasn auf a heiße Herdplatte drückst, dann riechst, wie bleed du bist – nach der Worschd hab isch en Dorschd, dann trinkemer –* immer die Dicken nicken! Der nickt ja immer noch, der Nicker, *un schwazz isser auch noch* – ich darf Ihnen vorstellen von der bescheuerten Weindunstbühne vom Steigerwald Ronnie aus Oberschwabach, dann Matthias Waltz: wie heißt das Geschlechtsteil der Filzlaus? Filzstift – was *mache Sie mit em Hund* ohne Beine? Um die Häuser ziehn! – Fällt die Milch in Würfeln raus, war im Stall die Heizung aus – hockt der Hahn sich auf die Krähe, war kein Huhn in seiner Nähe. – Ich merke, das geht nur einmal jährlich – aber einmal musses! Dann geht's wieder.

23.2. URSULA VON DER LEYEN feuert einen Staatssekretär und einen Abteilungsleiter für Rüstungsbeschaffung. Respekt. Naja, was feuern im Ministerium heißt, wäre zu überprüfen. Immerhin, anderswo geht's handfest zu. So klagt der Gouverneur von Sewastopol: ‚In den vergangenen Jahren hat man bei uns sieben Bürgermeister erschossen, einige wurden aus dem Fenster geworfen und die Umverteilung von Eigentum geht weiter.' WIKTOR JANUKOWITSCH tritt zurück, seine Truppen waren nicht ausreichend: seine Miliz (Maschinengewehre, Schützenpanzer, Scharfschützen), darunter eine brutalisierende Einheit betitelt ‚Steinadler', sowas wie an der Reichskanzlei, weiter die Truppen des Innenministeriums, das ‚Innere Heer', also ehemals STALINS Geheimdienst NKWD, schließlich die Armee, der Staatssicherheitsdienst, dazu die ‚Tituschki', ‚Männer von sportlicher Körpergestalt', i.e. Schläger in Zivil.

24.2. ALICE HERZ-SOMMER starb (110), älteste KZ-Überlebende. ‚Man muß der Menschheit alle Sünden verzeihen, wenn ein Beethoven herauskam.' – Gerade noch wurde ihr Leben verfilmt. – Es ändert nichts.

Die Zeitung bebildert die ukrainische Revolution – seltsame Bilder wie seit 1789 nicht. – Eine weitere Lagerexistenz wird angezeigt: JULIUS MARGOLIN geriet bei einem Besuch in Polen in den zweiten Weltkrieg und damit in sechs Jahre Lagerhaft, Bruder des WARLAM SCHALAMOW.

ERNST JÜNGERS Feldpostbriefe in der Besprechung: das ‚Posieren in jener kalten Haltung‘ zeigte schon jene Überzeugung, die nach dem Verlust eines an sich verdienten Sieges in diesem Gemetzel eine ganze Generation prägen sollte. Zu ihren Exponenten gehörte jener WERNER BEST. – Das alles bleibt immer noch Beschreibung, die Dialektik von Innen- und Außenraum dahinter verborgen, ihre Treiber im Dunkel! ‚Enteignung des Menschen‘ bleibt mein Arbeitstitel, bis zur Hohlraumversiegelung – der Pose, für deren Perfektion schon ADOLF HITLER ins Fotoatelier ging.

25.2. 6.15 hoch, 7.15 ab, 8.40 Flug nach München, 11.00 bei Sigrid. Ihr Mann, Mimis Bruder ging nach unvermitteltem Ausbruch von Leukämie. 13.00 Friedhof, Kapelle, Tränen von Tapferkeit und Abschied, Tina und Martina fassen sich zu ERICH FRIEDS ‚Es ist die Liebe‘. Die Urne geht ins Grab – 15.00 Gasthaus – 17.00 zu Hause – 19.00 Gasthaus, ein langes Reden, trocken, derb, verstanden. Es wird ein unterhaltsamer Abend. Zu knapp mit Bruder Roger.

26.2. Um sechs weckt mich Marions *sms*: wann kommst du! Nochmal zu Sigrid, wo einige Lebenswege von gestern Abend reichlich bebildert werden, ohne daß es alles verstanden, geschweige denn die nächstliegenden Fragen gestellt sind. Zwei Koffer mit Silbermünzen sind noch das Einfachste. Sigrid ist bemerkenswert fest. – Ich besteige den feinen Leihwagen und kehre über perfekt ausgewiesene Trassen zum Flughafen zurück.

Bayern – was nun das feine Südland hier betrifft, den KREIDL JAKOB hats jetzt auch erwischt: für die 120-Tausend-Feier zu seinem 60. hat der Ex-Landkreistags-Präsident komplett Drittmittel aquiriert, der ‚Doktor‘ war eh abgeschrieben und schon aberkannt. Und in der sogenannten Verwandtenaffaire hat er ja auch in der Oberliga *gspuild, gö!* Die ganze *Baggage* war angestellt. Jetzt soll er halt auch den Rest seiner Mandate aufgeben, meint der Parteivorstand. – *Esisehwueschd!*

PACO DE LUCIA starb, 66.

27.2. Neun Stunden Teamarbeit in der Munte, fatale Konstellation – ein Ziel wird gleichwohl formuliert.

Vom Euro – WILHELM HANKEL in Berlin 2011: vom ersten Euro-Schein an war das griechische Wort für Euro bereits unter den lateinischen Buchstaben eingedruckt, drei Jahre vor dem erschwindelten Eintritt des Landes. Die Aufnahme von Ländern, die weit ab vom Maastricht-Vertrag standen, kann nur planmäßig und langfristig erfolgt sein, die frommen Teilnehmer an dieser Veranstaltung wurden frühzeitig und langfristig an der Nase (herum-)geführt. – ‚Wenn Brüssel mit Menschenrechten nervt‘, titelt die Zeitung. Jeder Kommentar erübrigt sich bei solch gelungenem Titel.

Berlin: Herr SCHMITZ aus dem Senat, von Ansehen bekannt, tritt zurück – nach Bekanntwerden seiner Steuervermeidung. Für Rücktritt gibt's nix, deshalb überlegt er's sich und kehrt zurück in den alten Stand – und läßt sich in den Ruhestand versetzen. Jetzt lohnt der Wechsel, denn es gibt ein Übergangsgeld von 150.000 und korrigierte Pensionen. Draußen im Land ist das anders. Wowi ist in solchen Dingen einfach eine verläßliche Bank.

28.2. Nach vier Stunden in der Sparkasse raus ins Drei-Mädel-Haus. Mit 21 Leuten ist das Großeinsatz – ich halte durch und Weggabelungen offen, das hilft vielen. – Mit zweihundert Gramm Kontoauszügen zurück. – Trost beim Crowdfunding-Streifen von CHRISTOF MARIA HERBST.

WINFRIED KRETSCHMANN will sich die Gender-Theorie als schulische Erziehungsplattform nicht ‚durch überspannte Debatten‘ ausreden lassen. Das ist er seiner seit zwanzig Jahren erfolgreichen Partei schuldig. Die hat die Schaltstellen des ‚BIP‘, Achtung: ©!, also des Wirkungszusammenhangs von Bildungs-, Informations- und Parteiensystem, nachhaltig perforiert. Und sie ist die erfolgreichste Frontorganisation im Thema ‚Enteignung des Menschen‘, *isso.* Sie hat den Mut zur Überwältigung.

DDR: ein ex-Häftling schildert das System. Es funktionierte wie der Gulag, nur eben in festen Häusern: die Kriminellen kontrollierten, bespitzelten und verrieten die politischen Gefangenen, waren also prominente Funktionäre des Apparates. Dafür gabs Vorteile, Zigaretten, Urlaub, naja und Staatszeitung mit Staatsfunk.

Und wieder ein Aufschrei zur Massenarmut aus dem offensichtlich-rechtlichen Bezahlfernsehen: die tausendste Studie zur Vermögensverteilung, welche in Deutschland galaktische Spreizung zeige. Die Tante Tagesschau berichtet flugs (sie hat schließlich die mit Abstand größte Reichweite), bevor Details bekannt werden: daß erneut!, also wie neulich bereits, die Altersvorsorge der Selbständigen eingerechnet ist, die Pensionsansprüche der Beamten und Angestellten hingegen nicht – ein vermögenshaltiger Gesichtspunkt, der diese Truppe zur reichsten der Republik macht! Wer ordentliche Reichweite hat, schreckt eben vor nichts zurück.

2.3. ALAIN RESNAIS starb, 91.

Geheimdienst, britisch: FRANK SCHIRRMACHER faßt zusammen und mir wird's übel. Ich bin antiquiert mit meinen Themen, meinen Bildern. Das technologische Potenzial gestattet Erfassung und Steuerung – ohne invasive Maßnahmen. Er verweist auf den ‚optic nerve‘ des britischen Geheimdienstes, auf dessen ‚Grammatik der Zersetzung von menschlicher Reputation in sozialen Netzwerken‘ in der ‚Epoche intuitiver Selbstzensur‘. Dafür wurde in 2013 die JTRIG beim britischen Geheimdienst aufgemacht, das ist die *Joint Threat Research Intelligence Group*, die ist Teil der HSOC, der *Human Science Operations Cell*. Im Zersetzungsprozeß gegen Menschen und ihre Beziehungen folgt sie den ‚Five D‘, ‚Deny – Disrupt – Degrade – Deceive – Destroy‘, auch vertraut in den Details, aber auf Basis des Internets und einer offenen Welt von neuer Qualität. – Bei all dem, so FS, signalisiert ‚das Schweigen der Liberalen‘ die Breite des konformistischen Apparates. Vor diesem Befund verliert alles sein Gewicht, was JÜRGEN HABERMAS beklagt. Das System der Stallfütterung, ‚der organisierten und entmündigenden Verantwortungslosigkeit‘ ist Absicht. Es sichert den Daseinszweck des Kartells und die Versorgung impliziert die Überwachung der Betreuten, bis zur Aufstandsprophylaxe.

Erst haben sie Europa zusammengefaßt, den Beschleuniger 1989 genutzt, dann das Wesentliche zentralisiert, das Münzrecht unter Kuratel gestellt (ESM) und jetzt werden die Systeme von Erfassung, Kontrolle und Steuerung draufgesetzt. – Als das kommunistische System kollabierte, sagte jemand in Richtung Brüssel, dort entsteht der neue Staatssozialismus, ein Pleonasmus. Ich wollte es nicht glauben.

3.3. Chinas Audi-Fahrer versammeln sich zum ‚Volkskongreß'. Dort stehen ‚die drei Übel' auf der Tagesordnung: Separat-, Extrem- und Fundamental-ismus, also Klassiker aus dem Wörterbuch des Stalinats, Klassiker großer Zentraleinheiten! Aus dem Apparat eitert es bisweilen heraus, nach BO XILAI gerät Zhou Yongkong, Sicherheitszar im Ruhestand, ins Visier. Hier geht's um die inneren drei Übel, also um Korruption, Bereicherung und Mord. (Sind die Keller erstmal voller Scheine, ist dem Umtrieb keine Grenze gesetzt). Alles zugleich Hilfsmittel, die werten Delegierten im Obacht-Modus zu halten und XIS Position im KP-Laden durchzusichern.

4.3. An stillen Vormittagen
trage ich Papier durchs Haus,
geschnitten und sortiert,
und Reste zur Entsorgung.
Wissenswert: was ist die Spreu,
welches der Weizen!
Mich trifft die Frage täglich,
darüber wird es Abend.
Mein Rückblick wittert
Rinnsale der Zeit,
Freilandgehege.

THILO SARRAZIN wird eingeladen – und im Lärm ist kein Wort von ihm zu verstehen, wie 1968. CLAUS PEYMANN schickt die Leute dann nach Hause. Und vor dem Tor wird das Ereignis gefeiert: wir haben ihn nicht gehört, wir konnten ihn nicht verstehen. In Berlin. Der politische Mob säuft.

Ein weiterer Aufstand aus dem Süden: die neue Promotionsordnung in Baden-Württemberg atmet den Geist der neuen Schulreform. Es ist ein weiteres Papier des Kontrollwahns: Aufsichtsgedränge, Erfassung. Das Personal wird für bürokratische Vorgänge verschlissen.

5.3. Auf der Hamburger Platte, dreispurig schön, zum Coaching, ein unterhaltsamer Tag, nachmittags der Sonne hinterher zurück.

Abends ‚Camp 14' verpaßt: Shin (<u>Nord-Korea</u>) verrät seine Familie und sieht der Hinrichtung zu. Geboren im Lager, sollte er dort sterben, ... wie sein Lehrer eine Mitschülerin mit dem Stock totschlägt – fünf Stunden lang mit Schlägen auf den Kopf, vor der Klasse, ... wie eine Frau an den Ast gehängt und totgepeitscht wird. – Wieviel Gleichzeitigkeit hält der Mensch aus.

6.3. Die englische Zentralbank war 2008 informiert – über alles, vor dem Banken-Kollaps, so verlauten Geheimdienstkreise. Also die Leute wußten und taten nichts. SR. DRAGHIS Bruder im Bankenviertel konnte in Ruhe arbeiten.

1. Weltkrieg: dünne Eisenstangen wurden aus Flugzeugen abgeworfen. ROBERT MUSIL schreibt über ‚Fliegerpfeile', die den Stahlhelm durchschlugen – Auf ‚Lühmann 16 B', weiter weg, regnet es flüssiges Eisen. – Aus dem Permafrostboden ist ein 30.000 Jahre altes Riesenvirus befreit und wiederbelebt worden, geht doch!

Die Energiewende führt zur ‚Elektrizitätsarmut' bei inzwischen fünf Millionen, ein klares Anschlußmandat für den Sozialstaat, das unter Projektkosten verbucht sein sollte. Der ist ja rings um dieses prozessierende Ereignis in immer kürzeren Abständen gefragt. – Mich erinnerts grade an den Milliardenbonus beim Autotausch – ILSE AIGNER schließlich empfiehlt Kreditierung der ganzen Chose. Die Inanspruchnahme der Zukunft ist Blaupause der nachhaltigen Gegenwart, ganz wie beim Börsen-Future des gut sortierten Finanzhais.

7.3.   Um 9.00 Vorbesprechung des Wochenendes, um 11.00 Packen für dieses, Gassi, Schatzi, 15.00 Abreise, 16.00 Teamtraining.

8.3.   8.30 Fortsetzung, die Choreographie ist perfekt, wie der Abschluß. Ich stelle den Wagen auf 100 und ziehe zurück aufs Land, zum Tee mit Zeitung. – Und das ist nicht lustig, überhaupt nicht lustig. Was treibt die Redaktion zu solcher Mischung, ist es der Lauf der Welt – oder hat sich etwas gestaut, daß sich ergießt wie ein ins Rutschen gekommener Müllberg. Da ist das ,*employee tagging*' der Lageristin bei Amazon, die Massaker in Zentralafrika mit dem Lächeln der Machetenträgerin, ,Menschenfleisch auf dem Wochenmarkt', PUTIN auf der Krim und der Weg der Unterwerfung – vor den Kameras, die Handlungen des malayischen Oppositionsmannes, weiter weg als ERDOĞANS Korruptionsindex, der neueste Händedruck des nordkoreanischen Jünglings – Improvisationen im Geisterhaus.

Der Tee ist bitter, standhalten schwer. Schließlich noch die Fleischversorgung für Europas Sklavenmarkt. Soll ich den Blick flach halten, mein Augenmerk ablenken? Die Nachrichten stauen sich vor beschränkter Kapazität. Der Durchfluß stockt, Gesundheitsgründe! – Ich versorge mich mit dem Nötigen, öffne Wein und schreibe ein Protokoll. Einfache, aufeinander folgende Tätigkeiten befördern Gleichmaß.

Dann wieder die Säuberungen des <u>Stalinat</u>s und der Abend ist gelaufen, abgelaufen. Es war blanke Verzweiflung, diese permanenten, sich überbietenden Selbstbeschuldigungen, des Verrats jedes Genossen, der Leugnung jeder Beziehung, des Selbstvorwurfs fehlender Aufmerksamkeit im sich bekanntlich ,unablässig verschärfenden Klassenkampf'. So stand es stets in Stalins Leichenbüchern:

Seit 1992 steht ,Die Säuberung' im Regal, die REINHARD MÜLLER, ehemals Leiter des Archivs der DKP-Thälmann-Gedenkstätte in Hamburg, kundig herausgab. – KARL SCHMÜCKLE wird aus führender Tätigkeit heraus mit ,Versöhnlertum' kon-

45

frontiert, Jahre später zum ,Parteifeind', ausgeschlossen, verhaftet, verurteilt, Tod durch Erschießen, vollstreckt. Seine Lebensgefährtin folgt ihm. – So verwandelt sich die Kommission des sowjetischen Schriftstellerverbandes in eine Ansammlung von ,Fällen', von Kriminalfällen mit Todesfolge.

SAMUEL GLESEL, von ERICH WEINERT ,zerrissen', ausgeschlossen, verhaftet, deportiert, zur Arbeit im Bergwerk verurteilt.

HEINRICH SÜSSKIND, vom Chef-Redakteuer der ,Roten Fahne' zum Fünfergruppenkassierer degradiert wegen ,Versöhnlertum', später Parteiausschluß wegen ,Doppelzüngigkeit', Verhaftung, erneuter Parteiausschluß und zum Tod durch Erschießen verurteilt.

BÉLA KUN, aus höchster Komintern-Funktion entbunden, degradiert, verhaftet, erschossen.

GUSTAV BRAND, verhaftet, Weiteres unbekannt.

Genosse A bis Z als Faschistenagent, Schädling, Trotzkist entlarvt, verurteilt, erschossen.

NIKOLAI BUCHARIN, ZK-Mitglied, Chefredakteur der ,Prawda', der ,Iswestija' entlassen, ausgeschlossen, verhaftet, verurteilt, erschossen.

FRITZ HECKERT verstarb, der Verdacht blieb, eines nicht natürlichen Todes.

STANISLAW LUDKIEWICZ verhaftet, Weiteres unbekannt.

PAUL DIETRICH, Versöhnler, Kontakt zu parteifeindlichen Elementen, verhaftet, im Lager umgekommen.

ABRAHAM BRUSTAWITZKI verhaftet.

ALEXANDER EMEL, Eintritt, Ausschluß, Eintritt, oppositioneller Abweichler, trotz Selbstkritik nicht aufgenommen, als Opfer disponiert, nach ,oppositionellen Verfälschungen' zum Tode verurteilt und erschossen, seine Ehefrau verhaftet.

JOSPH WINTERNITZ, 1950 seiner Funktion enthoben wegen Unterstützung einer ,Kampagne der Imperialisten und Tito-Agenten gegen Stalin', Flucht nach England.

JOSEPH SCHNEIDER, seit 1921 KPdSU-Mitglied, 1936 verhaftet, im Lager umgekommen.

RAOUL LASZLO, als ,trotzkistisches Subjekt' und Organisator der Anti-Komintern 1940 in seiner Wohnung tot aufgefunden.

WILLI MÜNZENBERG KPD, Untersuchung, 1939 Ausschluß, 1940 tot aufgefunden.

HEINZ NEUMANN, KPD, EKKI, Chefredakteur der ‚Roten Fahne‘, aller Funktionen enthoben, verhaftet, Abweichler, erneut verhaftet, zehn Abweichungen nicht nur von der deutschen Parteilinie sondern auch von der Stalin'schen Generallinie, zum Tode verurteilt.

Seine Frau MARGARETE BUBER-NEUMANN ausgewiesen, bis 1945 im KZ Ravensbrück.

WILLI BUDLICH, KPD, EKKI, in Berlin verhaftet, entlassen und Flucht in die Sowjetunion, verhaftet, zum Tode verurteilt und erschossen.

EUGEN SCHÖNHAAR, KPD, von der Gestapo ermordet.

WALDEMAR KNORIN, alter Bolschewik, führend im Kampf gegen Trotzkisten und Rechtsabweichler, EKKI, 1937 verhaftet und umgekommen.

TRUDE RICHTER, KPD, Emigration in die Sowjetunion, verhaftet, fünf Jahre Zwangsarbeit, entlassen, verhaftet, sechs Jahre Lagerhaft.

MARTHA MORITZ, KPD, Ausschluß wegen ‚Brandlerismus‘, strenge Rüge wegen ‚Mangel an Parteiwachsamkeit‘, verhaftet, zum Tode verurteilt und erschossen.

ALICE ABRAMOWITZ, KPD, Emigration, 5 Jahre Lagerhaft, 1945 erneut zehn Jahre Lagerhaft.

LAJOS MILGORF, KPdSU, TASS Komintern, 1935 Moskau, 1937 verhaftet und erschossen.

KURT NIXDORF, ausgeschlossen, 1928 KPdSU-Mitglied, Parteirüge wegen Versöhnlertum, entlassen, 5 Jahre Lagerhaft, zum Tode verurteilt und sofort erschossen.

DAVID GOLDENDACH, Narodniki, 6 Jahre Gefängnis, 3 Jahre Verbannung, 1931 Parteiausschluß wegen Verrats, entfernt wegen ‚Verbindung zum menschewistischen Auslandszentrum‘, verbannt, verhaftet wegen Verbindung zur ‚rechtsopportunistischen trotzkistischen Opposition‘, zum Tode verurteilt und erschossen.

KARL SCHMÜCKLE, Parteirüge, abgesetzt, entmachtet.

ANNE BERNFELD-SALOMON, Selbstmord.

HEDI GUTMANN, Beschuldigung, in ihrer Wohnung den ‚Sitz

der Moskauer Gestapo-Zentrale' zu beherbergen, 1941 verhaftet, in Haft bis 1955.

MIECZYSŁAW BROŃSKI, verhaftet, umgekommen.

JOHN HEARTFIELD, Organisator des ‚Versöhnlersalons', in der DDR ‚spurlos verschwunden' (Anm 2021.: nicht zutreffend).

MICHAIL KOLZOW, 1938 verhaftet, 1942 erschossen.

MARIA FRUMKINA, KPdSU, 1937 verhaftet, 1938 hingerichtet, ebenso ihre zwei Schwestern.

GERHART EISLER, 1918 KPÖ, 1921 KPD, Komintern, rechnet in der DDR mit seiner Vergangenheit als Versöhnler ab.

HUGO EBERLEIN, KPD-Mitgründer, als Versöhnler und Kritiker ERNST THÄLMANNS ‚kominterniert', verhaftet, verhaftet, zum Tode verurteilt und umgekommen.

WILLY HARZHEIM, KPD, Emigration in die Sowjetunion, verhaftet, verschollen.

JOHANNES R. BECHER, Stalin-Epos in zwölf Gesängen, Publikation verhindert, später in Teilen.

LILLY KORPUS, entgeht der Verhaftung, weil BECHERS Frau.

RUTH FISCHER (i.e. ELFRIEDE EISLER), KPÖ, Ausschluß KPD, Anschuldigung: Vorbereitung eines Terroranschlags auf Stalin, Flucht.

GRETE WILDE, KPD, verhaftet, Kaderkommission, verhaftet, 8 Jahre Haft, Deportation, umgekommen.

GEORG BRÜCKMANN, KPD, EKKI, Kaderkommission, verhaftet, 8 Jahre Lager, umgekommen.

HANS KNODT, KPD, Selbstbezichtigung als Versöhnler, verhaftet, 8 Jahre Lager, umgekommen.

OTTO KATZ, KPD, 1952 als ‚britischer und zionistischer Agent' zum Tode verurteilt und hingerichtet.

ERICH MÜLLER, verhaftet, Lager, Ausweisung.

1931 ‚große Reinigung', Installierung der Brigade zur Literaturüberprüfung, für die Wahrung staatlicher Geheimnisse in der Literatur, ‚Glawit'.

FRANZ KORITSCHONER, KPÖ, RGI, verhaftet, 10 Jahre Lager, vom NKWD an die Gestapo ausgeliefert, im KZ Auschwitz ermordet.

MARIA GRESSHÖNER, KPD, nach der Untersuchung durch die KPD-Kommission verhaftet, erschossen.

OTTO UNGER, KPD, Versöhnler, verhaftet, zum Tode verurteilt und erschossen.

PAWEL P. POSTYSCHEW, KPdSU, verantwortlich für umfangreiche Säuberungen in der Ukraine, erschossen.

WOLFGANG WEISS, KPD, verhaftet, angeklagt wegen Spionage und Verbindung mit Trotzkisten, Ausweisung.

ZENZL MÜHSAM, verhaftet, freigelassen, 1937 erneut verhaftet, Gefängnis bis 1954.

CAROLA NEHER, Schauspielerin, Emigration in die Sowjetunion, Verhaftung als ‚trotzkistische Agentin', verurteilt zu 10 Jahren Haft, Tod im Lager an Typhus.

ANATOL BECKER, KPD, verhaftet, erschossen.

ERNST MANSFELD, KPD, verhaftet, verurteilt.

ERICH WOLLENBERG, KPD, Ausschluß, Verfolgung durch den ‚Apparat' als ‚trotzkistischer Gestapo-Agent'.

RICHARD GREVE, KPD, Rote Armee, Verhaftung, umgekommen.

Fünf bis sieben Millionen Tote nach der Kollektivierung in der Ukraine. Bruch des Tabus = Todesstrafe.

WERNER HIRSCH, KPD, 1933 verhaftet, 1934 Emigration in die Sowjetunion, 1937 verhaftet, 10 Jahre Lager, umgekommen.

MICHAIL KREBS, Komintern, 1937 verhaftet, umgekommen.

Der M-Apparat der KPD, eine permanente Kontrollorganisation gegen Abweichler, Versöhnler und Trotzkisten.

ANATOL BECKER, Ingenieur, KPG, 1933 Emigration, 1936 verhaftet, zum Tode verurteilt und erschossen.

KARL SAUERLAND, KPD, 1934 in die Sowjetunion kommandiert, Komintern, 1937 verhaftet, zum Tode verurteilt und erschossen.

FRITZ DAVID, KPD, Emigration in die Sowjetunion, wegen menschewistischer Vergangenheit zum Tode verurteilt und erschossen.

‚Über das sogenannte antisowjetische, vereinigte trotzkistisch-sinowjewstische Zentrum' ... im endlosen Säuberungs-, Reinigungs- und Liquidationsregime sind das ‚Tränen im Ozean'. Während STALIN Todeslisten bestätigt, drei Wochen vor Beginn der 36er Schauprozesse, ist sich im amerikanischen Exil THOMAS MANN der humanitären Mission und Zukunft des Kommunismus gewiß. So bekennt er im Brief an HERMANN WOLF (30.6.1936). – Das Leben kommt nur in Segmenten auf uns.

Es gibt einen mächtigen Druck, eine Namensliste zu schreiben, zu sehen, wie eine Liste aussieht, deren Teilnehmer aus dem Status der Gleichgesinnten, der Wohlgesinnten bis zur Unterwerfung in den des Klassenfeindes wechselten. Dem Schauprozeß gegen BUCHARIN & Genossen 1932 folgte der ‚Prozess der 17' gegen KARL RADEK & Genossen, gegen Marschall TUCHATSCHEWSKI & 35.000 russische Offiziere. – Von den 1.225 Delegierten des 17. Parteitags 1934 waren fünf Jahre drauf mehr als fünfzig Prozent liquidiert, von den 139 ins ZK Gewählten kurz drauf mehr als siebzig Prozent umgebracht.

10.3. Es mag dem Respekt vor dem nahen Lebensende geschuldet sein, daß die Haftbefehle gegen zwei Wärter in Auschwitz, 92 und 94 Jahre alt, außer Vollzug gesetzt wurden, vielleicht auch aus der Überlegung heraus, daß Fluchtgefahr kaum denkmöglich ist. Wohin sollen sie auch fliehen, vor was eigentlich.

Daß Raubkunst von vergasten Juden 2014 unter Verschluß bleibt, enthüllt den Pferdefuß unterm Weihrauch beständig artikulierter Bußfertigkeit in dieser Sache. Ein 88-jähriger Anwalt in New York droht mit Beschlagnahme deutschen Eigentums, falls MAX LIEBERMANS Werk ‚Zwei Reiter am Strand' nicht unverzüglich herausgegeben wird.

11.3. Eine ‚Gefahr für Deutschland' sei der Wirtschaftsminister, heißt es im Leitkommentar der Zeitung. Für diesen Titel mußte der

Finanzminister länger kämpfen. Ich könnte von einem Triumvirat sprechen, Dame eingeschlossen, dem stärksten Ableger aus Brüssel. – Saniert eure Bäder, empfahl der IFO-Chef, an die Arbeit!

Tageskoller: THERESA BAUER begründet ihr Lehrplan-Element ‚Sexuelle Vielfalt' mit Liberalität und Weltoffenheit. Es schallt und raucht in Baden-Württemberg. – KIM JONG UN erzielt in seinem Wahlkreis einhundert Prozent der abgegebenen Stimmen. Das ist abgrundtiefes Vertrauen. – Tote Kredite: in Italien 169, in Spanien 197 Milliarden. Neuausstattung steht an.

Auf der Fahrt in die Stadt liest Jonas einen Brief seines Bruders vor, der sich sehr bedankt. Er vergöttert mich wohl wirklich. – Schon lange, mein lieber Sohn! In voller Ambivalenz allerdings (was heißt, da kommt noch was).

12.3. ‚In Side Job' von CHARLES FERGUSON soll eine unterhaltsame Zusammenfassung der Weltherrschaft sein. Zur Vertiefung soll taugen ‚Zero Zero Zero' von ROBERTO SAVINIO. Beiden bekam die Hebelwirkung großen Geldes nicht. Kokain sei die wahre Währung. Das ist verkannt, du brauchst es nur, um den Neigungswinkel deiner Geldgeschäfte zu ertragen.

13.3. Also das mit dem Universum kann schon nerven. Erstmals haben sie die Rotationsgeschwindigkeit eines Schwarzen Lochs ermittelt. Da kreisen 200 Millionen Sonnenmassen in halber Lichtgeschwindigkeit umeinander, also nur mit 150.000 Kilometern pro Sekunde. Es ist aber weiter weg, so sechs Milliarden Lichtjahre. Die Vorstellung kollabiert. – Quasi um die Ecke, heißt es tags drauf, gäb's einen der größten Sterne überhaupt. Unter der Katalognummer HR 5171 A, falls Sie das nachsehen wollen – mein Vorstellungsraum assoziiert Otto-Versand – tobt so ein Apparat durchs Sternbild Zentaur mit einem Durchmesser Sonne mal 1.350 und hell ebenso, also Sonne mal Millionen. Das spielt sich grade mal 12.000 Lichtjahre entfernt ab. Also ich weiß nicht, wie finden Sie das!

14.–15.3. Workshop in Gyhum.

16.3. 23 Uhr: ‚das hatten wir lange nicht mehr, Kreuz in den Kalender!' Sagts und dreht sich um.

18.3. Der Blick streunt und haftet am Reichtum der katholischen Kirche. In den USA sollen 170 Milliarden gebunden sein. genug, den Standort zu verteidigen, wenn der Platz unter den TOP 20 der Reichsten belegt ist. – In Rom sind es Betten, die jährlich 700 Millionen einbringen. Die halbe Stadt, genauer elfhundert Immobilien gehören dem Vatikan. Da muß so ein Kritiker des großen Geschäftes die Worte wägen, Hauptsache, er überlebt.

MICHEL FLIECX schildert sein Leben in den Konzentrationslagern unter den Kapos, Berufsverbrechern, die sich der Gunst der SS-Wachen versichern mußten, wie im Gulag – ich fürchte, ich wiederhole mich, es sind eben viele, die das erzählen – dann schreibe ich es oft.

19.3. Ohr kaputt, der Fachmann saugt ab. Zum Arbeitsgericht für drei Verfahren, darunter zwei Muslime als Kläger, zweimal zutiefst verletzt, in ihrer Ehre getroffen – das zu versöhnen, scheint aussichtslos. Nichts ist mehr aufzuklären, nichts wieder gut zu machen. Selten wurde die Last der Ehre so vor Augen geführt. Darin sind Beziehungen, Schwüre, Unterwerfung so verschnürt, kein Entrinnen.

In Mecklenburg wurde ein SS-Sanitätshelfer verhaftet. Jugenderlebnisse kehren im Alter wieder.

20.3. KLAUS MARIA BRANDAUER im Portrait, im Gespräch, besticht mit einem graden Weg, den er jederzeit bis zum Anbeginn zurückgeht. Daraus die Kraft, die Stärke seines Ausdrucks. Da es selten ist, wird es schnell als arrogant umschrieben. Denke ich an meinen Aufstand Mitte der Achtziger, werde ich eher melancholisch.

23.3. Wenn der Frankfurter, genauer als Banker, den schiefen Turm der EZB betritt, verläßt er deutschen Boden, jedenfalls das waltende Steuersystem. Daher wird üppiges Einkommen, zuzüglich eines Zulagenkörbchens – für was auch immer, Arbeit im Freien ist es ja nicht, selbst in großer Höhe – bei mäßiger Abgabe geboten und genommen. An dieser Regel aus 1968 möchten die Privilegierten nicht rütteln, ihre Gönner auch nicht. So wird die Unabhängigkeit vom kritisierenden Umfeld ‚angefüttert‘.

24.3. Niemand kämpft für den Standpunkt, für ein Prinzip, für irgendwas! Grade wetterte MICHAEL INACKER in der Zeitung ‚Das Bürgertum zerfällt‘, heute intoniert HEIKE GÖBEL das Berliner Wunschkonzert, hundert Prozent sozialdemokratisch, grünes Umverteilen, niemand wehrt sich (ist wohl vereinbart), die CDU nicht wahrzunehmen, die FDP verschwunden. So eine vernehmbare Sättigung allenthalben, *golden junkees* beim Zugriff auf die Ressourcen.

Die Bankenprüfung durch die EZB wird das Gegenteil der Predigt erreichen, Frisur der Ergebnisse ist der Ausweg. Das ist mit Blick auf Italiens 160, Spaniens 200, Südeuropas Totale von 876 übelriechenden Milliarden zwingend. Das Paradoxon entkleidet sich im Gleichnis des britischen Statthalters in Indien. Der wollte der Schlangenplage ein Ende setzen und lobte für jede getötete und abgelieferte eine Prämie aus. Darauf nahm die Zahl der Schlangen ins Unermessliche zu.

MICHAEL KÖHLER, ex-Prof fürs Strafrecht, macht in der Festschrift für einen Kollegen das Verbrechen im Auge des Orkans fest: Geldschöpfung der Banken, potenziert durch die EZB als Liquidation der Eigentumsgarantie. Das europäische Hausgericht sichert jedoch effektiv gegen Einwände ab.

ROBERT MUSIL beschrieb es, das Unschlüssige, das Nichtentscheiden, den großen Gedanken und die kleine Tat.

Um vier Uhr kommt Marion vom Chemieunterricht, platt, alles Inklusion. Die sind unentwegt an den Mädchen dran, ‚willst du Kinder mit mir haben‘, aussichtslos.

25.3. DDR-Stalinat: die Lektüre der ‚Säuberungen‘ ist ein Elend. Bei der Durchsetzung der sogenannten Bodenreform kam das gleiche System zum Einsatz wie fünfzehn Jahre zuvor weiter östlich. Die Lagerhaft im Osten Deutschlands überlebten ein Drittel der Großgrundbesitzer und Unternehmer nicht. Landeskommissionen entschieden über die Anklagen in Sammelterminen ohne Verteidigung, ohne Tatsachensicherung. Angeklagt war Eigentum. Die Schlußfolgerung hing dran. Liste A war überschrieben ‚schuldig‘, Liste B nannte sich ‚unschuldig‘. – Ich wechsle zu GÜNTER KUNERTS Alterssarkasmus. Er formuliert charakterisierend.

Das Verfassungsgericht sieht ‚Staatsfunk‘ am Werk, beim Wuchern. Mal sehen, wann, eher ob sein nächstes Gewächs, die Parteiprivilegien, ins Visier gerät.

26.3. Im feinen Leihwagen nach Hamburg. Dem Freund geht's nicht gut, die Mutterverstrickung der kranken Freundin im Süden, der Südafrika-Flug zur Rettung seines Vaters, die Überlast im Job. Wir begeben uns zum Italiener, diesem engen und übervollen Restaurant mit gutem Essen am Alten Steinweg. – Tags drauf zum Coaching nach Eimsbüttel, nachmittags mit fünf Gebrannten (CDs) von Nic zurück, 60 Minuten.

28.3. ‚Lord of War‘ zeigt NICOLAS CAGE als ‚Händler des Todes‘, wobei das Satirische erstickt und eine alerte Figur sich verliert. Bei der fünften Werbeunterbrechung gebe ich auf, so ist eben RTL 2.

Im Schrittempo ziehen die Autozüge vorbei. Ob in Bremerhaven schon der EU-Kommissar mit der Tagesexportquote in der Hand kontrolliert? Die Freigeister mit der Freihandelsfahne beim Winken.

29.3. DIRK SCHÜMER zieht ERICH FROMM hervor, Waffenhändler und Investmentbanker hätten einen gemeinsamen Kern: Geld machen ohne Ansehen der Person, ohne Blick auf Folgen, ohne produktiven Kontext – kurz Prototypen eines Menschenschlages, der sich ‚zur Welt empfangend, ausbeutend, hamsternd oder hortend in Beziehung setzt.'

Auf der Suche nach MAX WEBERS ‚Politik als Beruf' in den Bergen des Schreibtischs, in der Empörung über aktuelle Auftritte jenes Berufs gekauft und veranlaßt durch eine neue Biografie von DIRK KAESLER, stoße ich auf MAURICE MERLEAU-PONTY, der 1947 das Prinzip der neuen Gesellschaft im Osten gegen ARTHUR KOESTLERS ‚Sonnenfinsternis' verteidigte, mit seiner Schrift ‚Humanismus und Terror'. Das Büchlein las ich 1968. Ich verstehe ihn nicht, wie damals. Also ist KOESTLER zu beschaffen. – Gegen meinen Willen schiebt die Bibliothek hinter mir aus der Mitte des letzten Jahrhunderts aus den Regalen, als sollte ich für's Akklamieren seinerzeit bezahlen.

Marion vergaß die Verteilung eines Elternbriefes, ich habe ein neues Leichtrad und fahre mit nach Osterholz, wir kreuzen durch die Stadt zu achtzehn Adressen. Zuletzt suchen wir den Rückweg in unser Dorf. Zu Hause stiefelt der Nachbar hoch und inspiziert den neuen Terrassengarten. Dann kommen die Freunde, Anke auf dem e-Rad, oder *bike*, ich fahre probe, abgefahren! Darauf eine Flasche auf der neuen überdachten Terrasse, Blickrichtung Sonnenuntergang. Die Sonne bleibt daraufhin etwas länger.

30.3.   Für ihre Programmatik erkundigen sich Parteien eventuell beim Berliner Institut für Bevölkerungsentwicklung. Da steht, wann und wie lange die 60–70-Jährigen die Mehrheit der Wähler stellen. Alsdann erfolgt das Angebot in honigfarbenen Worten, reine Agenturarbeit. In drei Jahren wäre ein Rückblick fällig.

Wenn MALY TROSTINEC genannt wird, frage ich, ob SCHALAMOW oder WERNER BEST die Quelle ist. War es STALINS oder HITLERS Vernichtungslager, in dem LILI GRÜN 28-jährig ums Leben gebracht wurde. Im Aviva-Verlag erscheinen ihre Gedichte ‚Mädchenhimmel'.

Nr. 98 ist für fertig erklärt, was heißt, das Gegenteil ist der Fall. Das Portrait eines Frauenkopfes ist weit entfernt vom Original, jegliche Anmut ist aus ihren Gesichtszügen entwichen (guxdu Bd. 7.1, 2012, S. 152) – Anmut ist eben ein innerer Vorgang, eine Form des Geworden-Seins. – Hellgrüngelb glänzend, nein, funkelnd platzen die Kastanienblüten, Kastaniendolden auf.

31.3. LOTHAR SPÄTH zog aus und lebt nach 51-jähriger Ehe allein. Das ist schwerwiegend.

Sechs Monate nach der Währungsreform 1948, verbunden mit freier Preisbildung und vollen Regalen, sprachen sich mehr als zwei Drittel der Befragten für staatliche Preiskontrollen aus – auch wenn's dann wieder leerer würde, sagen wir, so wie bei der HO gegenüber. Und MARION GRÄFIN DÖNHOFF beschwor gar Gott, der möge sich vor LUDWIG ERHARD als Wirtschaftsminister stellen, es wäre nach HITLER die nächste Katastrophe. Auf allen Seiten also pointierter Antikapitalismus und Staatsanbetung und – bis heute – die eingebundene, besser eingehegte Freiheit der Gartenlaube. – Aber Demut fordern gegenüber gewählten Amtsträgern, wie – nach PEER STEINBRÜCK neulich – grade wieder Herr KRETSCHMANN für seinen Parteikollegen und Stuttgarter Bürgermeister fordert. Nix da.

1.4. Der Blockabstand reicht nicht, das reduziert den Lärmpegel. Zugfolge im Minutentakt.

2.4. SASCHA LOBO beschreibt die ‚innere Logik‘ des Drohnenkrieges, der sich die Sammelgiganten der Wirtschaft bedienen. Die signaturgesteuerte Vernichtung von Objekten, in der Regel Menschen, schlägt auf die politischen Entscheider zurück. – Googles weltweite Bankenlizenz erlaubt die Preisbildung aufgrund ermittelter Kundendatensätze. Das Ganze faßt der Autor als ‚ultraneoliberalen Auswuchs‘, dabei einer eigenen Perforierung unterliegend. Kein irgendwie gearteter Liberalismus liefert eine Plattform für derlei. – Umgekehrt funktioniert die Klimawahn-Politik und Tausender finanziell verbundener Organisationen nach genau dem beschriebenen Strickmuster: ihren Datenagglomerationen folgen indiskutable Anweisungen für Politik. – Das wird dann noch auf alternativlos gehebelt: die ‚Zusammenfassung für politische Entscheidungsträger‘ des neuen IPPC-Klimaberichts unterschlägt erst und korrigiert sodann erneut in Apokalypse. Statt Anpassung wählt sie ‚Verhindern‘. Wenigstens ein Teilnehmer zieht daraufhin seine Unterschrift zurück. Eben reine Klientelpolitik.

3.4. Herrn TRITTINS Beschwerden vom 11. Januar 2013 wurde in vollem Umfang Rechnung getragen: Energiewende, Frauenquote und Mindestlohn sind auf dem Weg. Die Grünen müssen nicht regieren. Das ist das offene Geheimnis des oppositionsfreien Parlaments.

URS WIDMER starb, 75.

China: ‚Vom Imitator zum Technologieführer heißt die Parole – CARDENALS und ARAÚJOS ‚großer Beutezug‘, von Manfred Osten rezensiert. Die waren auf Feldforschung, in 25 Ländern mit 500 Interviews – ‚die Welt wird sinisiert‘, vermuten sie – 2011 größter Investor in Deutschland – industrielle Cyberspionage gehört zum Kern: die ‚Einheit 61398‘ sei an der Arbeit.

4.4. Abends zum Bus nach Saas Grund beim Matterhorn. – Ich probiers mal ohne Ski-Schule. Im Gepäck ‚Frühstück mit LUCIAN FREUD‘, der elfjährig mit den Eltern aus Berlin floh – und lebenslang unabhängig war. Der Großvater war bereits außer Landes. ‚Ihm ging der Ruf eines wilden Kerls voraus, der seine Kunstakademie angezündet hatte‘, illustriert GEORDIE GREIG den 26-Jährigen. – GÜNTER KUNERT: ‚Menschen, die sich der Individuation versagen, sind fleischliche Bomben.‘ – Was macht dein Buch, fragt Cornelia, oh, ich war wohl geschwätzig.

Ja, ich werde Lorna malen, Portraits, Schluß mit dem Politisieren in Farbe. Die Nr. 100, ‚Geld oder Leben‘, später: Tektonik des Geldes‘, großflächig mit Gasmasken, wird von

58

120 x 100 cm auf 60 x 40 kleingerahmt, da kommt sie rein, paßt doch in die Mitte des Jahrhunderts. Lorna war die Geliebte LUCIAN FREUDS während des Krieges. – Und es wird mißlingen.

Hier der Zwischenstand:
Der erste Tag im Berg, ich trainiere neben dem Tellerlift. Dann geht's auf 3.500 Meter, wo die Luft dünn ist und die Aussicht auf den gleißenden Gletscher auf der Schulter des Berges nicht zu beschreiben. Meine Vorsicht ist groß, zu groß – aber ich habe bezahlt. – Um 4 Uhr nachmittags vor dem Hotel, mit fünf, dann dreißig beim Abschlußtrinken, Feldschlößchen geht auf 50 cl. Links sitzt der Pfarrer, rechts geht es beinhart zu, nach zehn Minuten sitzt die Hälfte in Tränen. – CLAUDIA ROTH und ANDREA NAHLES hatten wir schon auf 3000 Meter, schickt sich auch nicht.

7.4. Um 9 Uhr hoch nach Saas Fee, ich habe kein gutes Gefühl. Es wird steil und ich verliere Kontrolle. Ingeborg legt im freien Fall einen Engländer und kugelt ihr Armgelenk aus, ich hör's und schlage ebenfalls lang hin. Beim zweiten Mal nehme ich, auf dem Rücken liegend, mächtig Fahrt auf, dann ist die Eisplatte geschafft und der Sülzschnee beginnt. Sturz, Aufschlag seitlich. Ich fahre zu Tal und beende das Desaster. Ist kein Feldschlößchen zur Stelle!

Im Ukraine-Krieg wird eine ‚Volksrepublik Donezk' gegründet, fängt das schon wieder an!

8.4. Die Stimmung ist auf Ski-Pause, sehr bedeckter Himmel. Wir fahren den Hausberg hoch. Nach zwei Versuchen im Nebel brechen wir ab. Im Sozialraum, oder wie man das nennt, ist Buchstabenrätsel angesagt. – Nachmittags in kleiner Besetzung in den Bus nach Saas Fee, wo es regnet, am anderen Ortsende hellt es auf. Wir kehren ins Café zurück, wo es nach Bier und Apfelstrudel an den ‚Café Fertig‘ geht. Das bringt Stimmung, Giselher erzählt aus dem Kalten Krieg 1968. Da flogen die russischen Jets bis 50 km ins Nato-Gebiet und es stand ‚spitz auf kipp‘. Dann erläutert er die Abfangstrukturen von Norwegen bis Türkei, schließlich die Arbeit im Friedhofs-Vorstand an der Tiefgarage, Stopp! Car-Port. Es fehlt die Baugenehmigung und der Apparat läuft. Wir liegen auf dem Tisch, ein Lärm im Café! – Später zurück in den abziehenden Wolkenballast, abends heiße Debatten, die der Pastor mit seinem Fragekärtchen auslöst:

Was gibt mir Impulse? – Wie setze ich mir Ziele? – Was lenkt mich davon ab? – Was ist mir Belohnung? – Wie sehe ich meine Fähigkeiten? – Was läßt mich an mir zweifeln? – Wie abhängig bin ich bei diesen Fragen von Anderen? – Was sind meine Maßstäbe? – Wann übernehme ich Initiative? – Was macht mich unabhängig vom Urteil Anderer? – Was gibt mir Selbstvertrauen? – Was läßt mich strahlen, Licht für Andere sein? – Keine Ahnung – aber echt geil, wie Workshop!

Noch einer: Kompanie ist angetreten, Spieß nimmt ab: der 3. Mann im 2. Glied, ein Schritt zurück! – Der Hydrant, Herr Hauptfeld, kommt die Antwort. – Tut nichts, auch Akademiker hören auf mein Kommando. Aus dem Nähkästchen, wenn Sie ahnen.

9.4.   Den Tag konzentriert über die Pisten verteilt, umfallfrei. – Um 16 Uhr am Platz, ich übersehe ‚alkoholfrei‘ und liefere nach. Wieder beinhart, die Truppe lärmt. – Nach dem Abendessen ein guter Text zu guten Fragen von Holger. – FC Bayern dreht aus 0:1 ins 3:1 gegen Manchester. – Viel Kriminalistisches bei LUCIAN FREUD.

10.4.   Das Verlassen der Kabine mißlingt, doch fahre ich weiter. Nachmittags einen Meter hinter Giselher – volles Rohr. – Auf dem Felskinn treffen mich SIMON&GARFUNKEL, am Ende

der Bergbahn FRANK SINATRAS New York. Augenblickliche Melancholie.

11.4. Letzter Tag im Allalin, mit der Vorfahrt des Meisters geht's einfach ab. Letzte Feldschlößchenausgabe in der heißen Nachmittagssonne, danach packen. Die Rippen schmerzen. Wir fahren wieder mit. Die Ausblicke einfach umwerfend.

12.4. 8.30 Bus ab zu Tal, durch diese ganz eigenen Lebensweisen in der Schlucht, am steilen Berg, mit wenigen Geh-, kaum Fahrwegen. – MATTHIAS SUTTER schreibt über Geduld, im Detail anstrengend, im Ergebnis faszinierend. Welch transparente Organisation des Lebens möglich ist, ich staune. – Um 22 Uhr nach Plan zurück. Beim Nachbarn ist ein Hahn eingezogen, der ist noch wach!

13.4. Jochens Geburtstag, vor 94 Jahren. – Vorm kalten Nachtwind, unterm Vorhang durch, lege ich seinen Brief zurück in den dritten Band der ‚Ästhetik des Widerstandes'. Mein lieber Junge, schrieb er mir zum Geburtstag 1981, der zweite Band sei grade nicht lieferbar. – Noch nichts zu sehen von der kommenden Verwüstung zwischen uns. – Wie kommt die Bibliographie zu HEINER MÜLLER ans Bett, 1.700 Seiten, was soll das, der erste Text weist mich an, dort anzuknüpfen, wo ich aufgehört, schon zwanzig Male! – Verzeihen Sie die Verwirrung! – In dieser Ecke erst, mit Liebesgedichten des ALEXANDER KLUGE und der Beschreibung der Julia bei CARLO LEVIS ‚Christus kam nur bis Eboli', in dieser Ecke, wo sich nichts findet, aber alles liegt, da trifft's den Nerv, der sich entzündet. Wie oft habe ich das schon gelesen, es bleibt einfach liegen – als wüßte jemand um meinen Verstand. Und ich verstehe nicht,

Mein Tellerrand, die Schale
wie der Schiffsbord – ohne Leiter.
Das Verlassen ist endgültig. Und
zwingend, Rückkehr wie
Verspätung, uneinholbar. Ach,
Zeit sei Frist, sagt er.

Die Spur der Enteignung nimmt bereits
Einleitung auf, von dem, was ist.
So nennt es A.K., von der Eigenart, so meine ich.
Der gleiche Weg.

14.4.   ANGELA MERKEL feiert in Griechenland, nach 235 Milliarden Injektion bei 172 % die Schuldenquote. Solche Finanzarchitektur nutzt der informierte Anleger, Profite sind schließlich garantiert, denn Sr. DRAGHI kauft, bis die Rendite stimmt. Welch faszinierende Fürsorge.

ALEXANDER KLUGES ‚30. April 1945'. Der Tag, an dem die Unterwerfung, dieses körperlose Subjekt, sich einem neuen Objekt zuwandte, den Besiegten gegen den Sieger tauschte.

Vor 100 Jahren sank die Titanic, hier der Baufortschritt …

… nach dem Stapellauf 2011   Foto: Delius Klasing Verlag

15.4.   Nach Bremen zum Coaching, zum Sport, zum Hausverwalter – gute Aussichten.

Energiewende: 48 Blöcke sind zur Stillegung angemeldet. Mit der komischen Brennelementesteuer fing die Atom-Sabotage an

– das Finanzgericht Hamburg erklärte die jetzt für rechts- und verfassungswidrig. Die Schleppe der Brüche erreicht Format. Im Sommer geht's um Enteignung, Kostenpunkt zwei Milliarden. Dafür kontert die Berliner Spezies dem Brüsseler JOAQUIN ALMUNIA. Der ging schon vor Google in die Knie und blieb zum Absegnen deutscher EEG-Ausnahmen gleich in dieser Stellung. Schon als Währungskommissar – jeder darf mal – war Weichspülen sein Talent, die schrittweise Ignoranz des Stabilitäts-Paktes. Den ,*ganze komische Rechtskram*' macht das Kommissariat ohnehin nur wegen der komischen Deutschen, die alles aufschreiben müssen, sehen Sie ja hier! Das nutzt bloß auch nix und sie brauchen das ja auch nur für den Wahlkampf, gell Herr Schäuble. – Gnadenlos hingegen, d. h. ohne Einsicht, reguliert das Kommis' die Kaffeemaschine, wahrscheinlich aus Gründen des Klimaschutzes, wahrscheinlich mit Vertretern aller 28 Veranstaltungsteilnehmer, wahrscheinlich seit drei Jahren. Der Auftrag kam – na? – aus Deutschland, gell Frau Merkel, wir zeigen's der Welt.

Der dreiste SIGMAR GABRIEL feiert sich in der 20-Uhr-Show für die Wachstumsaussichten der Wirtschaft. Was der alles reißt, wie die sieben Todsünden, zum Schwarzen Loch verdichtet. Dabei wird bekanntlich das Licht verschluckt, nur um 20 Uhr nicht. Deshalb bleiben Schwarze Löcher unsichtbar. Glück für Gabriel.

16.4. In die Filialen zu Gesprächen, durch die Innenstadt, was suche ich!, zurück in die Sparkasse, einen Vorstand gesehen, es ist etwas mit den Abteilungsleitern geplant, Freude. – Abends bringen wir die Skier zurück nach Lesum, dort ist die Begehrenswerte umgarnt. Danach aufs Theaterschiff zu den ,Böse(n) Schwestern'.

MATHIAS DÖPFNER, VV bei Axel Springer, antwortet ERIC SCHMIDT, VV bei Google. Er schildert die Ohnmacht des mächtigsten deutschen Wort-und-Bild-Konzerns. Letzten Hürden an Land entzieht sich Google durch Installation seines Menschenhandelssystems zu Wasser und in der Luft. Dort braucht die

‚weltmarktbeherrschende Bank der Verhaltenswährung' einschlägige Regelungen nicht. – Die Integration in den staatlichen Apparat bildete das größte anzunehmende Komplott ab. Kurz, er ist stinksauer.

Der Normenkontrollrat bei der Bundesregierung verwirft den Entwurf eines Mindestlohngesetzes wegen fahrlässig, oder vorsätzlich, ungeprüfter Annahmen und unterlassener Prüfung der Folgen. Ein Reinprodukt der Arroganz der Macht und nicht das erste, Damen und Herren. Schon wird an einer Mietpreisbremse gefingert, die wohl an jedem Hauseingang angebracht werden soll. Ein Blick ins Nachbarland Österreich mit vergleichbar sklerotischem Parteiengefüge zeigt bereits, was draus wird. Aber die Zukunft interessiert ja nicht mal dann, wenn sie bereits Gegenwart ist. Die SPD-Koalitionsanteile sind die Aktiven.

Gleiches passiert grade mit dem Vierfach-Rente-Fröhlich-Paket von Genossin Nahles: direkte Abfuhr aus dem ‚Demographie-Check für Gesetzes- und Verordnungsvorhaben', einer Arbeitshilfe gegen überforsches Gesetzebasteln aus dem Innenministerium. Wir leben ja heut', gell! Mit einem saftigen *Am Arsch die Räuber* (Zitat) geht's über so nervige Einwände hinweg. – Und die Chefin schweigt. Das führende Personal im Regierungsviertel feiert im Pippi-Langstrumpf-Modus seine Wundertütenträume – Wohlsein! Das hältst du nüchtern nicht aus. Das Äußerste, was noch realisiert wird: Demografie, also alles alt und nix jung, ist ja erst später.

30.000 Ingenieure werden jährlich gebraucht. Da sie fehlen, werden die Stellen gestrichen. Das macht der Kantinenchef eben mit. Wenn die Kantine gestrichen wird, halt die Buchhaltung. – Die wollen das aber nicht, daher werden für 2013 31 Milliarden entgangener Umsatz kalkuliert. Und gewisse Zukunftstechnologien ‚wolln die Loid ehned', alles BIP©, *verstehsdu*? So steht das Land in einigen Parametern auf Platz 34, gleich hinter Ghana. Also 88 Prozent der *Loid* wollen den Genkram sowieso nicht, Sturmtruppen zerstören solche Felder regelmäßig, die Forschung geht ins Ausland. JUSTUS VON LIEBIG würde heute wahrscheinlich gesteinigt von den Satten, den Saturierten aus der Wutbox. Die Exekution des Edelprotestes wird eifernder Gefolgschaft überlassen, bis hin zur Tante Antifa, der Firma fürs Grobe. – Das Kabinett nimmt es zur Kenntnis. – Mist, ich soll mich nicht aufregen, muß an den Herztaktgeber. Soll ich ALEXANDER KLUGE oder gleich MICHAIL BULGAKOW nehmen, sein ,Leben des Herrn Molière', die Zeit ist begrenzt.

EDOUARD CARMIGNAC kauft eine ganze Seite in der FAZ, um einen Lobes-, Dankes- und Werbebrief an MARIO DRAGHI einzurücken, Adresse Frankfurt.

18.4. GABRIEL GARCIA MÀRQUEZ starb, 87-jährig. Seine ,Hundert Jahre Einsamkeit' las ich 1984, seine Rede zum Jahrestag der ersten Atombombenexplosion. Er hatte eine Villa bei seinem Freund FIDEL CASTRO in Havanna. Dort wurde er vom kubanischen Geheimdienst abgehört und gefilmt, bis ins Schlafzimmer. Freundschaft! – So ging es noch immer den treuesten Genossen.

19.4. PETER HAMM bespricht GEORG TRAKLS ,Winterabend'. Der nahm Morphium im Sanitätslager 1914, gegen das Schreien der Verletzten. Schon da begannen die gefeierten ,100 Jahre Einsamkeit'. Wie kamen die durch das Jahrhundert! – Ein Grund zum Feiern, sagen die, die nicht zurückblicken, sondern nehmen, was möglich ist. Ist wohl gesünder als mein Rückwärtslaufen, wie es mir manchmal scheint. Warum nicht vergessen, wenn du es schon nicht verstehst? Das Leben als *,monthly event'*.

GERARD MORTIER starb, 70. ,Für das Theater als Religion des Menschlichen' heißt seine nachgelassene Kampfschrift gegen ein Opernrepertoire, geprägt von der Virtuosität im Verkauf eines beliebigen Produktes. Wahrscheinlich das der Grund, warum ich da nie hingehe, ich Schlaumeier. Der Titel gefällt mir. Und diesen Eindruck der ,Virtuosität im Verkauf eines beliebigen Produkts' hatte ich gestern vor dem Bild von fünf IT-Milliardären. Nichts Wesentliches ist das Thema des Tages, hinter dem die neue Architektur des Planeten vermessen wird, der Lebensraum.

20.4. Das selbstreferentielle Partei-System ist so stabil, daß nicht einmal die jungen Abgeordneten dem Früh-Mutter-Renten-Coup der IG-Metall-Frau widersprechen. Müßten sie eigentlich in Vertretung ihrer Alterskohorten ‚draußen' im Land. Tun sie aber nicht, weil drei Legislaturperioden reichen für den schönen Lebensabend. Oder? Sie spielen den braven Troß in der Erwartung, daß es sich lohnt. Die Partei bleibt aber bei 25 %.

Das Jagdgesetz haben die Grünen in Baden-Württemberg umbenannt in ‚Jagd- und Wildtiermanagement-Gesetz'. Das ist die Distanz der Lebenstechniker, die den Jäger nicht mögen. Schließlich geht es um die Verwaltung der Natur, auch hier um begriffliche Entleerung, die Beseitigung jeglicher Eigenart. Die heilige Natur, welcher der Mensch ein Fremdling ist.

‚Die Wahrheit ist eine schmutzige Menschenfalle', BAZON BROCK (78) im Interview nahe bei ADORNOS ‚Kunst ist Magie, befreit von der Lüge Wahrheit zu sein'. ‚Verstehen Sie doch, die Wahrheit ist das Synonym für Irrsinn', sagt der weiter. Der Reporter bleibt standhaft. – Dann bin ich mit meinem Zitieren ja nahe dran. Er sieht den Grund für Dummheit in der moralischen Selbstglorifizierung. Ich dachte, letztere soll erste eher abdecken. Vielleicht klärte sich vieles, wenn man den Kampf im Innenraum der Leute einfach sehen könnte. Dann ‚könntmerjamaln' Tipp geben, gell. Was hätte ich da schon für Tipps kriegen können. So mußte ich jeden käuflich erwerben und habe bezahlt, Schecks hat keiner genommen. – Im Übrigen halte ich BROCKS weiteren Anker ‚Macht, Geld und Kanapee' bis zur feinen Pension für griffiger. Er aktualisiert insgesamt eher MACCHIAVELLI, son bißchen CARL SCHMITT, meine Kenntnis ist voller Schranken.

Abends folgen wir der Einladung zum Familien-Osterfeuer nach Lilienthal, es ist anders als früher. Weil mir Anderes auffällt: mich zwischen unbekannten Jung-Familien und rüstigen Pensionären zu bewegen, ist ungewohnt. Ein angenehmer Abend blieb es. Das Wahrnehmen ohne Urteilen und ohne Fragen ist entspannend. Die Flammen schlugen wohl zehn Meter hoch.

21.4. LARY PAGE, ERIC SCHMIDT oder dieser HUGH MARTIN, Chef von ‚Sensity‘, sagen dasselbe: wir werden im Verhalten und in den Äußerungen die Absichten, die Zukunft lesen können, ein reines Mengengerüst, beiläufig erhoben. Drei Milliarden Straßenlaternen werden ein geschlossenes Netz um den Globus bilden und jene identifizieren, welche der prozessierenden Selbstzensur widerstehen. PETER GALISON setzt die Debatte fort, um Geld und Macht, bis zum nächsten Aufstand.

Die Spannung zwischen den Söhnen entlädt sich, Leon kommt doch zum ‚Osteressen‘, da steht offene Verzweiflung im Raum, die schnell umschlägt. Dabei hat er immer zu ihm aufgeblickt, seit der ihn im Klemmstuhl am Tisch fütterte, mit Schmackes. Beide verlassen den Tisch. – Zu Hause sortieren wir, was zu tun ist, weil wir verbunden sind. Das hilft, kann helfen. – Ich schreibe einen Brief an Leon.

22.4. Den Vormittag nehmen die Stalin-Liquidationen ein. Gerade wurde in Moskau das Lenin-Museum wiedereröffnet, nach Restauration. Einiges wurde redigiert, retuschiert, alles im Sinne der Putin-Festspiele. – NIKOLAI BUCHARINS letzter Brief an STALIN: ‚Koba, wozu brauchst Du meinen Tod?‘ – Mit der Frage scheint er mir näher an den Beweggründen des Chefs zu sein als etwa MAURICE MERLEAU-PONTY 1946 oder auch ROBERT STEIGERWALD, mir von Ansehen und Funktion vor vierzig Jahren bekannt.

Für den Franzosen kommen die Regeln des Straf- und Schauprozesses aus dem Geschichtsprozeß und dessen Subjekt sei nun mal das Proletariat, bums, aus! Kurz, der Sieger ist frei in deren Definition. So redete auch Molotow später. – Der Deutsche beklagt im Jahr 2007 die gewaltigen Opfer, an die 690 Tausend (aus den Liquidationen) und den Umstand fehlender Beweise für die Vorwürfe. Das erscheint mir larmoyant, und irgendwie unverstanden. Beide stecken in der Gralspflege fest. Später zieht er daraus Schlüsse für den ‚Aufbau einer künftigen sozialistischen Staatsmacht‘. Auch das noch, ich überschlage meine Restlaufzeit. – Warum will einer seine

Umgebung liquidieren? Weil er die Geschichte auf seiner Seite hat? Ich lache mich tot. Es ist Macht, ein schußfestes System, eine zwingende Begründung, dazu Angst und Horror.

GUNTER SACHS im Portrait, ein Mann, der seine Möglichkeiten ernst nahm, statt sie zu verspielen. Irgendwann wechselt der Kommentar in die Vergangenheit. Das Drama des Endes wird überspielt, ich wollte es wissen. – Ich habe verspielt und spät mit der Rettung begonnen. Heute geht's.

23.4. Gespräch mit drei Geschäftsführern, Abschluß eines Coachings. Ich erzähle immer Gleiches, wie lange noch.

Griechenland: Die Tagesschau erzählt vom ersten Primärüberschuß im griechischen Haushalt, gegen alle seriösen Zahlen. Einmaleffekte helfen, Staatsschuld ist *limit up*, falsch, es gibt ja keine Obergrenze mehr. – Zu den Dauereffekten gehört, daß Schmuggel und Drogenhandel ins BIP eingerechnet werden, das senkt die Quote. Da freuen sich die Gangster über die Kollegen. – Die Strategie ist einfach Konkursverschleppung, dabei sekundiert JCJ mit Banken- sowie der Sozialunion. Mal sehen, obs klappt.

JOSCHKA FISCHERS Buch hieß tatsächlich ‚Risiko Deutschland'. Das ist beste Tradition.

24.4. Nach Hamburg ins Chemieviertel zum Coaching, Gespräch mit dem Chef – alles erträglich, selbst die sturzvolle Autobahn. Dort unterhält mich der Deutschlandfunk mit dem Skandal, arm und reich seien noch nie so weit auseinander gewesen hierzulande. Die Stimme knapp vor dem Überschlag. Das ist Beeinträchtigung des Straßenverkehrs! – Abends wiederholt sich das Ganze, ergänzt um zehn Musterklagen des VdK vor dem Verfassungsgericht wegen ‚verfassungswidriger Pflegeverhältnisse'. Das ist koordiniertes Vorgehen in der nachrichtlichen Abstimmung – und alles für nur einen Beitrag monatlich!

FRANZ KAFKAS ‚Brief an den Vater' spiegelt mein Unvermögen in der Sache des letzten Jahrhunderts.

25.4. In die Stadt zur Auftragsklärung, 100 Gramm vom Finanzamt zur Steuerberaterin getragen, am Dom vorbei vor 12 Uhr in den Schnoor. Dort laufe ich Ewald vom Union-Theater in die Arme und teile ihm auf die Frage nach meinem Befinden mit, ich werde nicht mehr spielen wollen. – Aber vielleicht feiere ich mein Jubiläum, sagt er – ja dann, lasse ich mich ein und wir trennen uns.

Ein heißer Frühlingstag, Gartengeschäfte, die Damen kommen zum Doppelkopf. Ich serviere ein wenig und setze mich auf die neue Terrasse gegenüber dem Sonnenuntergang. Die weiße Pracht des gleichnamigen Dorns ist von Bienen bevölkert, der Blick hat weiten Raum beim letzten Albarino aus Galizien.

26.4. In Brunei werden Ehebruch und Homosexualität zukünftig mit dem Tod durch Steinigung bestraft. Ein Berufungsgericht in Riad hat eine Frau zu 150 Stockschlägen und achtzehn Monaten Haft verurteilt, weil sie Auto gefahren ist. Die Verfügung über den Menschen ist im religiösen Gewaltverhältnis grenzenlos.

Die kommunistische Vereinigte Linke möchte die Moschee-Kathedrale in Cordoba in Staatsbesitz überführen. Es fehlt wohl an Lagerraum, wie einst.

Die Grünen in Baden-Württemberg homogenisieren die Hochschulen. Der Qualität von Ausbildung, Lehre und Praxis in der Medizin drohen massive Kürzungen.

RAINER HERMANN benennt die Quellen von Al Kaida: den sowjetischen Einmarsch in Afghanistan 1979 und die Tschetschenien-Kriege Moskaus in den 90er Jahren. Am ‚afghanischen Araber' hat dann – nach dem saudischen Wahhabismus – Amerika ein wenig mitgehäkelt. Und bezahlt.

27.4. SONNTAG
Vor 500 Jahren begann das Konstanzer Konzil (*Anmerkung: guxdu Band 11, 2018.2, Seite 5 f.*).

Was trieb SIEGFRIED LENZ zu dieser Figur des Max Ludwig Nansen in der ‚Deutschstunde'? Der ist Verfolgter und Widerständiger und Hommage an EMIL NOLDE. Hat er so gehandelt, wie der Nolde-Biograf WERNER HAFTMANN, der den Nazi-Überzeugten Langer reinwusch? JOCHEN HIEBER zieht die edle Folie ab und zitiert WALTER JENS, der in einer Festrede zum 100. Geburtstag NOLDES dessen ‚antizivilisatorische ... rohe Ideologie' über die Reinrassigkeit und ‚judenferne Kunst' auf den Tisch des Hauses packte – und den durchaus davon freien Gestus vieler Bilder betonte. Und er hatte eben kein Malverbot, wie der Protagonist des SIEGFRIED LENZ. – Es war die wesentlichste literarische Bearbeitung der Zeit, die durch die Schulen ging. Und doch hat es was von Mißbrauch des literarischen Ausdrucks, wenn Ruhm und Ehre und Geschäft des Künstlerkollegen gedeckt werden, der seine Gefolgschaft in Widerstand gedreht hatte. Es war Trend, Entdeckungen wie Kinski, wie Kurras. Gleichwohl gravierender als jene Wünsche der Beamten, die wieder in den Staatsdienst wollten nach Artikel 131.

Warmer Sonntag, Marion fährt zum Yoga, ich bekomme die DVD-Maschine zum Laufen und es geht ab ‚Sweet Summer Time', MICK JAGGER & Consorten im Hyde Park. Nichts Neues, aber wer will das schon, im 50. Jahr. KEITH RICHARDS am Mikro, *got my soul*, schlimmer noch die Akustikguitarre – ‚*Midnight Rambler', Keith's delicate opening guitar code from ‚Gimmie Shelter', acting as perfect juxtaposition (doun anderstand?), while Mick is joined by Lisa Fischer and that voice pierces the night like vocal darts.* – Die arbeiten tierisch, besser als den Diäten hinterher kriechen.

UWE WAGSCHAL informiert über die Rentnerdemokratie. Der Wähler-Median liege für die CDU bei 58+. Gefüttert werden die jedoch vom Koalitionspartner, der die einschlägigen Ministerien besetzt – deshalb machen die Durchmarsch. Als ob ‚die Loid' nach mehr, höherer und früherer Rente geschrien hätten, kein einziger! Eben einfach Wählerbestechungsdemokratie. Der jährliche Haushaltszuschuß ging in zwanzig Jahren aufs Doppelte, 85 aktuell, 25 % des Budgets, Bildung & Forschung sank, BAZON BROCK stimmt! – Und die Direktüberweisungen der Autofahrenden lagen schon 2012 bei 52, das Straßennetz aber marodiert. Die Mehrwertsteuer nicht gerechnet!

NOAH KRIEGER war Boxer im KZ, sein Trainer und Wächter war KURT MAGATANZ, vordem deutscher Meister im Halb-schwergewicht und dreifacher Raubmörder. NOAH KRIEGER überlebte.

Das kulturelle Erbe der Lynchjustiz reiche bis in die Gegenwart. Es sicherte die Verhältnisse nach dem Verbot der Sklaverei und wurde schließlich in der massiven Ausweitung staatlicher Exe-kutionen aufgehoben, zeigt MANFRED BERGS ,Lynchjustiz in den USA'. Es ist also etwas sehr Traditionelles.

28.4. Jetzt hebt das Lamento, die Beschwörung, die klingende Rede für Europa an: die Rundbau-Belegschaft in Straßburg ruft zur Wahl. Ich mags nicht lesen, das von JCJ, von MARTIN SCHULZ, ja selbst von Denker ROBERT BADINTER. Dann tritt SILVIO B. aus dem Knast oder Altenheim, wo er eben grade sitzt, eine Naziattacke los und die Aufregung ist groß. Es ist das ewig lange Ende einer mir bis heute unklaren Be-schlußlage zur Einheitswährung. Das haben die in eben dem Schlitzohr-Verfahren durchgedrückt, von dem JCJ neulich sprach, etwa, man muß nur genug hochwerfen, darunter ist dann unser Eurobeschluß, das merkt kaum einer. Das ist ja sein Arbeitsmodus, wenn's kriselt. Jetzt haben sich alle mit dem Falschgeld eingedeckt, was nicht korruptiv versickert ist, wurde konsumtiv verteilt, ist also weg, verdaut! Der Rest ist fehlinvestiert, hier eine neue Eisenbahn (Griechenland), da ein neuer Hafen (Italien, Mafia-Umschlagsplatz), dort ein Satz neuer Autobahnen (Spanien). Als es hieß: Kredite abbau-en, zurückzahlen, haben sie ein paar EU-Fahnen angesteckt und schon explodiert Draghis Geldmilchpumpe. Aus der Morphologie als Naturlandschaft ist ein Picasso geworden, ein Braque, also die Phase nach der Blauen, Weltkriegszeit!

Was wollten die nach 1960 noch befrieden, der EU-Exzeß ist das neue Spiel mit dem Feuer. Motto: sie können es nicht lassen, Motiv? Na, neues PEP©-System. Gegen den Zinsanstieg und den Krisenmodus wird die Steuereintreiberei ausgebaut. – Ich hätte längst ÉRIC VUILLARDS ‚Ballade vom Abendland' bestellen sollen, im Original ,La Bataille d'occident'!, die Schlacht des Abendlandes gegen sich selbst, den Beginn seines kulturellen Suizids durchs Jahrhundert, präzisiert ANDREAS KILB, verlegt bei Matthes & Seitz. Hier begann der Untergang des Abendlandes. Die Miniatur des Desasters liefert FRANCESCO MASCI: ‚Die Ordnung herrscht in Berlin'. Wir haben die Zukunft schon als Preziosen im Land, etwa das Klein-Griechenland im Norden.

Mein zweiter Versuch, Michelangelos David zu kopieren, mißrät deutlich, ich kratze es weg nach Marions Bemerkung. Unschöne Gedanken. Meine Umwege haben mich vor Schlimmerem bewahrt. Aber die Gleichung bleibt: Kraft mal Weg.

29.4. Ein Tag in der Sparkasse, nach hundertfacher Begrüßung macht der VV einen klaren Text. Die Beschlüsse zur Produktivität sind ihm zu wenig, zu zaghaft. Arbeit an den Themen, mit denen wir in die Workshops des Jahres gehen werden.

Der abendliche Besuch aus Madrid in München endet 0:4, Ballbesitz gegen Flug nach vorn. FRANCK RIBERY verpaßt einem Gegenspieler einen Backenstreich, bleibt aber auf dem Platz, was nichts nützt.

30.4. Um drei Uhr nachmittags starten wir zu viert nach <u>Berlin</u>, verbringen zwei Stunden vor Baustellen, sonst geht's flott in die Nürnberger Straße ins feine Hotel. Wir ziehen los und sitzen irgendwann draußen, das Schönste. Danach an die Cocktails im Europa-Zentrum, sehr schöner Anfang. Wo werden morgen Steine geschmissen, fragt Marion. Na, wir folgen den Polizeisirenen!

1.5.	9.45 bis 17.15 Potsdamer Platz, Sony, Brandenburger Tor, Friedrichstraße, aufs Schiff, Theater am Schiffbauer Damm, DDR-Museum, Bus 100 – platt. – Marion an Jonas per sms: Hat das mit Elvis geklappt? ‚Nein, ich habs nicht gefunden u ihn dann in der Wildnis ausgesetzt. Er hat versprochen, am Sonntag wieder an der gleichen Stelle zu sein. Er hat es versprochen!'

2.5.	Es ist kalt und es regnet. Vor dem Jüdischen Museum stehen Wartende auf hundert Meter. Wir drehen ab ins Café und planen. Friedrichstraße zurück zur Ausstellung SALVADOR DALÍ am Leipziger Platz. Nichts zu erkennen vor Leuten, also weiter in die große Galerie, das Eiscafé im ersten Stock ist die Krönung des Vormittags. Dann erneut auf DALÍ – das ist erschöpfend, unglaublich viel Neues. Der Mann war darüber hinaus ungemein geschäftstüchtig, wie zahllose Münzprägungen aus ebenso zahllosen Anlässen zeigen. Wowi grüßt auf Seite 3 zum Vorwort. ‚Wenn wir jetzt losgehen, haben wir mehr Bestimmungsgewalt. Bleiben wir hier, diskutieren wir erstmal wieder', meint Marion. Das ist fein beobachtet, also nix wie los. Alle reden vom Wetter, wir nicht, meinte schon der SDS 1968. – Abends Schuhe in Wilmersdorf, danach finden wir ein chinesisches Restaurant, das wird ein flottes Duell mit dem Kellner, was wir wollen, hat er nicht, wir sollen was anderes essen – ach was! Beim Trinkgeld verschiebt sich die Konfrontation in die Arbeitsbeziehung, Schnaps zum Abschluß, auch das Anlaß für einen kurzen Dialog. Also keine Prügelei und wir kommen heil davon.

3.5.	Von der riesigen Werbepappe grinst MARTIN SCHULZ zu den Worten ‚Für ein Europa der Menschen und nicht des Geldes'. Wie jetzt? Ihr habt den Kontinent doch dem Geld unterworfen, aber es nicht verstanden. Und jetzt für Gerechtigkeit kämpfen, krasse Figur! Das Geld ist die einzige Klammer, die den Laden seit vierzehn Jahren zusammenhält – weils nichts kostet. Gezahlt wird später. Dagegen hat die Kernforderung der Linkspartei wirklichen Witz: ‚Mindestlohn für alles'. Nach der Pizza im Format Wagenrad bei den ‚Zwölf Aposteln' kehren wir drei Bögen weiter erneut ein und prüfen den Kaipiranha. Er ist wahrhaftig besser als im Hotel und wir nehmen eine Abfolge (wenn Sie ahnen).

4.5. Den Wagen gepackt und nach Potsdam. Die Imposanz der Schloßanlagen war nie so stark. Es ist eiskalt, als wir die ewige Achse durch das Gebiet durchmessen. Gleichwohl ist der chinesische Tempel ein Schmuckstück. Besuch bei Valentin, alles sehr funktional, eben IT-mäßig. Hast du gar keinen Kuli, fragt Marion nach einem Blick über den langen Schreibtisch. Was bleibt, ist: anders ist anders. In einem nahegelegenen Café unterhalten wir uns alsdann fröhlich. – Abends zu Hause warten Jonas, Leon und Elvis und es geht zu Anna.

5.5. Viele jüngere Russen sähen in Europa nur den Marktplatz für gutes Essen, gute Kleidung und gute Autos, den Platz der Philosophen hätten die Brüsseler Eurokraten eingenommen. Der Blick aus Rußland auf Europa, wovon KERSTIN HOLM berichtet, überholt die Eigenwahrnehmung. National gebe es kaum Stimmen jenseits des nach den Geldtöpfen hechelnden Parteienclubs, nichts Alt-Bürgerliches, das sich kraftvoll zu Wort melde. So auch aus der Brüsseler Bürokratie, keine politische Kontur neben eifriger Selbstreferenz und am Ende eher Unterwürfigkeit, die sich aus der US-ESM-Steuerung speist. – Und was den ukrainischen Majdan-Aufstand betrifft, diese ‚Verwilderung der Heimat', so habe sich Europa einem amerikanischen Kalkül unterworfen. Auf groteske Weise werde sich die Prophezeiung des ZBIGNIEW BRZEZIŃSKI von 1997 erfüllen, nachdem das Land westlichem Einfluß unterworfen ist. Das Angemessene dazu habe im Bundestag einzig GREGOR GYSI gesagt, zitiert sie den russischen Philosophen PJOTR RESWYCH, und weiter: die Staatschefs Turtschiow und Jazenjuk seien ‚ihrer politischen Kultur nach Bolschewiken', wie ihre ersten Aktionen zeigten. – Die hiesige Berichterstattung erinnert mich an jene über den ‚Jugoslawien-Krieg'. – Dem Umsturz folgte der russische Angriff.

Der Verlust von Ausdruck ist Europa. An seine Stelle treten die Passepartouts aus dem sozialdemokratischen Bodensatz von Gerechtigkeit, Solidarität und Teilhabe. – Amerikas strategisches Interesse wird aus den Brüsseler Töpfen finanziert, so wird ein Land nach dem anderen eingekauft. Keines erfüllt die einst formulierten Struktur- und Finanzkriterien. – Das ist grob, aber Anlaß genug, je weiter weg, desto klarer scheint es. – Irgendwie wars doch nachhaltiger, als es das ständige Abschwören nahelegt: die geistige Ruinierung durch den Faschismus und die soziale und physische Ruinierung der Reste des Bürgertums des alten Konservatismus und des Bürgertums durch den Kommunismus. Welches Land hat schon solche Bereinigungen am Stück über sich hinweggehen lassen!

Im Plan der doppelten Staatsbürgerschaft setzt sich der Prozeß der Enteignung, der Aufgabe aller Eigenart hin ins Weltoffene fort. Einen Akt der Distanzierung Deutschlands von sich selbst nennt es PETER GRAF KIELMANSEGG. Das sei wohl höchste politische Tugend hier. Einzig gut genährt ist der ortlose Corpus, der die alten Zeiten verspielt hat und neuestens nur noch Wahres, Schönes und Gutes predigt, ja skandiert. Der diktaturerfahrene Präsident des Landes ist aktuell einer, dessen Worte ernsthaft und gearbeitet sind. Ihm läßt sich zuhören.

Die Spitzenkandidaten zur Europawahl kommen fast durchweg aus dem Schwarzen Loch, dort ist Arbeit und Karrierepfad. Die Führersehnsucht steigt hier etwas langsamer als im Osten. Ein Leserbrief im Putin-Dissens kann sie verstehen. Ihre Grundlage ist das Gefühl tiefer Unentschlossenheit, das hohle Pathos und diese Politik mit großem Geld.

Ich mache gute Arbeit, das tröstet. – Lese das rote Heftchen zur Dalí-Ausstellung am Leipziger Platz und bin ganz perplex angesichts der Fülle – ich kann dem nur mein Fahrtenbuch für die Steuererklärung entgegensetzen. – Marion erzählt, sie macht sich einen Grog und gleichzeitig eine Wärmflasche – und goß den Rum in dieselbe … der Abstand zur Manifestation sei aber noch da. Ich kann es lebhaft nachvollziehen.

75

Im Film stellt die Gattin die Bratpfanne in den Kühlschrank – und beläßt es dabei. – Hat Markus nicht Geburtstag? – Oh ja, ich schreibe gleich eine sms. – Er ruft zurück, Jürgen geht es nicht gut, dem Mann von Bärbels Schwester. Nach neun Monaten Chemo wegen Bauchspeicheldrüsenkrebs ist die Leber metastasiert, drei Monate vor der Rente. Das hat nichts miteinander zu tun, dennoch. Ich kenne ihn seit den Gewerkschaftsschulungen in Bad Harzburg 1968.

Der Workshop mit acht Frauen war ein Genuß. Gut war er wohl auch.

Fünf Parteien des italienischen Zirkus werben für das Verlassen der Einheitswährung. Aus Frankreich klingt es ähnlich. Es sind die größten Anteilseigner nach Deutschland.

Marion legte mir ein wunderbares Buch hin: ‚*It's all over now*‘, Jazz and Rock seit den 50er Jahren, von KONRAD HEIDKAMP. Die Einführung thematisiert das Klammern und die Bodenlosigkeit im Land. Denn es blieb, wie es war 1945, nur eben kaputt. Das Schweigen zu Hause war schwer zu brechen, also gingen wir woanders in Widerstand. Jazz und Rock wurden Sehnsucht, Ausweg zwischen Arbeitswut und politisch korrekter Larmoyanz. Und Ausbrüche wiederholten die ewige Radikalität. Selten habe ich Musik so dargestellt, ins Ganze eingewoben gelesen. Das ist biografisch bis hin zu LOU REEDS ‚nur die Musik verhindert, daß wir wahnsinnig werden. Du solltest dir zwei Radios anschaffen. Falls eines kaputt geht.‘ Und es beginnt nach CHUCK BERRY mit ELVIS' *its a one for the money, a fool such as I* – nie war es so wie bei Elvis.

1933: daß den Reichstag kein Einzelmann in einen infernalischen Brand verwandeln konnte, erscheint *prima facie* einleuchtend. Eine Woche zuvor gabs einen Probebrand. Da haben sie ein Kino abgefackelt, bei dem es genauso zuging. An dieses Ereignis schließt sich eine Kontroverse von achtzig Jahren. Ich staune. Immerhin, die Ursache sei inzwischen wieder als ungeklärt zu bezeichnen, resümiert der Berichterstatter die Bibliothek interessierter Begutachtungen.

Gabis Geburtstagsfeier im Gertrudenhof ist gelungen. Sie ist und bleibt ‚*straight 'n' tough*‘, sagt das Essen an und nach neunzig Minuten: tanzen! Also alle runter, Musik gefällt mir, um 1 bringen wir die Ex des Regisseurs nach Hause. Als er nach drei Monaten zurückkam, wollte sie nicht mehr. Isso. Lange nicht mehr einen Abend so genossen.

Bildungsrepublik: der Abbau von Regeln, von Anleitung, ja von Lernen unter der Fahne von Selbstbestimmung und Freiheit für die 8-Jährigen findet in der Reduktion auf Druckschrift akuten Ausdruck linksgrüner Planierung des Schulsystems. ‚Im Kern geht es um eine Ideologie des Lernens‘ resümiert UTE ANDRE-SEN, wodurch soziale Unterschiede verfestigt werden. Inkompetenz und weitergehend Verlust von Fähigkeit und Fertigkeit, ja Dummheit schließlich zu betreuen und zu führen, bis zum Spitz in der Wahlkabine, wird so zum Auftrag gewisser Mittelschicht-Volxpädagogik. Die ist dann auch so frei, alarmierende Untersuchungsergebnisse zu ignorieren, so zuletzt nach der Beseitigung der Hochbegabtenklassen in Baden-Württemberg. Bei 2001 gibt's den Urknall als Hörbuch. *Des werdmer zu laud.*

Leon kommt und bringt einen Blumenstrauß, Marion kocht ihm, es ist Muttertag. Es ist ihm ernst, es rührt mich. Dann fahre ich ihn wieder zum Bahnhof.

Abends wieder KONRAD HEIDKAMP. Er entwickelt eine solche Intimität im Text über CHET BAKER, findet Ursachen seiner Abstürze, die das Publikum ‚übersah‘, wenn es sich wieder um ihn sorgte. Und stellt es gegen den hölzernen Frohsinn der Nachkriegszeit. – Na und! Die Leute kamen aus der Flucht und wollten irgendwo wieder ankommen. Dabei, so resümiert KH, hatte BAKER mehr Publikum in Europa als in den Staaten. Dieser Text ist ergreifend, weil ers nicht fixiert sondern so umschreibt, wie es war und blieb – Sehnsucht, oder Mangel, oder Hoffnungslosigkeit.

10.5. Den sogenannten ‚European Song Contest‘, an dem ja keiner ungestraft vorbeikommt, gewinnt eine Figur mit Namen ‚Conchita Wurst‘, also ein Mann, in Frau umgebaut, der jetzt mit Bart sang. Ein Sieg der Toleranz sei das, tönen die Assignaten aus dem Voll-Europäer-Tremolo, die Priester der Unisex-World, des Toleranzkultes. Was als Versammlung nationaler Besonderheiten begann, endet auf dem Altar der Einheitlichkeit, der Individuelles enteignet oder wie Wurst alle Zustände in eine Person stopft. Eine hochpolitische Veranstaltung für die Massen.

12.5. Verteilen ist nicht verdienen. Deshalb ist ANDREA NAHLES so trotzig: die haben sich das verdient, beharrt sie. – Aus dem Unterschied wird aber ein Gegensatz, verteilen verdrängt verdienen. Wohin gehen die Kabinettsstückchen der Märchentanten? Zuerst an die Alten, da wird aufgestockt, Verdientes aufgestockt, langfristig geliftet. Dann kommen die untersten Einkommen, der verdiente Lohn wird gesetzlich korrigiert. – Vom Schindluder mancher Lohndrückerei abgesehen, Lohn ist Ausdruck von Produktivität, Herrschaften, also eine Rechengröße für jeden, der Arbeit gibt. Wer nur die deutsche Grundschule genossen hat, ist einfach arm dran. Chefe wird versuchen, den Kostenschub im Preis unterzubringen – wenn's denn gelingt. Der Kunde ist doch nicht blöd, gell!

Damit kommts zum Ergebnis: die Verteilerchen auf Pump schnüren den Jungen die Luft zum Atmen ab. Mit frivolem

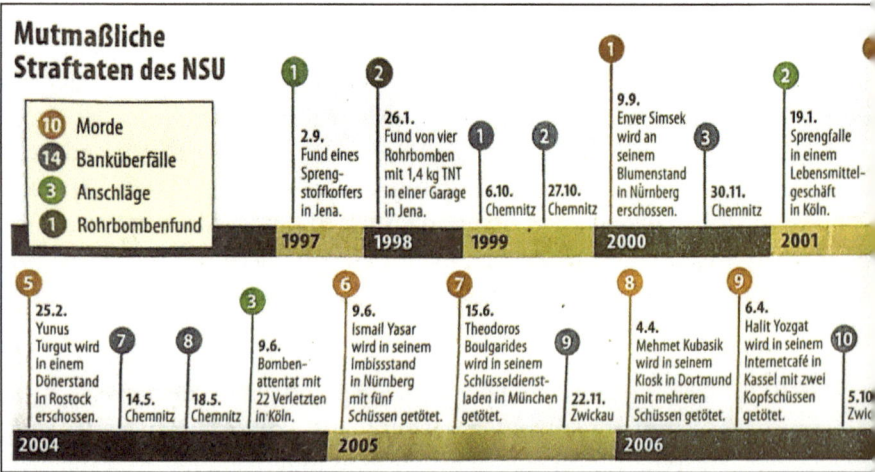

Eingriff in Kernbereiche wirtschaftlicher Autonomie füttern sie die Arbeit der geringsten Produktivität sowie den Pensionisten, der seine Produktivität hinter sich hat und in Konsumtion steht, hier wirklich verdient. Zugleich belastet der Finanzkorsar die produktivste Arbeit mit maximalem Steuersatz, von der kalten Progression bis zu Steuern aus versteuertem Einkommen. Das hat schon abenteuerliches Maß. Kaum tröstlich, daß die Akteure sterblich sind. – Mehrere Gutachten werden kurz drauf resümieren: die Mittelschicht hat sich, insgesamt, wieder einmal selbst bedient, in jeder Hinsicht asozial, besonders beim demografischen Blick drauf und den Armen gegenüber. Ein Festbraten der Berliner Schreibweise von Wettbewerb: Fett-Bewerb.

Warum, fragt HOLGER THUSS, mußte SEBASTIAN EDATHY Vorsitzender des NSU-Ausschusses werden, dieser erpreßbare SPD-Mann. Wer war da Führungsoffizier, meint er bei der Betrachtung des ‚kleinen Karo, welches die Berliner Bühne webt‘.

Marion kommt vom Elternabend, keine besonderen Vorkommnisse, auf ZDF-Kultur folgen auf *Rock ’n’ Roll* die Exzesse des *Hyde Park Summer Concert* der Stones, danach MUDDY WATERS, von Ansehen bekannt, & guests, alles vor

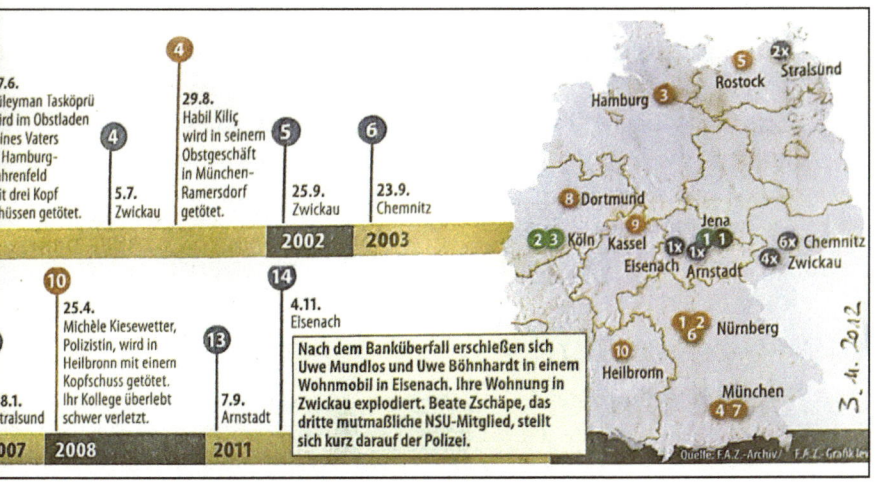

79

vierzig Jahren mit BUDDY GUY & Consorten. – KONRAD HEIDKAMPS Gang durchs Jahrhundert stößt mich so an die Kreuzungen, an die ich mehr geriet, als daß ich begriff, was da vorging, draußen und drinnen. – Wie kann man so einfach durchs Leben brettern ohne Vorbereitung. Also etwas mehr Betreuung hätte ich schon gebraucht. Na, jedenfalls lese ich die Kapitel Stones und THELOUNIOUS MONK mehrfach, ums endlich zu begreifen. Das rebellische Motiv und das Unwohlsein zu Hause boten für sich wohl keinen Boden, das Andere zu verstehen. Das waren mehr Fluchtpunkte, so meine Fahrten in die Frankfurter Jahrhunderthalle zum Folk Blues Festival 1963. JOHN LEE HOOKER hatte sein Kissen mit, *I'm an old man you know.*

War's die Ahnung, daß den *Songs* mehr Konflikt und Auseinandersetzung zugrunde liegt, als ich erkannte. Also blieb es Fluchtpunkt, negative Sehnsucht. Aus sowas wird nichts. Hätte auch zu Hause bleiben können. Kopfkino kost' ja nix. Hinfahren hieß allerdings, aus dem Haus kommen.

Manchmal, mitten im Stück, rief er zu Hause an, brummte ins Telefon. Er hängte nicht auf, ließ den Hörer baumeln, kehrte wieder zum Klavier zurück, ließ sie hören, was er für sie spielte, ... warf noch eine Münze ein – Bist du noch dran Nellie? – Es ist wunderschön, Thelounious! kam die Antwort.

16.5. Die Ortzeitung leitartikelt: VdK kritisiert soziale Spaltung. Dieser ehemalige Kriegsopferverband ist wie Soli: einmal ins Leben gerufen, wächst und gedeiht er an der endlosen sozialen Frage. Sodann: die Nöte der Menschen beschäftigen den Sozialverband VdK Tag für Tag. Klingt nach Fraktion der Linkspartei. Und wieso eigentlich jetzt, die Kriegsopfer sind doch längst weiter. Die Kanzlerin ist ob solcher Klage zur Stelle und verspricht Besserung.

Gestern ruft mich mein Mann an von der Allianz: wies denn mit der Pflege steht – es geht noch, sage ich – ja, aber später – ja, dann melde ich mich – er: dann ist es zu spät, und die Prozente? – wie jetzt – er meint die Zinsen – ei tief! – eben!

– wo soll ich denn noch alles anlegen! Ausgeben soll man's, rät abends der Mann in der Sparkasse. Sag ich auch, aber wie! Rumreisen, bis es alle ist, wirkt doch gekünstelt.

19.5. Wenn der Rhythmus des Arbeitens sich lockert, ändert sich alles, fällt vieles in einen langsamen Lauf und der Geruch von Desinteresse dringt durch die Ritzen. Selbst beim Jäten des Grases auf der Terrasse kommt wenig Freude auf. – Gestern Abend immerhin ein brachialer Auftritt von SERDAR SOMUNCU in Thema und Ausdruck, macht Kabarett. – Im Wuppertaler Museum von der Heyde gibt's das ‚Menschenschlachthaus'.

Einladung zum Nachbarn zu zwei schweren Rindersteaks, dazu feinsten Sambuca. Es wird albern und ein bißchen säuisch. Wir finden den Weg zurück.

Ein Schwerlast-Katalog vom italienischen *professore* trifft ein. Darin habe ich, gegen Handsalbe, vier Formate untergebracht, darunter ‚Mona Lisa lächelt nicht', jenen Rückenakt in der Vierteilung. Daß *Dottore* seine Kommentierung mit den Worten ‚Ein Meister …' beginnt, ist unbedingt schmeichelhaft, aber angesichts großer Mengen von lyrisch-süßlichem Landschafts- und Phantasiegemälde in Ordnung. Schon liegt die Einladung zur nächsten Ausstellung auf Malta im Postkorb. Meine Eitelkeit spielt Klavier.

20.5. ENZENSBERGERS Euro-Nilpferd im Update des Steuerzahlerbundes: die Finanzmittel seien in fünfzig Jahren um den Faktor 1700 gestiegen, die Pflegefälle allerdings auf gerade 46 Tausend, ohne die ‚Vertragsbediensteten' und weitere ‚Ortskräfte', die in den angeschlossenen Provinzen des Imperiums marodieren. Warum sowas preisgegeben wird, ist unerfindlich. Es interessiert niemanden, ruft bei den Gefütterten nur Unmut hervor und bringt Unruhe in die Gefolgschaften.

Acht Tage vor der Wahlfreiheit zum Straßburger Monstrositätenzirkus möchte der Aspirant auf dem Thron desselben das christliche Kreuz aus dem öffentlichen Raum entfernen, eine Aktion der Erkaltung. MARTIN SCHULZ ist Repräsentant des

Mona Lisa lächelt nicht – Acryl, China Ink auf Holz – 4-teilig – 2010

parteiübergreifenden Komplotts der Enteignung des Menschen.
– ROBERT SPAEMANN enttarnt ihn kurz drauf als Inquisitor
in der *causa* ROCCO BUTTIGLIONE, den er, Bewerber auf ein
Kommissariatsamt, nach seinen Neigungen in Sachen Homosexualität befragte. Flotte Entkleidung eines Apostels. Die Menschen laufen kahlköpfig ununterscheidbar von A nach B, da
ihnen nach allen alten Zöpfen schließlich der Haarwuchs überhaupt abhandenkommt. – Zurück zum Auftritt des MS. Links
neben sich, da ist ja noch Platz, hat er eine Gender-Dame stehen,
rechts einen Inklusionsbarden. – HEIKE SCHMOLL erläutert,
wie wenig es dem Inklusionstotalitarismus um die so Behandel-
ten geht, die im Inklusionsraum täglich ihr Versagen, ihr Un-
genügen erleben und irgendwann in den Armen der Betreuung
ihre innere Verzweiflung bestreicheln lassen. Dem Betreuungs-
wahn geht es um Herrschaft über Gleiches. Differenz ist ihm
ein Greuel, er möchte zudem ökonomisieren. Detail bedeutet
Aufwand. Sein Mensch-Ideal hat einen Ausdruck: er akzeptiert
nicht. Und das lehrt er.

Die Absage an Zusammenarbeit mit der AfD begründet der
CDU-General PETER TAUBER mit dem Vermächtnis des KON-
RAD ADENAUER. Davon hat er möglicherweise soviel Ahnung
wie Freund KAUDER von dem, was neulich NAVID KERMANI
im Bundestag sagte. Der alte Mann jedenfalls wälzt sich mit Sicherheit täglich im Grab angesichts solcher Frömmelei, mit der
das Groß-Europäertum den im Ruin-Modus laufenden Kontinent einseifen will. Das steht kurz vor ruhestörendem Lärm, den
die Friedhofsordnung bekanntlich untersagt. – Von Seite eins
strahlt die koalitionäre Versammlung kamerawärts: Tante Mindestlohn, Onkel Frührente und Oma Mütterrente.

Die Eitelkeit aus dem Katalog treibt mich in den Keller auf
die Suche nach dem Format, das ich nach Sizilien und weiter
nach Valetta verschiffen soll. Aus sechs Vorschlägen nehme
ich ‚Jeanne Hébuterne‘, eine MODIGLIANO-Kopie aus 2003.
Die schicke ich weg. Ich sollte mehr wegschicken, nein, sollte
ich nicht. Es wird dadurch nicht besser, sondern nur zufrie-
dener, ja eitler. Dieses ‚geht doch‘ ist Kapitulation.

Zwei Verfassungsgerichte winken das GEZ-System durch, in Schwurbel-Prosa, höhnt der Berichterstatter. Anders kommt man über das staats-begleitete Ansagesystem auch nicht hinweg. Es ist eben einfach Teil der FORSTHOFFSCHEN Daseinsvorsorge, der erweiterten.

21.5. Zu Gesprächen in die Sparkasse, Lothar bringt den Einstein-Verstärker aus Bochum zurück. Ich bin begeistert, schließe alles an und kurz – und stelle bestürzt fest, daß meine schöne Vinyl aus 1968 *Booker T & the MG's* den Titel *Green Onions* nicht enthält. Alles andere funktioniert.

22.5. Den ganzen Tag auf Arbeit in der Stadt, schlecht vorbereitet, um halb sieben zurück, 30 Grad, JOHNNY CASH und LOU REED aufgelegt, tief eingeatmet.

23.5. ,Denken sieht leicht aus, ist es aber nicht und kann schief gehen', die Zeitung kündigt einen Kommentar zu HEGELS ,Phänomenologie des Geistes' an, geschätzt sind 2.300 Seiten. Ich denke an GERT POLT, der schon vom MARX sagte, ob der denn immer noch ,ka Ruh' gibt. Kommt mir nicht ins Haus, soviel steht fest. – Der Bundespräsident wirbt für die Selbstachtung bei den Eingeborenen. Schwer, wo alles aufgegeben wird. Die Einheit mit dem Universum wird zur mentalen Floßfahrt von Überlebenden. – Den Aufruf sollte er an die Hiesigen richten, wenn er zurückkommt.

Zum 65. Jahrestag des Grundgesetzes spricht NAVID KERMANI vor dem Bundestag. Das Hohe Haus gönnt sich einen Intellektuellen. Mein eigenartiges Gefühl bei der Lektüre dieser Zeremonie hat auch einen Anteil Scham. Als wüßten die Leute irgendwas von der Reichweite dieser, einer Verfassung. So auch VOLKER KAUDER, der ignorant und trotzig anschließt: ein bißchen Freude sei doch wohl auch angebracht. So formuliert selbstreferentielle Gewißheit, das Regime in der Hand zu haben, die Fallhöhe ist nicht zu überbieten. – Als Brachial-Europäer möchte er kurz drauf am liebsten einen Haufen europäischer Großkonzerne in eins schmieden – Einheitsmaut-, Einheitsgurken- und -glühbirnen – Fan ist er ja längst. Idealer Kandidat fürs Politbüro, der im Milliardentopf gerne mitrühren möchte.

Das Museum des 11. September eröffnete in New York.

24.5. Ein Leser zitiert ZBIGNIEW BRZEZIŃSKI zum Ostausbau Europas, wobei die Ukraine den Dreh- und Angelpunkt strategischen Interesses der USA bildete. ,Ein erweitertes Europa und eine vergrößerte NATO dienen den ... Interessen der US-Politik', heißt es da. Das leuchtet ein, wenn auch die Aufnahme manches Oligarchenkarussells die Wertegemeinschaft durchaus in fahles Lichte tauchte. Mein Versuch, das Werk von 2004 über Amazon zu bestellen, stößt auf einen Preis von 269 $ für die gebundene, immerhin noch 200 für die Taschenbuchausgabe. Wer sind die Akteure solcher Preisbildung. Gebrauchte Exemplare erreichen schwindelige 1.300 Euro, angeboten von ,sturmstina1983'. Die Sache muß ihren Preis wert sein, ich lasse es. Wer will verhindern, daß es unter die Leute kommt!

25.5. *We don't speak Spanish, but we speak very good Rock 'n' Roll – ACDC live at River Plate in Buenos Aires in 2009 – mein toupet kreist!* Ich kriegs nicht weg – da fegt so ein apokalyptischer Zug aufs Stadion zu, den Zugführer oder Heizer zieht es von Bord und dann steht diese Lok halbhoch mit rauchendem Schlot, als gings gleich weiter – und die Truppe kennt kein Halten mehr, der Sänger muß an die sechzig sein – wie hält der das! – der andere in der Schüleruniform im *double, triple* oder was weiß ich *walk*, von des Wahnsinns purem Ausdruck perforiert – die hunderttausend begleiten kenntnisreich – kein Wort geht verloren. Setzt mich fest oder ich bin weg! Auch der Schlagzeuger ist konstant außer sich und prügelt den Rhythmus – beständig werden Leute durchgereicht, manche bleiben kopfüber, *with rapid eyes & stoned anyway ... we got some more dirty beats for you.* Ich wiederhole: Wahnsinn, ungehobelt, frisch vom Faß.

Demente wählen auch, selbst wenn sie ihre Kinder nicht mehr erkennen. Im Verlauf sich bei solchen Wahlgängen unvermeidlich ausbildender Hilfestellungen kommen so aus den Pflegeheimen der ‚Arbeiterwohlfahrt' nur SPD-, aus den ‚Caritas'-Heimen CDU-Stimmen. Die Helfer wissen eben, was guttut. Eine elaborierte Form der Stimmenbeschaffung – oder einfach kleiner Mißbrauch, Demente im Passivmodus zu vernutzen. Aber täglich das Gejammer im Nachrichten-Modus. Es gibt welche, denen das peinlich ist, aber sie möchten es nicht ansprechen. Klar, denn sofort stände die Phalanx der Sozial-, Antidiskriminierungs-, Gerechtigkeits- und Gleichheitswölfe bereit zum Standardrepertoire. – So installiert das System das Schweigen, ohne jede Gewaltanwendung – und läßt der politischen Selbstversorgung die Freiheit des Einhegens.

Im Glücksatlas fällt das Land zurück, aktuell Platz 46.

Innerhalb weniger Tage werden mir weitere vier Ausstellungen und Katalogbeteiligungen angetragen. Was ist passiert. Es provoziert. Ich entscheide mich für das Quadrat aus 2008, ‚Terra Firma', mit Textidee, unfertig.

26.5. MONTAG
Der anstrengende Abend voll selbstgenügsamer Kommentare ‚gemäßigter und vorsichtiger' Sieger dieser Mitte-Mehrheit nach der Europawahl. Die fröhliche Erleichterung kann den Schatten der Wagenburg nicht verscheuchen: das betrifft nicht nur die Ränder der versammelten Bandbreite, sondern alles, was diesen Zustand Europas ausmacht, so zwischen hoffentlich hält's und ‚immer lustig und vergnügt' wie neulich UDO LINDENBERG (falls Sie da reinhören möchten). Dieser Anstrengung unterwirft sich bekanntlich die Mitte in Permanenz. VICTOR JEROFEJEW erklärt Rußland vor diesem Hintergrund, nämlich dem Westen mit seinen ‚biedermeierlichen' (Rest-)Werten, die als Grundlage gutes Essen, tolle Autos und Urlaub haben. Das betrifft die USA ebenso, selbst ohne BRZEZIŃSKI. ANGELA MERKEL bittet die Tories, der AfD kein Wort zu glauben.

Vierzig Musiker zählt er auf, sortiert nach ihrem Jahr des Sterbens. Alle starben jung. Das ist mächtig, diese Sortierung nach dem Jahr des Endes, völlig neue Gemeinsamkeit, Gruppenbildung ohne Sichtkontakt. Und warum starben die fünf, sechs oder acht von ihnen im gleichen Lebensjahr, dem 27. Warum starben sie da überhaupt. Diese Anordnung von Tod. Als gäbe es da etwas, das befragt werden könnte. Auch sinnlos, alles Auswuchs der Weigerung, das Ende anzuerkennen, wenigstens, es hinzunehmen. Das war KONRAD HEIDKAMPS Seite 202. Sie räumt erstmal alles Gesagte ab, bevor es wieder zurückkehrt, weil es den einzigen ‚Sinn‘ des Endes abgibt: das volle Leben. Seine Länge variiert eben.

27.5. Zwölf haben zugesagt zum Klassentreffen bei Frankfurt. Zwei weitere der Angeschriebenen seien verstorben. – Die Kette mit den Weihnachtssternen hängt immer noch im Wintergarten, es geht so schnell, sie ist jetzt ganzjährig. Ich fege die Kleintiere zusammen.

Zweiter Versuch, an MICHELANGELOS David heranzukommen. Und staune über PIETRO ANNEGONI. Wie LUCIAN FREUD, zum Abbild gehört mehr als das Äußere.

Die CIA soll abstrakte Kunst in den fünfziger Jahren massiv gefördert haben, nichts ist abwegig im Zusammenhang. Das ZDF dokumentiert das Komplott von Geschäft und Geheimdienst. Je nun.

28.5. Früh ins Steigenberger zum Workshop. Das Essen steht nicht im Vordergrund, ist aber geschmacksarm. Doch dafür werde ich nicht bezahlt! – Abends reise ich mit Marion nach Bad Zwischenahn, des Amüsements wegen. Erwartungsgemäß ist der Empfang überschwänglich, der Trainerkollege sitzt bereits am Tisch mit seiner lieben Frau. Das geht so bis 1 Uhr früh, das Personal sitzt abwechselnd mit am Tisch. Insbesondere der Restaurant-Chef aus Ägypten engagiert sich und kredenzt noch spät feinsten Weißwein. Es bleibt nichts stehen.

Terra Firma – Acryl auf Holz – 70 x 70 cm – 2008

Die Erde verliert nichts.
Nicht die Zeit, nicht das Leben.
Voll Sehnsucht nach dem Vergangenem
graben wir sie auf um zu sehen, ob
es wirklich so war.
Dann wird das Vergangene zum
Museum, Wächter unsrer Sehnsucht.
Die zerfällt darüber.

Manchmal bildet eine Seite das ganze Jahrhundert ab: oben das Posieren mit Gasmaske beim feucht-fröhlichen Abend 1916 in Feindesland, darunter Raubkunst in deutschen Wohnzimmern, erschlossen aus den Geschäftsbüchern des Kunsthändlers ADOLF WEINMÜLLER, neulich in einem Stahlschränkchen entdeckt. Die Zeit ‚danach', nach der Teilhabe an Mord & Totschlag, erscheint im Beharren, im Verharren – gespenstische Fortsetzung. Schon die Massenbewegung von Empörung gegen die Verfolgung der Täter, wie sie sich in der Biografie des WERNER BEST zeigt, korrigierte mein Bild dieser Zeit. – Was heißt hier arisiert, ich habe bezahlt, es bleibt an der Wand! Der Verlust des persönlichen Maßes von Gut und Böse. – Ich habe ebenfalls bezahlt.

Die Gasmaskenfeier hält mich in Atem. Was bewegte die Herren, sich um den Tisch herum aufzustellen, die Geräte anzulegen wie einen Anzug und sich, hinter Flaschen und hohen Gläsern, einer hat die Hand dran, fotografieren zu lassen. Erkennbar ist keiner, Namensschilder fehlen. Was ist das Motiv des *Darth Wader*, ist es ähnlich? Es ist jedenfalls Bekenntnis zu dem, was sie tun. Der Bezug zur Feierlaune, die das Tischarrangement illustriert, bedarf noch der Überbrückung. Selbst das geplante Erinnerungsfoto anonymisiert

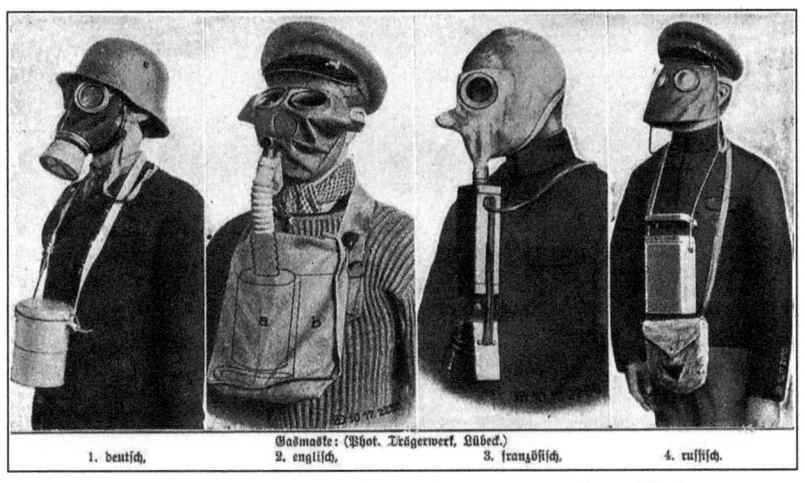

1. beutſch, Gasmaske: (Phot. Trägerwerk, Lübeck.) 2. engliſch, 3. franzöſiſch, 4. ruſſiſch.

Das besprochene Foto ist verschollen, hier einige Ländereinkleidungen

die Teilnehmer (vgl. die ‚Spur der Schweine‘, Seite 173 oben Mitte, also auf ‚12‘). Erinnert wird nur das Grauen im Bild, das sie produzieren, die Weltkriegs-Gaskrieger. Welcher der Maskierten überleben wird, wer das Ende fand, ist auch im Nachhinein nicht abzugrenzen. Das Foto ist grundlegend, ein Bild der Entschlossenheit zum Tod. Da ist der Versuch mit Tönen, wie ihn zwei Tage drauf ‚Eine fidele Regimentskapelle‘ unternahm, voller Erbarmen und fast näher am Wunsch nach Leben. – Solche gedanklichen Applikationen sind typisch für Leute, die fern der Zeit sind und zu verstehen suchen. Ich weiß, daß mehr dahintersteckt und könnte zwei Stunden auf das Bild gucken.

30.5.   Coaching, Frisör, zack-zack, Hafi ruft an und sagt seine Teilnahme am Klassentreffen ab, wer denn der eine Gestorbene war ... und der ... und der, Teile von uns. – Schurkenstück ist ein starker Knastfilm, noch stärker der Kuß danach. Ich liebe dich – ja, ich weiß.

31.5.   Ich schleiche um die leeren Flächen, ziehe eine Umrandung nach, greife nach der Grasschere und verstehe das Drama mit der Rasenkante, so eine Art letzte Rettung, Ordnung zu schaffen. Wenn schon die Kanzlerin nicht zu verstehen ist, hier habe ich das Sagen – die Natur schweigt und nimmt hin. Das ist Chance.

1.6.   Die Frage, welche Formate an Schrettner gehen sollen, bringt mich wieder vor Nr. 88, dieses offene Geheimnis der Nazisympathisanten auf den Nummernschildern, nämlich die dreiteilige ‚Feuerpause‘ (gespenstisch, wie das harmoniert!) – die Fotografie des Bildes bringt den Text nicht heraus und ich hole die Teile aus dem Keller. Über dem Soldaten in der Mitte verläuft ein Ich-Text, der die Gefolgschaft als Verdauungsakt des Führers formuliert, bis zum Lebensrest der Ausgeschiedenen. – Schließlich verläßt mich die Entschiedenheit und ich verschicke ein gefälliges Motiv.

Anmerkung:
Später finde ich meine Wahrnehmung (im Text) in SEBAS-TIAN HAFFNERS Anmerkungen zu Hitler wieder *(vgl. 26.2.2015, erscheint bald).*

Fragen eines Lesers (2016):

Leser: Was bringt Sie in diese Wahrnehmung, in diese Lesart? Schreiber: Ich suche nach einem Weg, der die Hingabe, die Unterwerfung der Leute, des Volkes zum Ausdruck bringt. Da war die Bereitschaft nach persönlicher Aufgabe, nach Suche und Aufgehen in kollektiver Identität. Das war schauervolle Entschlossenheit bei Millionen Frustrierten in zahlreichen Organisationen, die Sehnsucht nach Führung aus dem politischen Chaos und der Wirtschaftskrise.
Leser: Was soll diese Biologisierung?
Schreiber: Das Maß an Auslieferung, an persönlicher Hingabe wurde sein Nährmittel, das Volk als Material für sein Projekt, das er nutzt, vernutzt und am Ende seines Wahns – ausscheißt, seine Verachtung, bevor er sich davon macht. – Das ist meine Wahrnehmung, gegen den kommunikativen Verpackungsmüll, gegen meine Mißhandlung, meine Unterwerfung, meine Flucht in den politischen Konformismus als Rebellion.

2.6. ,Der gute Name unserer Division ist ohne Makel', betont ein ergrauter SS-Angehöriger 1971 aus gegebenem Anlaß. ,Das Reich' war ihr Name und sie trennte 1944 sechshundertzweiundvierzig Menschen nach Geschlecht, die erschossen oder verbrannt wurden, in Oradour. Einer der Exekutoren wurde belangt. Und noch sonst Einiges.

Ausgangspunkt war ein Bild in der Zeitung zum Thema Stalingrad: ein Wohnzimmer im ersten Stock, die Hauswand zur Straße hin weggebrochen – ein Soldat in der gleichen Haltung im Korbstuhl, links davon ein Schaukelstuhl, rechts ein wandhoher Kamin, der mit Text gefüllt ist, wie Kaminholz – im Bild über dem Soldaten.

Feuerpause (2009/2010), Acryl auf Holz – je 120 x 30 cm

Links:
Das Foto ‚Minenprobe' aus einem Album mit Kriegserinnerungen (Seite 30) über dem Liegestuhl (aus dem Stalingrad-Foto) – wenn die Dorfbewohnerin heil auf der anderen Seite ankommt, ist die Furt nicht vermint.

Mitte:
Der Fuehrer nimmt STOPP das Volk.
Volksamen STOPP – ich Volksempfänger!
Der Fuehrer ist STOPP mein und dein,
Fuehrwerk und Fuehrbitte.
Ich STOPP Volksmaschine,
Magazin des Fuehrers.

Mein STOPP Fuehrer atmet das Volk.
Ich STOPP Sturmbann-Fuehrer
verkünde Blut & Boden.
Mein STOPP Fuehrer isst STOPP und verdaut mich.
Ich schmecke kaltes Blut,
Geschwüre der Gewohnheit.

Mein STOPP Fuehrer scheidet aus.
Das Licht am Ausgang ist
sein Kot, der schwarz von Fliegen.

Mein STOPP Fuehrer lässt sein Volk ab.
Er ist Tod STOPP – still Volk!
Und bettet mich auf Schutt und Asche,
die Wärme meiner langen Nacht.

Verweht sind alle Tage.
Im Blut der STOPP Heimat zehre ich
des Lebens Rest – Amen.

Rechts der Text im Kamin:
Ich werde – zum Krieg getragen – Reichsbahntransportzug –
Eiswind zieht unterm Fenster durch. – Späte Kaltgeburt: ich liege
auf langen Brettern – in Jahren wächst mir die embryonale Haut
– zur Uniform – fürs Frontleben – Heimatfront bestreicht der
Führerfunk – Ich kommandiere die Heimat des Feindes – der
treibt mich zurück in die Heimat – Retour Brandenburg – Empfang im Auffanglager – Auffanglagerist – führerlos – selbstlos –
Neuzeitfänger, der den Krieg versenkt – und mitgeht.

Ein Regierungspapier hat die vernichtende Kritik des Weltklimarates an der deutschen Klimapolitik dreist ins Gegenteil verkehrt. – Der Klimagewaltige SIGMAR GABRIEL hält am Ausbund des Wahnsystems fest, dem EEG. Etwas wird dran gedreht, und selbst hierbei wurde gezinkt, der Hexer läßt grüßen. Die vorgeschriebene Gesetzesfolgenabschätzung wird mit falschen Zahlen unterlaufen, dem Bundestag komplett vorenthalten. – Nach Mütterrente und Mindestlohn das dritte Vorhaben des Kabinetts, dem der Normenkontrollrat massiv entgegentritt. Kurz drauf kommt auch der EU-Rechnungshof zum ‚vernichtenden Urteil‘ über diese Fünf-Milliarden-Förderung mit ‚Kurz-über-Null-Effekt‘. Gott schütze uns vor Leuten, die eine Vision haben, meinte jemand. Und: wer mit Vision rumläuft, braucht keine Evaluation. Das gilt beim Klima wie bei der Einheitsschule.

3.6.   L.earn 2 in Kirchseelte im Drei-Mädel-Haus. Ein aufgeräumter Haufen, sehr verschieden alles, abends unterm Schirm fallen die Lebensräume übereinander her – von *shit storm to shit* – vom Plan dreieinhalb, meiner Marburger Adresse in den Sechzigern, wo Wolfgang jetzt auch studierte – zu meinen neun Quadratmetern mit Freundin – durchs Schlüsselloch und alle Ritzen zog der süße Geruch von Pot, Koks & Haschisch – und nichts verstanden außer Rebellion – und selbstverliebt in den schwarzen Kordmantel mit Kunststoffbesatz zur Mensa und zurück – mit Stopp im Buchladen, drei Bücher geklaut und weiter. Und was hat das mit heute, unterm Schirm, zu tun. Die drei Frauen am Tisch verstehen das alles, oder nicht – tut nichts, wir Männer sind am Durchtexten – wollen auch mal loswerden, was sonst nicht gefragt ist! Der BF-Mann nagelt sein Erkennen-Set, der UH-Mann hat Bedenken, der BÜ-Mann setzt noch einen drauf (so geht Lifo!), die Frauen kreischen – *stop it, muppet!*

4.6.   Bis sechs Uhr abends geht es mit forschen Debatten, wir räumen Wände und Tische leer und rollen vom Hof.

5.6.   Bildungsrepublik: ‚Es fehlt an Urteilskraft‘, resümiert eine 3-Jahres-Analyse die Aussagen von G8-Abiturienten, memorieren und reproduzieren hinreichend, erschließen fällt schwer, Thesenbildung nur mit Stütze, Abstraktion kaum, Transfer gar nicht, Synthesen allenfalls additiv, ohne Gewichtung, Urteile: linear, Paradoxa: ‚werde der, der du bist' kaum. – Für die Tagesschau reichts! – Noch schwerer wiegt der Mangel an authentischer Lebenserfahrung, Sinn für die Komplexität lebensweltlicher Entscheidungen fehlt nahezu völlig. Belegende Beispiele werden benannt, irritierende Beispiele: ignorant.

Das alles war mir in jenem Stadium auch fremd, ich war ein einziges irritierendes Beispiel und habe mich auf den Zug nach Frankfurt gesetzt und im Hörsaal 6 bei RUDOLF WIETHÖLTER Zivilrecht ‚gehört' (sic!). Anschließend gabs ‚setzen 6'. Erst bei SCHULZ von THUN lernte ich 30 Jahre später: ‚gehört ist nicht verstanden'. – Die Abiturientenstory schließt übrigens ab: Leben im Parallelmodus, Kreuzungen und Überschneidungen werden gemieden. Konfliktlagen lösen die Frage nach gesetzlicher Regelung aus. *Besser is*, wer will schon auch noch mit dem Gesetz in Konflikt kommen. – Immerhin, das sind stabile Grundlagen für den BIP©-Modus (guxdu Bd. 7.1, 2013, Seite 39 und hier Seite 80), für Konvention – am besten gleich Staatsdienst, Diener sein. Oder Rebell, beste Plattform!

6.6. Abends erschienen mehrfach seriöse Herren auf der Projektionsfläche für die Grundversorgung: die EZB habe schließlich den Untergang verhindert und Geld stinke auch nicht. – Im Organismus folgt der ‚falschen Ernährung' gären, stinken, faulen, verfaulen. Nein, Geld stinkt nicht, weil es nur Medium ist, stinken tut immer die Sache selbst. – Also treibt es durch Europa, seit gestern 400 Milliarden mehr, wie Tang am Strand, lästig, behindernd, man möchte nicht drin schwimmen. Und alles für eine Gruppe von Sehnsuchtseuropäern, die aus dem Schwur nicht mehr rauskommen. Und alle Verantwortung an den ‚Signore auf der Empore' abgegeben haben, Frankfurt, falls Sie suchen. Welch komfortables Regime. Das führt zur Sparsamkeit im Wort, zum perplex-Sprech ist schließlich kaum jemand ausgebildet.

95

Aus dem Justizturm kommt ein Beispiel für groben Vorsatz in dieser Fähigkeit, so beim (bitte anschnallen) ‚Tarifautonomiestärkungsgesetz‘, vulgo Mindestlohnanordnung. Die Lesungen des Machwerks im Bundestag können nur mit zwölf Heften ‚Titanic‘ & Popcorn ertragen werden, wetten? – Das führt direkt in die Berufskrankheit, ist kein Arzt zur Stelle.

DANIEL KEHLMANN liest an der Universität über die fantastische Parallelgesellschaft, wo Massenmord und Sommerfrische ohne Berührungsangst frohlocken. Fruchtbarkeit andauernd. Lernen beginnt bei null, speichern geht immer … schade, daß Frankfurt weiter weg liegt, noch vier Lesungen folgen.

7.6. Delirium, lat. irre sein, ist nicht abwegig. Das Europariat geht akut (sic!) aber aufs Ganze. Nach VOLKER KAUDER und PETER WEBER hats jetzt MANFRED WEBER erwischt. Der ist Chef der EVP-Fraktion im Straßburger Salon und läßt diese Breitseite ab: ‚Die EU ist auf eine immer engere Union der europäischen Völker angelegt.‘
Wie bitte soll das gehen, was müssen die Leute noch alles hergeben, sich abgewöhnen und anerziehen, damits *unioniert*. Warum so ein obszöner Satz? Wie etwa der Finne mit dem Sizilianer? – ‚So steht es in den Verträgen‘, also ein Gebot, Rechtspflicht, sanktionsbewehrt? Es ist nicht zu begreifen, gilt aber auch nur für den Salon, hoffentlich sind keine Besucher da, die laufen anschließend verstört durch die Stadt! So ein Satz in freier Wildbahn ruft doch sofort die Ordnungskraft auf den Plan. Aber der Wahn hat Freigang, hier der Abschlußfasel:

‚Das ist für uns nicht verhandelbar. Wir können nicht die Seele Europas verkaufen.‘

Über was alles glauben diese Herren eigentlich rechtsgeschäftlich verfügen zu können! Ist kein Pathologe in Sicht! Sie behaupten den Wächter des Kontinents, den Verwalter seiner Seele und machen inquisitorisch alles klar. – Die Kampagne zeigt Substanz, die in Verstiegenheit sublimiert. Reell ist dabei einzig der Monatsscheck und die Fahrtkostenpauschale. – Diese Entschlossenheit, die jedes Maß hinter sich läßt, ist sehr deutsch. So deutsch sind die befreundeten Nachbarn nicht, na gut JCJ schon. Der muß ja. Aber sie kennen das. Es gibt eine Sicht der Welt, welche die Radikalisierung immer im Gepäck hat. Da sie den Leuten an die Wurzeln geht, entfernt sie die gleich mit, wie der wohlmeinende Zahnarzt. Entwurzelte Existenz bleibt zurück.

Krönung ist es, für das Erbe KONRAD ADENAUERS ständen sie mit alledem, welche Anmaßung des Kleingeistes. Der Genannte kommt nicht zur Ruhe! – ROLAND VAUBEL stellt den 200-jährigen Diskurs des Themas zusammen, von DAVID HUME bis ARNOLD TOYNBEE: Europas Stärke resultierte aus seiner Vielfalt, politischer Wettbewerb stimulierte Freiheit und im weiteren Wohlstand. Dort – konservierend – anzuknüpfen nach den Desastern des letzten Jahrhunderts wäre Erbe Adenauers. Es mit einem Einheitsregime fortzusetzen, eröffnet die Perspektiven aller ,Großreiche': sie ersticken an sich selbst, von Freiheit keine Spur.

8.6. Ich formuliere die L.earn-Philosophie, der heilige Geist ist schließlich *on tour*.

CHRISTINE LAGARDE benennt ,die wahren Helden der Finanzkrise': die Notenbanker, das feine Publikum ist unter sich in Sintra, Portugal. Daselbst läßt sich feiern. Der Gestaltungswille des Komplotts hat bewirkt, daß die Banken Europas mehr als doppeltes Format haben im Vergleich zu den US-amerikanischen Instituten, folgerichtig mit halber Profitabilität. Gefahren werden nicht reduziert sondern gebunkert, *gebankert (daher der ,Bankert', Späßchen)*. Unterhaltung des Systemrisikos.

9.6. Sommer pur, wir radeln nach Kränholm, wo immer das ist. Nach Eiskaffee und Mangokuchen folgt: ist mir schlecht! Wieder auf die Räder und vor dem Platzregen das Haus erreicht. Es donnert und Elvis verfehlt fast die Tür des Wintergartens. Hinter dem Schwarz, das plötzlicher Sturm vertreibt, wieder gleißender Sommer.

11.6.   Um sieben Uhr fahre ich Marion zur Klassenfahrt, Bis gleich, verabschiedet sie sich. Ich denke genauso. – Feines Gespräch in der Sparkasse, jenseits des Coachings. – Der *Professore d'Italia* erinnert an die Absendung der Bilder. Ich rufe die Nachbarin an, versichere mich, daß sie es ausleiht und hole den Schattenrahmen für die ‚Buchhalterin‘. Auch ‚Jeanne Hébuterne‘ erhält so pointierten Ausdruck. – Im ersten Programm ‚Letzter Moment‘ mit MATTHIAS HABICH und der schönen ULRIKE TSCHARRE. Soviel schweigsamer Ausdruck ist selten im Ersten um 20.15, naja, seit MARTINA GEDECK schon. Die Macht der Liebe – wo sie fehlt, beginnt das Vagabundieren.

LOUIS ARAGONS ‚Wahrlügen‘ strengt an, aber ich will es wissen. Das Buch steht seit April 86 im Regal. Wie ich drauf kam? Der Titel paßt so oft. Seine ‚Glocken von Basel‘ las ich vor Jahrzehnten, was war das, der Kongreß der Sozialistischen Internationale von 1912, aus der Kette der Abgesänge auf das Jahrhundert – nichts ahnend, klammernd.

12.6.   DANIEL KEHLMANNS zweite Vorlesung in Frankfurt. Und das Ressentiment, worüber sich eine Frau so schön schnodderig aufregt. Von da geht's zu FRIEDRICH NIETZSCHES ‚Radikalismus‘, was mich ihm erstmals näherbringt. Das Ressentiment ist die gut verpackte Komfortzone, werde es für die Arbeit aktivieren.

Einer schlägt analog zum Rundfunk‚beitrag‘ Kfz-Steuer für alle vor.

FRANK SCHIRRMACHER starb, 54. Dieser Tod, dieser dauernde Tod mitten im Leben. Die Anteilnahme und Zuwortmeldungen erreichen zum Wochenende Beilagenformat. Er war einer, für den ‚Ideen eine Sache von Leben und Tod waren‘. WALTER BENJAMINS Definition vom ‚fertigen Werk als der Totenmaske der Konzeption‘ schien ihn rastlos anzutreiben, notiert GÜNTHER JAUCH. – Für S. war es kein Problem, das Kind zu entdecken, notierte zuvor MARCEL REICH-RANICKI. ‚Es ist ihm, in der zweiten Lebenshälfte, in diesem Land kein Unrecht geschehen

Jeanne Hébuterne Acryl auf Karton Skript – 70 x 100 cm – 2003

… aber der Betrieb mit seiner Eifersucht und seiner Kleinlichkeit hat ihm manches versagt'. – Und: Manche werden im Tod zur dauernden Abwesenheit. – Noch einmal geht es über den ‚Zauberberg', den ‚Berghof', die ‚Blechtrommel' und ‚Peer Gynt', meine Ahnungen ohne Detail, es geht um den ‚merkwürdigen Diskurs von schuldunfähiger Naivität und trotziger Apokalypse' im Deutschland mit Möglichkeiten. Ich lese, bis die Tränen laufen.

Erschöpft vom Paketbau für Malta, der auch noch zur Post nach Palermo geht, nehme ich Platz vor der Eröffnung der Fußballspiele in Brasilien. Mit geschlossenen Augen und Inbrunst singen die Brasilianer. So singen viele, den Besten der Kroaten hat das gleiche Gefühl die Teilnahme gekostet, er skandierte mit Mikro durchs Stadion. Das gefiel der Fifa nicht.

13.6.   Ich verpacke zwei Bilder für Rom, die gehen zur Post. Zum Coachinggespräch, dann Marion abgeholt, zwei Nächte hat sie im Zelt gefroren. Abends Holland gegen Spanien, vernichtend, ARJEN ROBBEN brennt, 5 zu 1, ein Rausch, der Torwart läuft auf allen Vieren dem Tanz des Holländers hinterher. OLIVER KAHN macht guten Text über der Copa Cabana.

Bayern: Von den ‚Einkommenskombinationen im ländlichen Raum' ist der bayrische Landwirt und Landwirtschaftsminister besonders beeindruckt. Analog zum bäuerlichen sieht er – wie etliche Kollegen – auch den Landtag als Familienbetrieb. Daher kontrahierte er Frau, Schwester und Nichte, wenn Sie ahnen. Chefe HORST SEEHOFER, in der Regel voller Eloquenz, bleibt auf parlamentarische Nachfrage einsilbig, bis ihn der Verfassungsgerichtshof zu ganzen Sätzen zwingt. In dieser Hemmung gleichen sich die Schwesterparteien CSU-SPD-Grüne, wie die rege Spruchpraxis in NRW illustriert. Jetzt mußte HORST deklarieren, die Zahlungsströme füllen neun Seiten.
Die Skandaljahrzehnte mündeten 2000 in die ‚Altfallregelung', wonach der Zahlungsstrom mit dem Tod des Bedachten endet. Das wiederum gebar zahlreiche Neufälle, die – fortan beschirmt und besternt, vielleicht gar als ‚Besternte Ernte'? (Zitat) – nahezu

fürstliche Saläre für oft nicht wahrnehmbare Tätigkeit abbuchten, auf Parlamentsrechnung, diesen Händlern in fremdem Auftrag. So etwa Herrn BRÖNNERS familiäre Vertragswerke, welche stets Vollversorgung im Visier hatten, darunter auch Mutterschaftsgeld über einige Tausend und ein Weihnachtsgeld über glatte zehntausend, zusammen in neun Jahren so eine Viertel Million bei zwanzig Wochenstunden fürs Sekretariat des Chefs, vulgo *Vaddi*. Die beiden anderen Damen hatten im prekären Minijob-Status für Schreibarbeiten – HALT mag der mitdenkende Leser aufmerken: was bitte tat dann die werte Gattin (überhaupt) noch? – immerhin bummelige 65.000, alles auf ‚Ali‘! So wurden die Familiären gnadenlos gefordert und in der Spitze, *i.e.* Ablage, als Potenzialschöpfung zelebriert.

Dito SPAENLE, LUDWIG im Range des Kultusministers, dessen Frau auch tippte. Der Zahlungsstrom SPAENLE weist einen Gehaltssprung von 43 Prozent im Jahr aus. Ein grober Rechenfehler kann beim promovierten Historiker und Landtags-Altbarden seit 1994 ausgeschlossen werden, also eher *dolus directus*. Bleiben zur Erklärung nur dramatische Erschwernisse im Schriftgut der Gattin oder, beim unverkennbar schamlosen Umgang mit dem Volksvermögen, eine scharfe Anciennitätsklausel, aber auf Monatsschritte heruntergebrochen. Was steilen Anstieg der Einkommenskurve nach sich zieht. Und – die Phantasie des Chronisten wird vom solcherart befangenen Gesetzgeber schlicht an die Wand gespielt – der Landtag beschloß solches!

Ungeachtet schließlich verfassungsgerichtlicher Hinweise auf die Eignung solcher Figuren fürs Regierungsamt hat HORST, der ‚Erfassungsjurist‘, alle erneut ins hohe Amt berufen, samt Entourage – nein, nicht die Gattin, Schwägerin und Nichte, aber die Staatssekretäre. Und da macht selbst das Verfassungsgericht dem Vollprofi HORST so leicht nichts vor. – Weil nun alle im großen Schiff des Reinwaschens und Selbstversorgens sitzen, geht's in der parlamentarischen Veranstaltung in dieser *causa* geräuschlos zu. Das Familiensystem des GEORG SCHMID erspare ich dem erschöpften Leser. Jede Zumutung, selbst meine, kommt an Grenzen.

15.6. SONNTAG
Nachmittags ins Auto nach Zwenkau bei Leipzig, viel DDR-Anmutung. Erst unten am See, wo ich mit der Chefin esse, zeigt sich eine andere Seite, Neubauten im Stil des benachbarten Dessau, klassisch. Alles am Fuße einer Seeanlage, wo vor dreißig Jahren der Braunkohleabbau das Gebiet verwüstete. Nach einem unterhaltsamen Abend betrete ich ein Apartment mit feiner Möblierung. Sodann wird Frankreich ohne RIBÉRY auf 3:0 gestellt, RONALDOS Oberkörper ausgestellt und JÜRGEN KLINSMANN als Trainer der *US-troops* kappt die Erwartungen. Erster Platz sei nicht drin. Schließlich läuft LIONEL MESSI mit dem Rest aufs Feld, Bosnien-Hercegowina kommt auch. OLLI kriegt die Samba-Trillerpfeife. Das ist der Ernst des Tages, er hat Geburtstag.

16.6. Neun bis achtzehn Uhr Tagesführung eines Teams mit Widerständen, darin verpackt Zuversicht, Schönheit, Arroganz. Der Gruß der Jungen Pioniere ist gegenwärtig, die Feier der Jugendweihe auch. Da lehnt der Pfarrer an der Pforte zur leeren Kirche und blickt dem Strom von Eltern und Kindern nach, die das Theater in Altenburg restlos füllen, zur Jugendweihe. Mit christlich hätten sie es nicht, wie auch nach der kulturellen Ruinierung von Land & Leuten. Dagegen: und die christliche Fundamentierung seit 2.000 Jahren? Also doch nur Ablösung durch was Neues! Keineswegs, denn die Gottessehnsucht ist die Suche nach Geborgenheit jenseits des Todes, Verarbeitung der Sterblichkeit, Teil des Menschseins. Der Kommunismus, ohnehin nur strukturell unterwegs, von Herrn Stachanow abgesehen, verweigert selbst mit dem Befreiungsparadigma solchen Trost. Er läßt den Menschen im Kollektiv, kommandiert und vernutzt von der Nomenklatura. – 3 zu Null gegen Portugal, von Glück und Können geprägt, 4:0 in der 78. Minute, fertig machen zum Feiern, gibt der Reporter aus, jetzt noch Poldi, der kein Halten mehr kennt.

Das Abitur mit 1 stieg über die letzten sechs Jahre um vierzig Prozent, während die Lesekompetenz im ersten Semester signifikant nach unten geht – höchste Zeit für die Durchsetzung der Druckbuchstabenschrift. Das Niveau wird solange gesenkt, bis das Land mit den Noten wieder in der Spitzengruppe ist. Das ist die Mechanik linearen und Tonnen-Denkens – also echte Mengenlehre – Form statt Sache – Pose statt Substanz. Zeit für den Transfer der Ausbildung in die Unternehmen und die Privatisierung des Bildungssystems.

Zurück vom neuen See über dem Tagebau – die Hymne der USA gegen Ghana – eins zu null nach vierzig Sekunden. Muß das sein!

Der neue Umstand, daß das Stimmrecht im EZB-Rat wegen Überfüllung rotiert, d. h. auch für Deutschland mit 27 %-Anteil am Schuldenberg in Abständen wegfällt, führt zu einigen demonstrativen Nachfragen im Bundestag. Denen tritt ANTON HOFREITER für das Grüne entgegen: ‚Wischen Sie sich mal die Deutschland-Farben aus dem Gesicht, die haben in der Geldpolitik nichts zu suchen.‘ So spricht der Vertreter des Landes, dessen Heimat das Klima ist.

NAVID KERMANI zur Eskalation im Irak greift hundert Jahre zurück, als der Nationalismus die Aufteilung der imperialen Sphären mit dem Lineal betrieb. Heute bäume sich der Konfessionalismus zum marodierenden Zerstörer von Staaten auf, was erneut zur Konfrontation und Separierung der Ethnien führe. Bereits 1918 wurden sie millionenfach ‚umgesiedelt‘, vertrieben bis in die 50er Jahre.

18.6. Aus dem Fußballzirkus Südafrika: der spanischen folgt die chilenische Hymne. Geplant ist eine Strophe, während der die Instrumente bereits vom Gesang übertönt werden. Danach singt das Stadion die zweite freihändig ohne Rücksicht auf die Etikette. Tiefer Eindruck, der sich bis zum Ergebnis durchzieht, Spanien verläßt den Wettbewerb nach null zu zwei.

Der Tod des FRANK SCHIRRMACHER läßt die Zeitung auch eine Woche drauf in Trauer und Nachruf. Verarbeitung der

Hilflosigkeit vor der jederzeitigen Macht des Endes. Die vielen Nachrufe lassen einen Menschen auferstehen, so dicht, so genau, so im Einzelnen, als wär's ein Teil von mir, das ging. Zurück und nach vorne bleibt das Wechselspiel von Trauer und Zuversicht. Es muß jedesmal erarbeitet werden.

PAUL VON HASE, Stadtkommandant von Berlin und Organisator des fehlgeschlagenen Umsturzes am 20. Juli 1944, wurde am 8. August zum Tode verurteilt und gehenkt, ebenso NIKOLAUS Graf v. ÜXKÜLL-GYLLENBRAND. Die Familie wurde nach Moabit und ins Kinder-KZ nach Bad Sachsa verbracht. Da der im Bombenhagel ohnehin knapper werdende Wohnraum der VON HASES damit frei war, griff die grade ausgebombte Großfamilie HIMMLER beherzt zu und bezog die hochwertig möblierte Anlage, ganz nach Art des Hauses. – Die Frau des Gehenkten fragte sich, ob dieser HIMMLER sich in ihr Bett oder das ihres Mannes legte.

20.6.   Großer Abend am Zwischenahner Meer für Edeltrauds Geburtstag. Der Kellner raunt dem Restaurant-Chef zu: die dahinten lästern über Ihre Größe. Der daraufhin: wieso? ... sieht man was? – Unbändig war's wieder!

22.6.   HEINRICH DETERDING über ,Willie the Shake' in BOB DYLAN *as usual Willie the Shake said everything you need to say*, das mag ja stimmen, aber manchmal machen mich diese *circumstances* wahnsinnig. – ,Maos Schweine' werden fertig, die leere Fläche im Zentrum provoziert – ratlos. – SIMON & GARFUNKEL im Kulturkanal des ZDF, ,Old Friends Touring' NYC 2003, *the last time I sang this song, was in Carnegie Hall 1967.* – Mit wachsendem Interesse lese, nein kaue ich die ,Bekenntnisse des Hochstaplers Felix Krull'.

25.6.   Albanien ist Beitrittskandidat. Es gilt als ,eines der korruptesten Länder Europas', notiert die Zeitung. Tut nichts, Brüssel nimmt alles! Besser, als wenn's der Russ' kassiert, *odr*!

Amrum: Mimi hält es nicht im Strandkorb, als die Brasilien-Spiele beginnen, Sabine macht Schnittchen und Sekt auf.

– Ich zimmere den L.earn 3-Lauf. – Wie heißt das, wenn man ein Schiff abdichtet, fragt Marion um Mitternacht, übers Rätsel gebeugt. – Kalvatern!, wie? weiß ich auch nicht, kommt mir so in den Sinn, alte Verbindungen.

1945: gestern saß ich vor dem ‚Natter-Projekt' eines Tüftlers aus dem Schwarzwald. Im März 1945 haben sie tatsächlich ein Raketengeschoß aus Spanplatten, mit vier Startraketen unterstützt, heute ‚booster', und einem Jagdflieger obendrauf auf 1.500 Meter geschossen. Damit sollten die Bomberströme dezimiert werden. Der stürzte ab und wurde mit militärischen Ehren beigesetzt. Die vorrückenden Truppen verhinderten weitere Probeschüsse. So wie keiner aufgab, waren auch die kreativen Geister bis zur letzten Minute am Erfinden der Zukunft, teilweise auf phantastische Art in der Zeit gestaucht. Daher wurde schnell noch der Gedanke gebaut mit dem, was noch rumlag. – Als ziehe sich der Geist eines Landes in seine äußerste Konzentration zurück und arbeite dort, bis ein GI an die Tür klopft und sagt, es sei nun wirklich Schluß. So endete der Krieg auch gespenstisch.

27.6. ‚Politik ist dann interessant, wenn es um Macht, Neid und Sex geht', zitiert RAINER HANK den Serienautor von ‚House of Cards'. Die Zuordnung von Neid gelingt spielend mit SPD und so kommts tags drauf: ‚Wenn der Zahnarzt sechs Monate einen Porsche stehen lassen muß, trifft ihn das viel härter als eine Geldstrafe', doziert da ein kreuzbraver Justizminister aus dem NRW-Kabinett bei der Vorstellung seines neunschwänzigen Strafenkataloges. Im rot-grün-roten Bogen verdichten sich die Sozialneid-Spießer-Moral und der Klima-Enteignungs- und Verbots-Fundamentalismus. Das Einzige, was die Kabinette mit Erfolg und nachhaltig betreiben, ist der Zugriff auf Volkseinkommen.

Jetzt muß auch noch Ypern mit 500-Tausend Toten im 1. Weltkrieg für JEAN CLAUDE JUNCKERS Europadröhnung herhalten. – Ich vermute ja ganz handfeste Gründe – für die Europaflüchtlinge in Brüssel ist das Verbergen von Unterschleife und Überfliegerei weitaus leichter als in der kalten Heimat, wo immer so ein Lokalmatador das Tuch hebt, wie etwa jüngst in Bayern, wie jetzt in Luxemburg. – So um die 116 Milliarden ‚erwirtschaften' sie jährlich, die *Cosa Nostra*, die *Camorra* und die *'Ndrangheta*. Eine etwas strapaziöse Erweiterung des Begriffs.

28.6. Brasilien gegen Chile, schon beim Absingen der Hymnen spitzt sich die Situation zu. Beide Seiten kennen kein Halten und singen unter gellendem Konzert die zweite und die dritte Strophe, immerhin nacheinander. Hauptsache, der Verlierer fängt nicht gleich Krieg an. Vielleicht meint JEAN CLAUDE ja sowas mit dieser ewigen ‚Friedensdividende', weshalb *mer mehr Euroba brauche.*

30.6. ISIS ruft im Nahen Osten ein Kalifat aus, womit die Grenzziehungen des Versailler Vertrages pp. verschwinden. Sie erschießen, hängen, köpfen, vergewaltigen, alles für Allah, und schlagen sich mit erbeuteten Ressourcen nach Bagdad durch. – Der rote Faden von 1914 entwickelt sich zum verdrillten Tau, das noch hundert Jahre später ausfranst ins Unkontrollierbare – als in *Old Europe* schon alles zum Ritual verrinnsalt. Die Beurteilungen dieser Situation seitens des weißen Mannes, wenn die Umschreibung gestattet ist, folgt dabei eher dem Tagesmenu als strategischer Draufsicht. Hat etwa Amerika erkannt und verstanden, was es zur Entwicklung und Blüte brachte, als es gegen die in Afghanistan eingefallenen Sowjettruppen die Taliban förderte. Und diese Irakkriege, wer führte BRZEZIŃSKI oder MR. CHEENEY.

Während also 5.000 km südöstlich sengend und mordend das Kalifat im Stil des 6. Jahrhunderts errichtet wird, sitze ich auf der kleinen Südwest-Terrasse vor einem Meer von Blumen, das Marion inszeniert hat. – Während später in der Abendsonne Rosen in den schönsten Farben und fetten Blüten sich neigen, schlagen die Kriegführenden ihres Gottes Widerständige lebendigen Leibes ans Kreuz, wo sie nach acht Stunden verrecken.

Null Uhr dreißig: zwei zu null, ich bin begeistert, die spielen so gut seit der 46. Minute, die erste Halbzeit war die des

MANUEL NEUER, 120. Minute: zwei zu eins, unglaublich, gegen diese starken Algerier, den Ball ‚durchspitzeln‘, fällt mir ein. Das war in der Quarta in Büdingen, so 1957, da gabs ein paar Fußballwahnsinnige, der Sohn wie der Vater, Wolfgang Franz, und wenn der Ball so richtig am Fuß klebte und also total geführt vor dem Spieler herlief, war das ‚durchgespitzelt‘. So war das heute auch, ich weiß Bescheid!

1.7. ‚Falling Walls‘ lädt schon wieder ein, zum 9. November, sinnig, nach Berlin. – Ich traue dem nicht, es sind zu viele, zu repräsentativ, wo die Form bereits alles ist, die Sache unscharf wird. Dieses Verschwinden in der Masse kann ebenso verschwörerisch ‚aussehen‘ (sic!) wie die ‚*dark rooms*‘ der Banken, Erkennen unmöglich machen. Wie mit dem Seebodenbesen sind alle erfaßt. Ich traue ihnen also nicht, den ‚*Boards of Trustees*‘. – Sie sind zu fröhlich, wozu.

Abends bringt der Nachbar Papiere, mehr als vierzig Blatt für eine Kontoeröffnung. Das Ausdrucken dauert, ‚wir bekommen die fünfhundert Blatt in Kartons, nach einem Monat ist eine halbe Palette weggedruckt‘. Erhebliche Mengen des Bedruckten gehen direkt in den Entsorger, den datenschutzrechtlich gesicherten. ‚Übers Jahr geht so’n Wäldchen also durch den Drucker.‘ So erzählt der Nachbar. Das Verbraucherschutzparkett glänzt, der Naturschützer kotzt, der Bankmann staunt nur noch. Aber es soll ja rundum-sorglos sein, mal okö, mal betreutes Leben. – Beim Aussortieren später komme ich auf die gleichen Anteile: Ordner oder ‚kann wech‘.

2.7. … Fortsetzung beim Notar. Der liest, achtzehn Seiten, allgemeines Augenrollen, feixen, keiner versteht. Es muß, Vorschrift. Der Notar ist doch nicht blöd! Jeder hat es gehört. – Mit der Unterschrift entstehen zwei Forderungen, Makler und Notar. Beide beschenken mich, Sträußchen und Flasche Sekt, das stimmt milde. Mieter stehen schon fest, Jonas und Patrick. – Beim Bankhaus ist es fröhlicher, beide Berater sind in ihrem Element, hoffentlich mein Geld auch. Weiter zur Sparkasse, ein Team-Training vorbereiten.

Am Ende feiern die Bremer Unternehmerverbände im Rathaus den 100. Die Chefs von BDI und BDA werden verhalten deutlich, das Europabekenntnis kommt brav – als war da jemals jemand dagegen. Es sind die von Symbolik getragenen Wortspiele, worin Europa genannt, aber der Euro gemeint ist, oder dieser Brüssel-Konzern. In diesen Korrekt-Sprech fügen sich alle. – Aus dem Schwarz der Anzüge sticht eine Gruppe Frauen hervor, die schnell als Fraktion Landesarbeitsgericht erkennbar ist. Sie prägen eben das Gericht, wie den Kindergarten, wie die Schulen. Etwas muß sie auszeichnen. – Zurück in den Vortragsablauf, beim ‚Tarifautonomie-Stärkungsgesetz' kennt der BDA-Chef kein Halten mehr, dieses Wahr-Lügen macht er nicht mit. Später wechselt das Publikum mit dem freundlichen Hausherrn hinüber an die langen Tischreihen der großen Rathaushalle unter den vier Seglern, was ja weit zurück liegt. Ich komme neben einen fröhlichen Kunstprofessor zu sitzen.

Die vergangenen hundert Jahre zeichnet ein Kollege im universitären Duktus, betitelt ‚Vom Klassenkampf zum Konsens', fast mit der Geschwindigkeit des Notars. Verstehen tut nur, wer schon weiß. Beide Metiers sind vertraut, so kann ich folgen. Daß diese politisch nie gelittene Sozialpartnerschaft mit der Verantwortung für Zusammenhalt und Entwicklung unter der Formel ‚Erlös minus Kosten gleich Gewinn' zu tun hat, macht er schon klar. Im Klassenkampfmodus blieb das ohne Rücksicht, wo jede Seite die ‚alleinige Verantwortung' beanspruchte. Wieder eine Übereinstimmung mit den Themen im Unternehmen. Erst in dieser Anstrengung gewinnt Konfliktkompetenz ihren Wert gegenüber dem ‚Hau-druff' und der Vernichtung des zum Gegner erklärten anderen Teils. In diese Qualität fügt sich der neue DGB-Chef ein, der gut spricht, Herkunft Chemie. Mal sehen, ob's so bleibt!

3.7.   22.Jahrestag, ich liebe Dich. – Sechs Stunden in der Sparkasse.

Strompreise in Leipzig in historischen Tiefständen, in den Haushalten auf Rekordhöhe, Energie- und Sozialpolitik vom Feinsten. Marktzerstörung und staatliche Geldbeschaffung, die

Motive fallen wie reife Früchte vom Baum der Tatsachen. – Pro Monat und Haushalt gehen 18 als ‚Beitrag zur Ökostromförderung‘, in Summe 45 monatlich für ‚Kraft-Wärme-Kopplung‘, ‚Offshore-Ausbau‘, ‚Netzstabilisierung‘, ‚Konzession Wegerechte Leitungen‘, ‚Stromsteuer‘, ‚Umsatzsteuer‘, wieviel Prozente? Kostenanteil Stromerzeugung 25 %, Transport 23 %.

Aus dem Zustand <u>Nordrhein-Westfalen</u>: MARC JAN EUMANN, Titelträger ‚Dr. trotz großer Bedenken‘, ruft eine Journalismus-Stiftung ins Leben, Finanzierung aus der Rundfunkgebühr, also mehr als staatsnah. Auch sein Titel läßt aufhorchen: ‚Partizipation und Vielfalt‘, Geschwurbel schleierfrei. – Es ist ein Lausbubenstück aus der JOHANNES-RAU-‚Tradition der Akkomodation‘. Deren Motto (‚das Land gehört uns!‘) bildet sich ab in unendlichem Gemenge von Positionen & Pöstchen im Kohle-, Stadtwerke- (gell Herr STEINBRÜCK), WDR- und West-LB-System: für kleinen Aufwand reisen, reden, repräsentieren, wer's denn kann, wird großes Geld aus der Volxkasse (‚*nah‘ bei de Loid'*, gell Herr BECK) genommen und das abgelegte, trüber werdende Personal in einem sklerotisch wuchernden Sumpf, also stehendem Gewässer, entsorgt, i.e. sorglos gestellt.

Die Stallfütterung als politisches Ideal gilt eben auch für den persönlichen Lebensabend. Motto: *was machemer dann hoid!* Gesichtszüge, soweit verfügbar, spiegeln dieses anstrengungslose Dasein, sie verlaufen von diesem ewig leichten Grinsen in breiige Kontur. Das ist keineswegs nur biomorpher Alterungsprozeß, in der Physiognomie nimmt immer auch der Geist Stellung, Herrschaften! Also das, was so gedacht wird – oder eben nicht. *Isso!* Habe da genügend *feedback* hinter mir, drehe wieder gepflegt am Rad. – Es wird mitgeteilt, die TU Dortmund habe das Verfahren zur Aberkennung des Doktortitels von Herrn EUMANN eingeleitet.

Staatsdienst ist die Sehnsucht der meisten Studenten, teilt die Umfrage mit – keineswegs nur mehr ein Altersrelikt, aber ein Ausdruck von Frühalterung vielleicht, Motto: von den Alten lernen? – So erreicht das Versorgungssystem das Zentrum der

Gesellschaft, wo seine zukünftig Führenden eher auskommens-orientiert sind, Exzellenz hin oder Bildungsrepublik her, Vorsorge geht einfach vor.

Noch einer: besondere Ausprägung des ausufernden Projektes ‚Staat als Beute' ist das Seilschaftensystem, vor NRW gerade in Bayern ausgeführt, heute Berlin, zwischen Fraktionen und höherer Beamtenlaufbahn. – Fraktionsvize THOMAS OPPERMANN habe sich beherzt an Fraktionschef VOLKER KAUDER gewandt, welcher intellektuellem Vortrag ja reserviert begegnet. Und schwups, anders ist der Vorgang nicht zu erfassen, haben sie im Haushalts-Begleitgesetz (Begriff aus der Romantik) die Quoten für Best- und Gut-Beurteilungen bei Leiharbeit (von höheren Beamten) in der Fraktion rausgenommen. Jetzt *sinse all guhd, gell.* – Höchste Zeit für ein neues Pamphlet, Herr VON ARNIM! Der Unterschied zum bayrischen Familien-Parlament verliert sich darüber. Parlamentarischer Frohsinn allenthalben.

4.7. Ich darf mit zum Abschlußball der 10. Klasse in Osterholz. Das wird ein schöner Abend, mit souveränen Auftritten besonders auch der türkischen Jungs. Naja, die bringen das ja mit, Heimvorteil in der Fremde. Nach 12 noch auf die Tanzfläche.

5.7. Dem Schönen folgt das Drama auf dem Fuß: kaum gratuliert, fällt Elvis (Hund) so ein Kleinvieh an, französische Bulldogge. Die kann er wohl auf den Tod nicht ab. Gellende Schreie bringen mich flugfix zum Tatort, wo Frauchen mit Blutstrom am rechten Arm und kreidebleich kurz vor dem Abgang steht. Ich geleite sie zum Wagen, sie tupft und fährt weg. – Das gibt einen Hundeführeranschiß.

6.7. SONNTAG
Wir räumen und säubern, ich zimmere die Präsentation für den Vorstands-Workshop. Abends nach Bad Zwischenahn, zwischen Sonne, 27 Grad und überfallschnellem Unwetter, Himmel und See bilden eine schwarze Wand, sitze ich an den Korrekturen.

7.7. EDUARD SCHEWARDNADSE starb (86), ein historischer Change-Arbeiter mit Florett.

Der Workshop gelingt, Eloquenz und Adaption. So wie das 6:0 am kommenden Abend in Brasilien gegen den Gastgeber. Bei 7:1 räumt der den Platz und betrauert die Ambitionen. Ab 4:0 wurden die Tore unangenehm, Yogi Löw ist wohl ein Ass, Vertreter unseres Glücks auf großer Fahrt, schön zu sehen.

Die Fiskaldiktatur ist parteiübergreifend, wie Inklusion! Bayernfamilienverkehrsminister ALEXANDER DOBRINDT will Maut, alles Querschußfinanzierung, welche von 53 auf 55 % Steuerlast aufsattelt, wie Soli, wie Sektsteuer.

Bildungsrepublik: eine Untersuchung kommt zu diesen Ergebnissen: am Ende der Grundschule wurden die Kinder mit Phantasienoten ans Gymnasium entlassen, wo sie kurz blieben, bis zum Scheitern. Dritte Klassen verfehlten den Mindestlesestandard zu 75 %, in Berlin. Sie werden sich am Boden der sozialen Schichtung durchschlagen. Alsdann wird das übliche Heulen und Zähneklappern ansetzen, Nachrichten im Modus des Feuerrades werden den gemeinen Zuschauer an den Rand der Belastbarkeit kegeln.

11.7. Der CIA-Chef Deutschland hat das Land binnen drei Tagen zu verlassen. Der Satz verdient Respekt. Ob er ging, weiß keiner.

CHARLIE HADEN starb (76).

Sprachbarriere ist das massivste äußere Integrationshindernis. Sie durch Pflichtkurse abzubauen, zählt folglich zu den wirksamsten Integrationsförderern. Das jedoch, so der unsägliche Oigeha, widerspreche dem Assoziierungsabkommen von 1970 oder wann. Was denken diese Menschen, bevor sie handeln. So ein wenig teleologische Auslegung im Lichte des Zwecks dieser Vereinbarung könnte doch zumutbar sein. Zahlreiche *obiter dicta* zeigen, daß die Herren diese Kunst bis zum Grauen beherrschen. Anmerkung: eine Dissertation wird das als Kontinuum herausstellen, guxdu Jahrgang 2020.

‚Papa, Mama und Angela Merkel' sind die Orientierungen der akademischen Jugend, findet STEPHAN GRÜNEWALD auf der Suche nach den Gründen, warum ein Drittel der Studenten den Staatsdienst sucht. Das ist sowohl spätrömische Dekadenz wie Ausdruck staatsmonopolistischen Systems, wie es ROLAND REUSS beschreibt als prozessierende Usurpation des öffentlichen Raumes. – Der Staatspensionär, reife Frucht des Systems, repräsentiert, was die Studis wohl wollen: Teil der reichsten Schicht zu sein im sozialen Kunterbunt. Das geht im System ‚automatischer Akkumulation' weit anstrengungsloser als im risikovollen Wettbewerb. Der Steuerabpresse in ihrer demokratischen Legitimation (‚wer ist dafür!') entspricht die einvernehmliche pro-anno-Vereinbarung im Gespräch mit Kollegen FRANK BSIRSKE, dem Dutzend Beamtenbünden und willigen Staats- und Landesvertretern. – Wer also mags den Studis verdenken, wo alles so gut verpackt ist.

12.7. Vorladung zur Vernehmung als Beschuldigter wegen fahrlässiger Körperverletzung kommt, das Schreiben des Rechtsanwaltes auch. In Kenntnis von Namen und Adresse der Gebissenen fahre ich mit Blumen dorthin und erkläre mein Bedauern. Sie lächelt matt. – Derweil sitzt Elvis, der Hund, ahnungslos daheim und paßt aufs Haus auf – der Drecksack.

Der ALEX' DOBRINDT macht doch nach der EEG- glatt die Maut-Connection auf. Der Meister aus dem bayrischen Jodel-Kabinett will eine ‚Infrastrukturdeckungsabgabe', wenn Sie ahnen. Wie viele Leute wohl wieder an diesem Begriff gesessen haben. – Die 100 Milliarden aus der jährlichen Autofahrer-Ablieferung werden im Berliner Freudenhaus wohl anderweitig verspielt. Jetzt heißts geschickt durchschwurbeln in Brüssel, weil mir ja ois Inländer sahn, gell Tante Europa, quasi vom Bulgaren bis zum Nordkäppi! – Die Antidiskrimi'lounge reagiert gleichwohl empfindlich. Mir fällt das Teilstück ‚Krimi' auf. Aber, der Siggi GABRIEL hats schließlich auch geschafft mit dem EEG.

‚Wir haben die privilegierten Rentner beschenkt', faßt BERND RAFFELHUESCHEN den jüngsten ‚Mittelschicht-Deal' zusammen (mas. 9.7.14). Alles auf Pump, diese langfristigen 285 Milliarden, denn ohne Rückstellungen an den Start gebracht! Die Folgen dieser gewaltigen Umverteilung thematisiert MARCO BUSCHMANN (12.6.20) als prozessierende Enteignung von Beitragszahlern, die mehr als 100 % der späteren Leistungen abdrücken werden. CORNELIUS TORP (FAS 23.3.14) zitiert NIKLAS LUHMANN über den Sozialstaat als einen ,mit Selbstantrieb ausgestatteten, automobilen Wohlfahrtsstaat', der permanent neue Ungerechtigkeiten schafft, die nach Ausgleich verlangen. AXEL BÖRSCH-SUPAN sieht über das Arbeitslosengeld vor Rente ,einen perfekten Tunnel zur Rente mit 61 gebaut' (enn. 14.1.14). – Und der zuschanden gerittene Gleichheits-Klepper wiehert vernehmlich, auf seinen nächsten bedauernswerten Auftritt wartend.

Über all dem verläßt der Rentenfachmann FRANZ RULAND nach 45 Jahren die SPD (KERSTIN SCHWENN 2.6.) und selbst URSULA ENGELEN-KEFER moniert das ,Spiel mit gezinkten Karten' der ANDREA NAHLES. – Wie solche Klientelwirtschaft an der Wahlurne funktioniert, zeigte eine Untersuchung von TNS Emnid (enn. 29.1.14): die Wahlbeteiligung von 60plus (mehr als ein Drittel der Wahlberechtigten) weit überdurchschnittlich, die Jüngeren bis 30 hingegen weit unter ihrem Anteil an der Urne, dabei sind sie die Schuldner des Sozialzirkus, – das alles ist ,ein Signal an die jüngere Generation, ... über eine Karriere in anderen Ländern nachzudenken', tobt WIENAND VON PETERSDORFF (FAS 12.1.14) angesichts der ,komplett unverantwortlichen Rentenpläne'. – Bleibt nur erneut, das Schweigen der Kanzlerin zu notieren.

13.7.   GERT VOSS ging (72), URSULA VOSS, die große Paarläuferin nennt sie GERHARD STADELMEYER, wird im Dezember gehen (67), nach fünfzig Jahren Gemeinsamkeit.

Nach Felix Krull könnten die Wahlverwandtschaften dran sein. – Dennoch, ich sollte das Bücherkaufen einstellen und mich rückwärts orientieren. Krull ist schwerste Kost, ich kaue jeden Satz. THOMAS MANN zeichnet einen Menschen mit solch sprachlicher Finesse, die akribische Verarbeitung erzwingt, von Verdauung nicht zu reden.

Woher ich's hab, ging mir verloren, es heißt dort: GOETHE wurde auf einem Empfang von einem jungen Mann herausgefordert – ob er wohl aus zwei so unterschiedlichen Dingen wie ‚Mädchenbusen‘ und ‚Haustürklingel‘ ein Gedicht machen könne. – Der Meister zeigte sich nach wenigen Minuten mit folgendem Werk:

Die Haustürklingel an der Wand,
der Mädchenbusen in der Hand,
das sind zwei Dinge wohl verwandt.

Denn wenn man beide leicht berührt,
man innen drinnen deutlich spürt,
daß außen draußen einer steht,
der sehnsuchtsvoll um Einlaß fleht.

Gut, daß der Mann tot ist, denn das geht jetzt überhaupt nicht mehr – wegen Sexismus, diskriminierungsfreier Fläche, Gender und noch fünf Begriffen aus der Sauber-Sortierung.

MARIO GÖTZE schießt ein zum Weltmeister, 116. Minute, grandios. Berlin feiert stehend, Mimi ist beeindruckt, ‚wenn man bedenkt, das letzte Jahrhundert …‘. – Da scheinen Hintergründe auf, die Vergleiche steuern.

14.7. Was immer die GEZ-Abendschau so präsentiert, das Klima-Kartell ist mit Kommentierung dabei, mit der Nachfolgekonferenz der Nachfolgekonferenz der Klimaschutzkonferenz. ANGELA MERKEL, zurück vom Fußball, verspricht 750 Millionen Klima, ist ja Chefsache, gerne immer einen zuviel, um die Grünen auf Distanz zu halten.

In die Stadt zum Nachgespräch mit einem Vorstand. Daraus wird ein fröhliches Mittagessen an der Schlachte.

16.7. Die Rathausglocke um 3 Uhr weckt mich und das ‚penser automatique‘ beginnt, im pyroklastischen Fluß kommen

Antworten auf Fragen des Tages, so auf Marions Vorhalt, der Rückenakt der Mona Lisa (Nr. 89, wenn Sie das bitte notieren), vulgo ihr Arsch, sei ja völlig unproportional zu ihrem Oberkörper. Es hätte heißen müssen: was Du nicht sagst, Schatz, und weiter: als Objekt der Begierde bist Du allerdings kein kompetenter Betrachter, ich am anderen Ende dieser ewigen Nahrungskette eben so wenig, ich sage deshalb nichts. – Später dickt das Denken ein und ich gehe zurück in den Schlaf.

17.7. Marions Klasse kommt auf Rädern, Sarah und Eyup und fünfzehn andere zum Grillen mit Wasserrutsche. Eldon grillt die Halal-Würste. Nach drei Stunden radeln sie zurück, ich räume, schön wars.

Angela Merkel feiert Geburtstag (60).

18.7. Johnny Winter starb (70), Dietmar Schönherr ging (88).

<u>Malta</u>: vom Stadtexpreß vor die Küste Afrikas. Um 5 Uhr nachmittags stehe ich unter 35 Grad am Busbahnhof in Valletta. – Der Portier des Hotels klärt mich auf: nur Eroberer zogen hier durch, seit 2.000 Jahren. Auf dem Stadtplan erläutert er, wann ich wo sein sollte, damit mein Besuch Sinn macht. Die Einladung in den Club morgen Abend überprüft er zügig darauf, welcher der anwesenden Prinzen, Patres & Doctores ihm bekannt sind – alles bestens, familiär. Ich staune einen Moment, aber es ist kein Wunder, bei nunmehr zweitausendjähriger Feindeswehr, *da rüggdmer zusamme!* – Valetta mit seinem völlig quadratischen Schnitt der Oberstadt, der Sandsteinpracht aus dem 16. und 17. Jahrhundert erinnert mich an Catania, vielleicht ja die nächstgelegene Stadt. Arbeit und Glaube sind die Themen der Architektur, dazwischen wird gewohnt. Am Wasser erhebt sich ein riesiger Kirchturm, gegenüber ein wohl zehnstöckiger Wohnbau mit Balkonen aus Holz und auf edlen gesteinmetzten Sockeln aufsitzend. Viele Kreuzungen von Heiligen eingestellt, nicht ganz die Pracht Catanias erreichend. Schöne Frauen ohne Zahl, viel Melancholie, na ja, im Auge des Betrachters.

Ich habe mein Konto entlastet, schreibt Marion. Daß ich beim Einkaufen bisweilen behindere, hörte ich noch gestern. – Also für fünfzig Euro die Nacht habe ich ein sehr schön ausgestattetes Zimmer mit wohl 3,50 Meter hoher Decke, zwei Fenstern zum Innenhof, wo die Nacht über gedämpftes Maschinengeräusch hochdringt, dem Preis entsprechend, hübsches Mobiliar und alles funktioniert im Hotel *Castille*.

Die Titelsammlung für Nr. 100 wird länger: Unterwerfung, Einhegung Europas, Tektonik des Geldes, Monetarisierung des Kontinents … der Euro macht zugänglich, er öffnet die Länder gleichsam fremdem Eingriff, wenn's sperrig wird auch Durchgriff, im Grenzfall eben Zugriff. Das Finanzgeschäft zulasten Dritter hat plötzlich einen riesigen Raum, das hat Hebelpotenzial, wie der *Future* an der Börse. Plötzlich steht Europas Zukunft im Spiel. Alles wird profitabel, der Weg in die Katastrophe als auch aus ihr heraus, Bankrott & Sanierung sind aus Sicht des Spielers gleich faszinierend. Einstehen für Folgen ist mehr denn je ausgelagert, abgespalten wie die Abspaltungen beim ‚narzistischen Normopathen‘, schöner Charakter.

Felix Krull begeistert mich, ‚spornstreichs‘ passiert soeben mein Auge in dem unglaublichen Wortschatz des THOMAS MANN, ich kenne es, wer weiß woher, weiß nur, was es bedeutet, ohne es erklären zu können.

Zum Frühstück fahre ich den Bau hoch. Die Dachterrasse bietet einen weiten Rundblick über das Stadtgebiet und die Hafenanlagen. Das Böllern und Feuerwerkern ist dem Malteser offensichtlich in die Wiege gelegt. Es hält an und kleine Wölkchen über den Stadtteilen zeigen, wo geschossen wird. Tiefe Zufriedenheit in mir, diesen unsinnigen, so sah es am Schreibtisch aus, Ausflug unternommen zu haben – auch allein, da Marion das Mitkommen ablehnte. Raum für Revue.

Um ein Uhr mittags zurück nach langem Lauf über Postkarten, Postamt & Briefkasten. Ein Säulenrondell bietet erneut

Panorama, eingestellte Zweierbänke umrunden den Platz und es wird geschossen, daß es eine Art hat. Weiße Wölkchen künden den Knall an. – Ich suche nach feineren Gelegenheiten, es bleibt beim Bier. – Weiter im Bann des Felix Krull, der, Fahrstuhlführer in Paris, die Bestohlene trifft. Die ihn sogleich, den Jugendschönen, auf 23 Uhr in ihre Suite verpflichtet, wo er ihrer ungestümen Sehnsucht gerecht wird, bereits in Frankfurt gut ausgebildet. – Das Stück wäre in der Schulzeit entschieden verfrüht gewesen. Oder es liegt an meiner notorischen Verspätung. ‚Alles muß menschlich sein für die Gewöhnlichkeit‘, heißt es Seite 149.

Ich bereite mich vor auf den Gang zum Club *Casino Maltese*, der mir in e-mails der *professores* mehrfach als außerordentlich angekündigt wurde. Inzwischen schon überholt, in Preis und Vorzüglichkeit, von einer neuerlichen Einladung in die *Salle Gustave Eiffel* im Eiffelturm. So entwertet geschäftlicher Reiz das grade Angepriesene durch die Aussicht auf noch Großartigeres. – Ich konzentriere mich auf die ‚*Artistic Trophy Knights of Malta – S.J.O.*‘ in der *Republic Street*, wo ich um sieben Uhr abends eintreffen soll. – Im ersten Stock wandere ich durch die Auslagen, pardon, die Artefakte, die auf Staffeleien in großem Kreis versammelt sind. Die Hälfte ist jeglicher Auszeichnung unwürdig, zehn Prozent sind es wert, darunter meine Buchhalterin, bums – aus!

Dann beginnt der Akt, fünf Herren am langen Tisch, vierzig, fünfzig Gäste im Raum davor. Der *Signore* mit roter Schärpe faßt sich kurz, bei ungestümem Temperament, er spricht stehend, seine Hände begleiten die Ausführungen variantenreich, unter vielsagenden Blicken von links und rechts. Dann nimmt *Professore Calabrese* das Wort – und gibt 40 Minuten lang nicht ab, ich kann kaum folgen. Auf die sparsamen zehn Minuten des *Professore Russo*, repliziert *Professore Calabrese* mit 15 Minuten.

Jetzt kommts zur Wertung, beginnend mit Aufrufen, ich begebe mich nach vorne, *Award*. Der war auch fällig bei dem Angebot. Ich sag's, wies ist! – Hinterher *snacks* & Getränke, ich spreche an, wen ich will und es wird was. Zurück im Hotel, gibt mir Chefe einen Tipp für gute Getränke, mit handschriftlicher Empfehlung. Ich finde die Bar, Lorenzo ist begeistert, einen aufs Haus, einen bezahlt. Um 11 Uhr sitze ich wieder bei Frederico, ist das schön!

Hier folgt, bitte schön, die Stadtführung: das beginnt mit *St. Johns Co-Cathedral,* am Tor die Information ‚*Church Service in progress*‘, womit Touristen der Zugang verwehrt wird. Hinter dem geweißten Portal öffnet sich ein wuchtiger Langbau, 80 oder 100 Meter tief in massiver Vergoldung der Wände und Decke, der Blick wird in jede Richtung geblendet, *St. Pauls* ist da bescheidener ausgestattet. Die Schuhe der Besucher häufen sich vor dem Eingang, Teil des muslimischen Ritus. Drinnen findet eine rein schwarz-afrikanische Veranstaltung statt, mit einer Singgruppe um einen mobilen Altar, laut und rhythmisch.

Später finde ich die Kirche der Heiligen Barbara, einen weiß-bescheidenen Rundbau. So geht das wohl alle hundert Meter, Arbeit und Glaube sind die Themen, in Abwechslung mit Boutiquen. Gegenüber tönt es aus einem barock-beladenen Bau lauthals, innen ebenfalls säulenbestanden, einer umlaufenden Empore und, unter löwenbestandenem Signum, einer weltlichen Figur, die in der Linken eine Rolle hält, Botschaft, Versprechen oder dergleichen. Davor nun ein Mann mit Mikrofon, der beständig Zahlen aufruft, die zeitgleich an einer Tafel erscheinen. An Tischen, abgedeckten Billardtischen unter tiefhängenden Lampen, sitzen an die hundert Ältere vor ihren Wettscheinen und markieren das Gehörte. Auf einen Ruf hin erhebt sich Gemurmel, der Ansager unterbricht und es wird ausgezahlt. So verdrängen Spielneigung und der Reiz des Geldes die Langeweile eines Sonntags. Ob hier vor Zeiten Anderes seinen Auftritt hatte, wage ich fast zu bezweifeln.

Auf der Pjazza de Valletta steht ein Mann mit gegürtetem Schwert und Botschaft in der Rechten, ein weiterer bewaffneter Prophet, seitlich der *Mathyrdom of St. Catharine of Alexandria*, der Austausch seefahrender Völker ist eben uralt, die Verbreitung von Botschaften mittels Schwert dem Menschen eigen. Inmitten des Kreisverkehrs ein weiterer Prophet, den Hut in der Rechten und die Botschaft in der Linken, ausschreitend – sieht nach Auftritt der sozialen Frage als Programm aus.

Hundert Meter tiefer liegt ‚Mein Schiff 3‘, ein seegehendes Monstrum. Und ab mittags hebt das Schießen wieder an, *the sounding of the mid-day-guns*, erläutert es aus einem Lautsprecher. Das ist über die gegenüberliegenden Stadtteile und an den weißen Wölkchen gut zu verfolgen und geht so seit 1770, erzählt die Geschichte von Angriff und Verteidigung. Der Tag ist mir ein Märchen aus 1001 Nacht. – Ich deponiere das Gepäck beim Empfang und wandere nochmal zur Bildergalerie. Danach finde ich an versteckter Stelle, unweit des ‚Hotel British‘ und vor der *saluting battery* einen Hochsitz über dem Hafen mit Seeblick, phantastisch. Zum *pint of beer* bestelle ich Oliven und Oktopus im warmen Ölsud, köstlich! Erinnerung an die Mallorca-Touren in den Achtzigern. Ein Genießer war jener Geschäftsfreund schon, und er hat immer bezahlt, nun ja, ich stand schließlich mit Vorauskasse knietief im *debit*, es waren immer auch die Stillhalte-Freuden eines Mitläufers. Ich folgte der Spur des Geldes, des eigenen – aussichtslos, wie anders als jetzt. – Die Kellnerin ist schön, wie sie lächelt, nach dem zweiten *pint* verziehe ich nach dem säulenbestandenen Rundsitz und vertiefe mich in Felix Krull bei verschärftem Salutschießen.

Um fünf Uhr startet der Rückflug. Die Ansagen auf dem Frankfurter Flughafen haben die Amplituden der Tagesschauansprachen und schließen mit der Erwartung, daß der Passagier bald wieder in Frankfurt ist. Was soll das jetzt! Ich bin froh, daß ich weg bin und die sagen, ich soll zurück. *Brauche' die mehr Publikum, wo rumsitzt und zuhört*, das wär was für BODO BACH, der *is ja um die Eck*. Um 10 Uhr fährt Marion mich nach Hause. Na, bist Du jetzt berühmt, fragt Jonas aus dem Keller, den er zum Computerraum verkabelt hat. – Naja, zufrieden, aber auch enttäuscht. Das ist wie in dem Bilder-Prachtband, der vier Arbeiten enthält: ein sehr großer Teil der Formate ist in Thema, Aufbau und Form eher naive Kunst, pardon, der Begriff ist für Besseres vergeben. – Aber seltsam, wie dieser Ausflug und die Lektüre harmonierten. – Auch die Pracht des alten Malta war beeindruckend, was sich dahinter tut, geheimnisvoll.

19.7.   IRING FETSCHER starb (92).

Kaum zurück im Land, geht's wieder los mit Hohn & Spott, direkt mit ULRICH WICKERT und seinem Treue-Punkte-Gesicht. Der Mann ist gut durch und durch, er wärmedämmt und dichtet ab, was nicht ganz dicht ist, über eines der 400.000 Gutmensch-Institute und über das ‚Staat als Beute'-System finanziert. Sein Laden, der ihn anständig vergütet, hört auf DENA, deutsche Wende-Agentur oder so. Da netzwerkt er mit dem freilich-Freiburg-Ökofürsten STEPHAN KOHLER, *Duzi* mit SPD, ja warum denn nicht! Alles gespeist aus dem Hannover-Sumpf, der ständig ‚*frogs*' gebiert, auch wenn ex-Chefe längst beim Russen ist. 185 *friends* stehen auf der *pay roll*, Adresse Berlin, *sclerotic support*, ‚bss', achten Sie auf das Kürzel.

Die Buchhalterin – Acryl auf Holz – 70 x 70 cm – 2009

Erste Kompetenz ist das Lostreten von Kampagnen, wo immer Dämmung nottut. Das Geschäftsfeld ist ungefähr Eurasien, wo Prima-Klima angeboten wird. – Die Rechnungsprüfer stoßen zwar in Abständen auf Lug & Trug, etwa in Form grotesken Mißverhältnisses von Leistung und Gegenleistung, aber das ist so bei Weltmeistern im kontinuierlichen Wandel von Geschäftsmodellen *‚perp.mob‘, if ya know whadai mean!* Der neueste Coup nennt sich Energieberater. Den schickt die KfW vor dem Kredit ins Haus, vorher gibts nix! Das ist so knapp vorm Schutzgeld, oder? Und alles fürs Gute, wie das Potsdam-Institut für Klimafolgenforschung. RICHARD TOL nennt sie Prediger, ich nenne sie Wanderprediger.

Dabei kann er sich's leicht machen, braucht nur so einen Klage-meister wie JÜRGEN RESCH, der *midde* EnEV von Haus zu Haus zieht und Bußgeld verteilt, bis 50.000, wenn der Energieausweis fehlt oder die oberste Geschoßdecke nicht anständig isoliert ist – seit Mai alles ordnungswidrig! Bist du Effizienzklasse A+, *null problemo*, geht aber bis H, dort geht's ans Erbe! Ich *sachs, wies is!* Und ,die Liste der Ordnungswidrigkeiten wächst', so schon nien. am 1.11.13!

21.7. ,Rentnergetöse' antwortet Marion auf meine Info, daß Ro-ger gratuliert hat, zum Malta-Award. Der Rentnerstatus hat ohnehin schon einen vernichtenden Beigeschmack, also eine Art Abzug von der Zurechnungsfähigkeit. Da heißt es, stand-haft und mehr noch aufmerksam bleiben, denn jedes Zeichen von Schwäche gilt als Beleg.

23.7. Nr. 100: bisher prägt die randvolle Tapezierung mit 500-Eu-ro-Gutscheinen die Tafel, dazu zahllose Titel wie ,Goldfingers Tapetenladen' in Anlehnung Honni's Lampenladen, Europa verliert seinen Schatten, Ureinwohner vor der Matrix und mehr. – Idee zur Sommerausstellung der *Royal Academy*, die macht das seit 1769. Sofort werde ich melancholisch, da ist ein Volk sich seiner sicher, als Nation. Hier ist vieles künstlich, seit wir den Laden zweimal hochgejagt haben und dann noch unter Aufsicht halbiert wurden. – Kapiert? *Maaahhn*, das war die Kurzfassung des 20. Jahrhunderts! Daher vielleicht der Europa-Furor, wir können's nicht lassen. Ist Deutschsein viel-leicht Chamäleon sein, also unter allen, jedweden Umstän-den, auch im Kriechgang werden wir die Nr. 1, Arbeitswut ist unser Trieb, das bringt die Umgebung zur Verzweiflung.

Den Felix Krull gibt's in Großbuchstaben, ich werde Mimi eins schicken, eins für mich!

Uns' Sozialstaat in 2013 fetter als die Wirtschaft: 812 Milliarden.

Bildungsrepublik: die Zeitung widmet eine Seite den pädagogi-schen Apparaten in der Republik, Einschlag ins Kontor, Herrschaften! HEINZ-ELMAR TENORTH skandalisiert den Bildungsbericht zur Nation, der im Modus linearen Denkens die Drastik verfallender Fähigkeiten ins Erträgliche manipuliert. Er wurde also im gleichen Modus erstellt wie neulich die ‚Übersetzung' des Klimaberichts. – Von *alpha-1*, dem manifesten Analphabetismus – ‚kannst du maximal einzelne Buchstaben schreiben und lesen' bis *alpha-4* ‚fehlerhaftes schreiben und lesen' feiert besagter Bericht fröhliche Urständ im Land, welches einst dichtete und dachte. Längst treibt er an den Universitäten sein buntes Spiel, wächst sich gewissermaßen aus. Dort wird ein Vorschaltjahr zur Herstellung der Studierfähigkeit erwogen. – Daneben entfaltet MICHAEL BENGEL das ‚politisch korrekte Strategiepapier einer postexistischen Einwanderungsgesellschaft', gemeint ist der Kernlehrplan Deutsch für NRW. Mein Resthirn treidelt. Den verantwortet SYLVIA LÖHRMANN, satt grün, macht aber nichts. Sie schreibt ihre SPD- und CDU-Vorgänger nur radikal fort.

Wir lernen: mein ‚BIP', das Herrschaftsmodell dieser Demokratie (obacht: PEP© ist die Exekution von BIP, verstehst Du?), also der Reihe nach: BIP ist die fröhliche Abkürzung meiner These, daß Bildungssystem, Informationssystem (Tagesschau und sowas) und politisches System nachhaltig harmonisieren. Dieses Bildungsformat aber dem Kanzlerinnen-Schimpfwort der ‚marktkonformen Demokratie' zu unterstellen, ist komplett daneben: schließlich geht es den Unternehmen wie den Universitäten: beim *‚proof of the pudding'* werden die Schulabschlußzertifikate als Papiere aus der Fälscherwerkstatt enttarnt, spielend. Und es beginnt die Mühe der Ausbildung für den *job.* Die Unis mögen sich dem schulischen Treiben anschließen und die Anforderungen kontinuierlich senken, die Bosse könnten das nur um den Preis des Untergangs – und gehen an betriebliches Ausbilden. – Typisch, heißt es jetzt, nur für ihren Profit – genau das, ihr *Goodwill Freaks.*

Wie schön, daß ich sterblich bin – nicht auszudenken, wie diese ‚Staat-als-Beute'-Komplotte mit dem Wahlvölkchen umspringen werden, sagen wir 30 Jahre voraus. Dann werden

,Geld oder Leben' – Acryl auf Holz, Collage – 120 x 100 cm – 2015

Eingerahmt von 500ern, dem beliebtesten Zahlungsmittel im off-tax business, bestaunt ein Besucher Brüssels im Tarn-Caré – die Reihenschaltung von Sklerotik und Kleptokratik – rechts unten: auch im ,dark room' wird weißer Handschuh getragen. – durchgehender Gruß aus dem Schlachthof.

ganz andere Rechnungen vorgelegt, von ganz woanders her. Das wird nachhaltig, Frau Merkel! – Da können sich die Prediger ihren Klimawahn in die Haare schmieren, der endlos Ressourcen verbrannt hat, wenn Katelbach kommt, wenn der Postmann zweimal klingelt, wenn der Pinatubo einfach mal hochfliegt, oder sonstwas. – Pöbeln ist was Feines – stimmt aber, *kanzedichdraufverlassen.*

Besuch von Markus, Peet & Yve, 36 Stunden *action* mit langem Abend bei köstlichem Roten. Heute, Sonntag, zum neuen Strand in Worpswede. Um 17 Uhr baue ich die Wasserrutsche ab.

Der Pinatubo, da *isser* schon!, so HANS-ULRICH SCHMINCKE, warf neulich 20 Millionen Schwefeldioxyd aus, dazu bis zu 234 Megatonnen vom Kohlendixy. Das geschieht bei einem von statistisch sechs Ausbrüchen innerhalb der Vulkankette. Aber ich soll das Haus dämmen, gegen Klimawandel mich stemmen. Ich beantrage Freizeichnung von dem Unsinn, mit Respekt vor der Natur.

Die gebundene Ausgabe des ‚Felix Krull‘ für Mimi ist so prachtvoll, daß ich gleich nachbestelle, obwohl ich in der Millimeterausgabe von 1975 fast durch bin.

28.7. Im Oktober 1915 mußte der Oberarzt DR. GOTTFRIED BENN an der Erschießung einer Krankenschwester teilnehmen, weil die Gefangenen zur Flucht verholfen hatte. DIETER WELLERSHOFF überlebte mit 19 Jahren Einkreisung und Angriff mit russischen Handgranaten. Das wurden Menschen aus Hintergrund, wie etwa auch der GERHARD RICHTER. Der soll nun nicht zur Grundausbildung werden, gemach Friedensfreunde.

Heute wieder großes Korruptions-Halali in der Zeitung, die aktuellen Kernländer betreffend: JORDI PUJOL (84) aus dem sonnigen Spanien hebt – mit Unterstützung – das Tuch über dem familiären Schwarzgeld-System, seine 500er-Bestände stellen alles Bekannte in den Schatten. Die Reaktionen sind von Verständnis gezeichnet.

In Rußland treten angesichts neuerlicher Sanktionen die Familien Fradkow, Patruschew und Bortnikow für einen Moment ins Licht. Sie gehören zum Kranz der zwölf Kreise um Chefe Putin, womit der Staat und Wirtschaft auf-, ein- und zuteilt. Familie als Generationenvertrag sieht dort aktuell wie folgt aus: bei den Fradkows ist Vater Michail Chef des Auslandsgeheimdienstes, als solcher im Inland Patriot, General und anderes mehr. Söhnchen Pjotr ist Vorstand eines Exportversicherers, Pawel, Söhnchen 2, Chef einer staatlichen Vermögensverwaltung. Familie Patruschew teilt sich in folgende *jobs*: Vater Nikolaj werkelt im Sicherheitsrat der russischen Föderation, Spross Dimitrij ist VV der staatlichen russischen Landwirtschaftsbank, Bruder Andrej wacht als stellvertretender Vorstand darüber, daß bei Gasprom nichts hochfliegt. – Schließlich Familie Bortukow. Hier heißt Vati Alexander, der dem Inlandsgeheimdienst Orientierung gibt, ebenfalls Patriot, General & Diverse, Denis ist Sohn und in dieser Eigenschaft Vorstandsmitglied der WTB-Bank. – ALEXEI NAWALNY steht auf der anderen Seite, daher unter Hausarrest, von wo aus er mit kontinuierlicher Anklage und Prozeß kämpft, nachdem er den Umtrieb als ‚mafiösen Feudalismus‘ verunglimpft und veröffentlicht hat.

Am Ende China, welches nie fehlt, als weites Feld, wo die ZK-getriebene Vergabe von Lehen all denen zum Verhängnis wird, die über die kapitalistische Hebelwirkung des Reichtums dem Zentrum zu nahe kommen. PETRA KOLONKO macht Übersicht. Im Reiche XIS ist die Hortung auf dem Land noch üblich. Das macht es den Fahndern leicht, denn sie werden in den Kellern schnell fündig. So wurde in Tianjin die Barschaft des Polizeichefs mit dem Radlader aus dem Hause gefahren. Solch physische Drastik wird dadurch verschärft, daß anders als in Europa keine 500er-Äquivalente zur Verfügung stehen, sodaß die Keller von kleinen Scheinen bersten. Des Polizeichefs hohes Lied auf Recht und Ordnung kann angesichts solcher Lager nicht verschlagen. – Da ist noch was zu tun seitens der Notenbank, wenngleich die Spannung zwischen den – zugegebenermaßen blassen – Idealen des Marxismus und dem leichten Zugriff auf die profitliche Handsalbe anhalten wird.

Ob die ‚Schwerter des Historischen Materialismus‘, die Partei-chef XI JINGPING vor seiner Kubareise anmahnt umzugürten, da ein Hort der Gegenwehr sind, erscheint mit dieser mittelalterlichen Metapher eher zweifelhaft. Das Zeug kennt doch keiner mehr! Vielmehr wird sich der gesunde Menschenverstand – auch in der chinesischen Variante – sagen, daß solch prall gefüllte Kellerräume das beste Fundament jeder Funktionärsvilla bilden. Da bleibt für HistoMat in der *Bel Étage* wenig Raum. Schließlich, die fünf Billionen, die in den letzten Jahren in freie Anlagen im Ausland verflüchtigt wurden – da ist's mit Histo- und DiaMat & den Blauen definitiv Essig! Und im Kreise XIS wird auch nicht gedarbt, meldete Bloomberg schon vor zwei Jahren. Auf mehrere hundert Millionen wird das Familiensilber geschätzt. Die Komponente ‚Rivalen auf Abstand halten‘ liegt daher beim Antikorruptionseifer gleich auf, könnte gar Treiber sein.

A propos Familienbetrieb, lange nichts gehört aus Angola bzw. von Chefe EDUARDO DOS SANTOS. – Solch Treiben muß mit dem bayrischen Familienparlament oder dem tschechischen Teil-Dokterchen doch versöhnen, das sind nun echte *pea nuts* im Vergleich.

29.7.   Der Gerichtsvollzieher war Jahre nicht mehr im Haus, heute schon. Reflex des Mietnomadentums. Ich hoffe, ich war schneller mit der Gehaltsabtretung als die KSK jetzt. NILS MINKMAR ruft SARTRES Text ‚Zur Judenfrage‘ auf. Ich klebe den Deckel des 1967 gekauften Ullstein-Büchleins fest für die Lektüre. Auch sie ist mir neu, trotz verblichener Anstreichungen. Der neue Ausbruch des Krieges zwischen Israel und der Hamas als Einpeitscher des Gaza-Streifens bringt einen solidarischen Antisemitismus in Europa hoch. Die Unfähigkeit zum Leben maniert zum Dünkel des Besserseins, sagt mir mein Teilwissen. Diese Ausweglosigkeit treibt noch immer zum Mord am Anderen. Todessehnsucht verbirgt sich in allerlei Sehnsuchtsideologien, vom Kommunismus bis zum Islam. ERICH FROMM sprach von der nekrophilen Kultur des alten Europa. Die BEST-Biographie führte die Breite dieser Haltung nach dem ersten Weltkrieg vor. – Auch mir war sie in der selbstmitleidigen Hinwendung zu Sartre in den 60er Jahren nicht unbekannt als Flucht, Sehnsucht und Selbstbestätigung in seelischer Not, die keinen Ausweg kannte, immerhin probierte und fand.

30.7. RAY KURZWEIL eröffnete das Jahrtausend mit seiner technologisch grundierten Prophetie ‚Homo sapiens'. In Berlin haben sie jetzt sternförmig angeordnete Atomketten in einem äußerst robusten quantenmechanischen Überlagerungszustand hergestellt, stabile Speicherbausteine für Q-Informationen. – Ob KURZWEILS Zeittafel noch stimmt, finde ich nicht heraus. Immerhin lag China mit dem schnellsten Rechner 2013 vorne, vor Amerika auf Platz 3.

Heute kam Felix Krull in Großschrift, wunderbar, ich lese die letzte Seite noch einmal, dort wird das Drama zusammengefaßt. Bibliophiler Respekt – oder Kurzzeitgedächtnis.

Bayern steht Berlin in Sachen Affairen nicht nach, wie grade gezeigt – der Begriff hat heute eher Gemütliches, weit entfernt von seiner Genese im erotischen Hochamt. Die Zeitung listet Neuerliches auf aus dem zähen Aufklärungsprozess der parlamentarischen Familien, was so alles an hohen Posteninhabern hängt. Der ‚Käseschachtel'- folgte ja die ‚Schüttelschorsch-Affaire' jenes GEORG SCHMID, der seine liebe Frau mit 5.000 fürs Schreiben von irgendwas versorgte, monatlich. Obwohl er im Amte des Fraktionschefs neben den 10.262 noch mit Funktionszulage von 13.746 gesegnet war, wird's ihn in Summe hart treffen vorm Straf- und Zivilgericht in 2015. Solcherart werden selbst Könige zum Bauernopfer des ‚Staat als Beute'-Systems. – Die Anschlußaffaire ist schon in Entfaltung, als ‚Modellauto-Coup' hängt sie der CHRISTINE HADERTHAUER nach, wie dem Landgerichtsarzt HUBERT, Ehemann. Der gab den Modellautobauer, als er die von einem begabten Insassen gefertigten Stücke für ein Handgeld erwarb, Vorteil im ‚besonderen Gewaltverhältnis', und für fürstliches Salär versteigerte. Jetzt geht's an die Immunität, vorm Hubert tät's mich schütteln, der ich von vielem nicht frei bin. *Dös sahn die Schüttelaffären.*

Das dichte Flughafennetz quer durch die Republik gehört als Sammelprojekt in den fiktiven Band ‚Tal der Könige‘. Hier wird seit jeher plan-, system- und bedarfslos Beton in die Landschaft gegossen und politisch Aktivität gezeigt, lokale Profiteure helfen gern. Dann wird es still, weil wenig startet. – Was sie anfassen, wird zu Schrott, die Kernaufgaben staatlichen Umtriebs darüber auch. Das PEP-System ist eben Eigenleben, wenn nicht gar eine Seele! Die Hinterlassenschaften werden allfertig in die Insolvenz begleitet, geht ja über die Staatskasse.

Der ‚Gut-Schreibung‘ des Klimaberichts (Berlin), klingt wie Gutschrift, folgt die Zertifikatemanipulation in den Bildungsapparaten (Düsseldorf), ihr folgt die Betreuungsgeld-Ente: die SPD-Ministerin wettert zwar gegen die CSU-Klientelwirtschaft, beauftragt dann jedoch das ‚Deutsche Jugendinstitut‘, dessen Hauptsponsor das Ministerium ist, mit einer Befragung, die ebenfalls staatsfinanziert ist. Das Institut liefert Gewünschtes, dazu Flachware von peinlicher Belanglosigkeit, veraltete Zahlen (Büro aufgeräumt), selektiver Fragemodus und Ergebnisfrisur. – System korrupt.

31.7.   Arthur und Emma heirateten an ihrem 20. Geburtstag. Durch Erbschaft waren sie kurz danach reich und zogen von NY aufs Land. Sie bekamen Kinder und feierten ihren 40. Hochzeitstag. In der Nacht davor beschlossen sie, sich zu trennen. Die Zukunft sollte nicht so werden, wie die Vergangenheit es war. Was sie für die Anderen gelebt hatten, fehlte in ihren eigenen Wünschen und Hoffnungen. Das wollten sie nicht fortsetzen. – Ich habe eine solche Frage bis heute, eine Woche vor unserm 25. Jahrestag von Allertal, nicht gestellt. Ich bin immer noch am Nachholen. Ich war nie allein meiner mangelhaften inneren Ordnung wegen. Jetzt blicke ich aus unserer Kutsche, die langsamer wird, aber rollt. Manchmal blicke ich vorbeiziehenden Ereignissen neidvoll hinterher. Ich könnte, kann es aber nicht. Es ist mir zu wertvoll. Marion bewahrte mich davor, zu sehr für sie zu leben. Ob ich an ihrem Stolz teilhatte, gewachsen bin – ich weiß es nicht. Aber es war immer ein einziger großer Reiz – ihm gewachsen zu sein.

1.8. Eine Landkarte des Staatsapparates ist fällig. Er hat jegliche Begrenzungen überschritten und wuchert, durchsetzt den gesellschaftlichen Raum, getrieben vom Eifer und Selbstversorgungsimpuls der politischen Apparate. – Heute ein Stück aus dem Glücksspielsegment: der Lotto- und Totoblock (sic!) ist aufgebaut wie die Republik, eine der zahlreichen Doubletten wie das GEZ-Informat. Damit nicht genug, unterhält der Apparat eine Gesandtschaft am Regierungssitz in Berlin, also eine Art Lotto-Botschafter, dazu Beratungsunternehmen, die mit Glücksspielexperten besetzt sind. Wichtiger noch erscheint die Wehrhaftigkeit gegenüber Brüssel, um den beliehenen Staatsmonopolismus gegen wettbewerbliche Attitüden zu verteidigen. Ein feines Segment des Systems PEP. Was wohl die Suchtbeauftragte mit ihrem Apparat dazu sagt.

3.8. Zwei Heftchen kamen, BAZON BROCK, rechtzeitig vor dem Abflug. Die Bitte um ein Credo für den ‚art compass' beantworte ich mit ADORNOS ‚Kunst ist Magie, befreit von der Lüge, Wahrheit zu sein' und meiner Freude über jedes Gelingen. – Dazu die Wahlverwandtschaften, das reicht für zwei Wochen.

4.8. Der Austausch ‚persönlicher Wahrheiten' Ende Juli und Anfang August 1914 wurde so lange und tränenreich forciert, bis die Truppen marschierten. Darunter war auch die Phantasie, Frankreich habe Bomben auf Nürnberg geworfen. Alles war recht, damit es nur irgendwie losging, ohne daß man als Kriegstreiber dastand. Grober hat es BUSH JR. 2003 auch nicht getrieben. An die Laterne kam niemand dafür.

5.8. Mein, unser 25. Jahrestag von Allertal, Marion ist jedes Mal überrascht. Wir packen die Koffer und speisen im Bremer ‚Kleinen Lokal' auf das Vorzüglichste.

6.8. Nach Portugal
Jonas bringt uns zum Bahnhof, ICE, S-Bahn, Flug nach Faro. Um 2 Uhr mittags stehen wir auf dem heißen Flughafen.

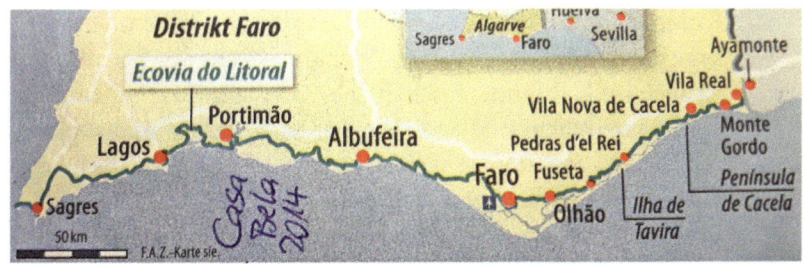

In 600 Meter Höhe um 8:16:02 vor 69 Jahren brannte die Atmosphäre über Hiroshima, bei einer Million Grad wurde das Zentrum pulverisiert. Der Pilot hatte das Flugzeug auf den Namen seiner Mutter getauft und er hatte kurz nach dem Ausklinken der Bombe den Geschmack von Blei im Mund.

Um 4 Uhr stehen wir vor dem kleinen Hotel *Casa Bela*, heißt wohl schöne Hütte, auf dem Hang von Ferragudo über der Bucht von Portimao. Das ist ein Traum. Unterhalb der Hotelburgensilhouette gegenüber tobt der Bär, und einiges mehr. – Wir steigen den Berg hinab durch einen ausgedehnten Früchtepark zum Strand, via Zahlenschloß. Dort finden wir auf 700 Meter drei Bars und Restaurants, wir kehren zum Verkosten ein. – Der stürmisch durchwachsenen Vorbereitung auf den Abend folgt ein Menü mit guten Aspekten. – Abends wieder runter und in die nächste Bar, vier *Jazzmen* bei der Arbeit, mein letzter Wunsch ‚Girl of Ipanema' und wir klettern durchs Dunkel zurück auf den Berg ins Hotel. Großartiges Arrangement.

7.8. Enteignung wird zur Chiffre auch jenseits wirtschaftlichen Eigentums, gerät, wie soll ich sagen, zur Apokalyptik des Abendlandes, wobei es das Morgenland ebenso trifft, Beiläufigkeiten der Erddrehung. GEORGE PACKERS ‚Abwicklung' umschreibt das makro-ökonomisch, wie es eine globalisierte Fortpflanzungsmedizin illustriert – mit ihren neuen Weltbürgern wie etwa diesem schon Frankenstein'schen Europäer: ein australisches Ehepaar holte sein (sic!) von einer thailändischen Leihmutter produziertes Kind ab. Geboren hatte die Frau Zwillinge. Die

Kindeseigner nahmen das Mädchen mit und ließen den herzkranken Jungen zurück. Das Verfügungsrecht des Eigentümers ist auch im Leihmuttergeschäft das Maß – alle Zusammenhänge von Biologischem und Sozialem werden separiert und abholbereit vorgehalten, *storage of elements of life*. Der Eigentümer wählt aus und läßt zurück, was nicht behagt. Bei der Herstellerin wird mit dem Physischen auch das Psychische zerlegt.

Erste Wanderung am Abgrund zum Atlantik, mittags in der Strandbude zu zweimal sechs Sardinen und *some pints of beer*, wir sind geschafft. – Abends nach feinem Essen wieder durch den Pflanzenhain zum Strand, und eine Combo, die es noch besser macht als gestern. Nach ein paar Kaipis zurück durch die Nacht.

8.8.   Es ist paradiesisch, auch wenn der Weißwein auf dem Bürgersteig zerschellt, weil die Plastiktüte in der Sonne schmilzt. Wir kaufen nach, der nächste Bus fährt in sechzig Minuten – und laufen bergan, bergab zum Strand und rüber zum Zahlenschloßtor, den baumbestandenen Hang wieder hoch und machen vor dem Hotel Picknick. Zimmer, duschen, Umzug, kein Übergriff, zur Ebene 2, einer palmenbestandenen Wiese mit Liegen. Später Capuccio und Teilchen, *wedder induselt*. – Italien ruft beständig an wegen meiner Adresse, für das Zweieinhalbfache der Anlieferungskosten will man mir die Bilder zurücksenden. Alles Halsabschneider, murmelt Marion, mein Kopf sitzt noch.

BAZON BROCK, dessen Ausführungen über die Wahrheit, diesem flüchtigen Wesen, neulich meine Sympathie gewannen, sprach 2011 vor dem Wissenschaftsverein Kärnten über das apokalyptische Denken, aus der christlichen Theologie kommend: Leben mit Blick auf das Ende macht lebensstark, alles sonst regrediert auf den Naturzustand. Diesen kennzeichnet Reaktion. – MARCEL DUCHAMP dachte vielleicht ähnlich mit seinem Satz, es gibt keine Probleme, weil es keine Lösungen gibt.

Es steht zu befürchten, daß auf die Lektüre der Wahlverwandtschaften die des Johannes-Evangeliums folgt. Einen derart flottierenden Weg zurück in die alte Literatur habe ich nicht für möglich gehalten.

Was eigentlich ist das Arbeitsgebiet des Halsabschneiders, geht mir durch den Kopf. In der Urform vermute ich: Wegelagerei – Überfall – Mord & Totschlag – Räuberei und in die Büsche schlagen. In der entwickelten, ja zivilisierten Form: das Blaue vom Himmel versprechen, an die Eitelkeit und Gier appellieren und anständig abrechnen, was verbleibt. Als Einstieg brauchbar.

Vorher, also vor Johannes, werde ich mir noch die Jahrestreffen von 116 Zentralbankern vornehmen, KIPP hat bei Kopp was rausgefunden. Die BIZ soll den finalen Coup vorbereiten, Weltherrschaft und so, über Weltwährung, all die bunten Scheine einsammeln und durch Uni's ersetzen, so'ne Art Warschauer Pakt über alles. Bißchen derb aufgetragen.

Und dann BAZON BROCKS ‚Credo‘, eine Art Bilderbuch: ‚wir müssen glauben, um nicht dran glauben zu müssen, um nicht zum Opfer der Sinnlosigkeit des Todes zu werden‘.

Denn der Tod, möchte ich anschließend, verlangt die Erfüllung des Lebens. BAZON BROCKS Bemerkungen zum Klima hingegen provozieren mich, das ist Sympathie aus diffusem Antikapitalismus.

133

Nach feinem Abendmahl wieder runter zur Strandbar. Heute fünf Jungs an der Arbeit, einfach gut, Zeit für zwei Kaipis und zurück unter dem Mond, hinterm Zahlenschloß ist das wie Märchenwald, wenn der blasse Schein dieses kalten Begleiters die schalen Konturen anrührt.

9.8. Um halb fünf ist Ende, Marion holt die Ohrenstöpsel. Die *open space disco* hinter der Bucht heizt unvermindert, kleiner Abstrich vom Paradies. – Die Sonne bescheint den Park von Nutz+Zier. Auf einer Baumkrone steht ein Storch aus Holz. – Mit dem Bus nach Portimao für ‚*funny shopping, eat&drink*‘ und Bus zurück. – Ich liebe Dich! – Nach des Tages L&L wieder runter in die Bar, wieder eine andere Truppe, *young fine Britains*, die richtig abliefern. Das nötigt erneut zu vier *Kaipis* und strategischem Angang des Zahlenschlosses. Nach zwei Anläufen gibt es nach.

10.8. SONNTAG
Jonas wird 24. Wir stöpseln aus (Ohren), gehen zum Frühstück, begeben uns zum Kleinbus und zu acht auf die ‚Grotten- und Wurst-Tour‘. In Lagos aufs Boot, später zur ‚letzten Bratwurst vor Amerika‘, einhundert Meter über dem Atlantik. Marko macht es unterhaltsam.

Ich habe mir SARTRES Essay ‚Zur Judenfrage‘ von 1946 vorgenommen, dem Kommentar zu den antisemitischen Parolen von 2014 folgend, anläßlich der fünften oder sechsten militärischen Konfrontation in Nahost. Der Text enttäuscht mich anfangs, aufklärender ist ein inliegender Artikel aus der FAZ von 1994, welcher die Neuübersetzung besprach. Darin erfahre ich, daß die palästinensische Staatsgründung 1947 von Arabern abgelehnt wurde, weiterhin von einer ‚Nazi-Connection‘ in der PLO: der Onkel JASSIR ARAFATS, Groß-Mufti von Jerusalem, war mit HEINRICH HIMMLER befreundet und sah die Lösung der Judenfrage im KZ Auschwitz als beispielhaft an. – Dieser Haß ist das Fundament der Ausweglosigkeit. Das Leben kommt nur, wirklich nur, in Segmenten zu uns. – Dabei entwickelt SARTRE im Weiteren alle Facetten ‚antisemitischer Lebensführung‘, nicht zuletzt beim ‚Demokraten‘. Den erklärt er zwar zum Freund des Juden, aber um den Preis, das Jüdische im Namen der allgemeinen Gleichheit abzulegen. Denn dem ‚Demokraten‘ ist alles ‚gleich‘, er ist tolerant. – Irgendwie aktuell.

Zum europäischen Bankenkoller: BES, Banco Espirito Santo. Viereinhalb Milliarden braucht’s, dem Heiligen Geist wieder auf die Beine zu helfen, der mittels Giralgeld den Angehörigen des Konglomerats unter die Arme griff. Geliefert wird aus dem Schwemm- und Sumpfland des Mr. Goldfinger. Der reicht die entstehenden Ansprüche weiter an die Schäflein, die regelmäßig zur Schur antreten. Von Schlachten ist nicht die Rede, das wäre ja Raubbau an der kontinuierlichen Ernte.

11.8. Wir blicken auf die Arbeitsfläche der Disco-Wumme, es stimmt: Boxen im Format von Einfamilienhäusern umstellen den Raum. Hoffend, daß der Wind dreht, springen wir ins Wasser-Taxi zurück, zum Basis-Menü auf dem Marktplatz. Da stimmt alles, dann hebt hinter einer Stellwand Musik an. Drei Leute mit Akkordeon und bayrischen Gassenhauern kommen näher und lachen auch noch, dazu Sammelbüchse, 50 Cent – und keinen mehr, nein, ein Euro, sagt Marion, jetzt sage ich zwei! – Wieso? – Damit sie schnell weitergehen! – Wir wandern zurück, die Flut macht die Passage am Fuß der Burg unmöglich. Abendessen mit Elke und Ralph aus Sachsen-Anhalt, *newwar*.
ALEXANDER KISSLER im Interview über den zurückgetretenen Papst und seinen Nachfolger. Ich folge seiner Radikalität mit Interesse, er sagt: ‚Eine Kirche, die weltoffen sein kann, weil sie sich nicht gemein macht mit den Anliegen der Welt‘, das ist mir sympathisch, eine Kirche, die nicht politisiert, die nicht rechnet (*ahem*), ihre Steuerbasis nicht erweitert, um die Einnahmen zu treiben, die immer wieder auf Distanz geht zum gesellschaftlichen Betrieb.

12.8. Wieviele Netze gibt es? … die des Geldes, des privaten, des institutionellen wie der BIZ, des Lagarde-Clubs, der EZB, der FED, China, das ESM-Direktorat, … die des Militärs, … die

135

der politischen Apparate, national, international, UNHCR, CERD, UPR, der tausend staatsfinanzierten Organisationen, womit der gesellschaftliche Raum durchsetzt ist, ... die der Kommunikation, Google, Facebook ...

Wieviele Naben gibt es? – Wieviele haben die Fähigkeit zur Integration, zur Steuerung, zur Direktive? – Was sind die Möglichkeiten im sichtbaren Teil dieser Prozesse? In der Entwicklung von Szenarien soll die Bertelsmann-Stiftung führend sein. – Wer führt die Vorbereitungen, wer den Einstieg in den nächsten Kollaps?

Aus der Depositenkammer des staatlichen Gewaltmonopols: *Brigata Mobile de la Gendarmerie* / Luxemburg – JOS WILMES, MARC SCHEER mit zwanzig Sprengstoffanschlägen (1984–1986) – Geheimdienst SREL, CHARLES HOFFMANN, JACQUES SANTER, dazu JEAN-CLAUDE JUNCKER, Strafvereitelung im Amt, MARCO MILLE – NATO-*Stay Behind*, stationiert in Gladio, JOHANNES KARL KRAMER, Oktoberfest-Attentat 26.9.1980, GUNDOLF KÖHLER (tot), HANS LANGERMANN, KARL-HEINZ HOFFMANN ‚Operation Wandervogel' – Gladio-Operation Bologna, HEINZ LEMBKE, Lembkes Lager, Freundeskreis, Deutsche Aktionsgruppen – ‚Nothilfetechnische Übungs- und Bereitschaftsstaffel' – TENO, 12C BND im ‚Heidehaus' der Emmrich-Cambrai-Kaserne = Gladio-D. – NORBERT JURETZKO, *Stay Behind Relaunch* 2009.

13.8. Mit Bus und Zug nach Silves, Kathedrale, ‚LIDL 160 Meter', heißt es, eine 5–7-türmige Burg aus dem 12. Jahrhundert. Mit vier Rädern wurde das Wasser des zu jener Zeit noch vorbeifließenden *Rio Arade* über Viadukte in eine Zisterne geleitet. Das Mittelalterfest unter Wimpeln, die abwechselnd Halbmond und Stern sowie das Ritterkreuz der *Reconquista* zeigen. Nach der Rückkehr vom Bahnhof zum Hotel, zu Fuß. Wir sind geschafft. Marion plädiert für Moped-Tage, ich habe Schiß, (man schreibt Mopet wohl mit ‚t', ich war nie in der Szene).

Warum ist der Kardinal in der Toga des Papstes zurückgetreten! Die Ideologie des Egalitarismus könnte machtvoll in die Kongegration eingezogen sein – und eine mächtige Bastion schleifen.

Zu den 100 oder 1.000 staats- und steuerzahlerfinanzierten PEP-Instituten gehört das ‚Deutsche Institut für Menschenrechte'. Mehr muß dazu nicht gesagt werden. – Doch: es ist die Besetzung des Landes, seine Unterwerfung von innen, durch den Clan der Parteien, die ihren ideologischen Diskurs metastasierend verankern, durch Beleihung mit Rechten, durch Subventionierung, durch Eigengründung. Ich glaube, sie nennen es Zivilgesellschaft. – Dazu tritt zunehmend das Diktat oder die Beurteilung durch supranationale Organisationen der EU, der UNO und sonstige windige Strukturen. So wird politische Führung, Souveränität eingehegt, massiv durch Soziales, Umwelt, Klimarolle, Menschenrecht und anderen Artenschutz. Politische Demokratie in Lösung, schönen Gruß vom Bertelsmann-Block. Partizipation und Toleranz sind die friedfertigen Kampfmittel. Ich muß in den *Coffee-Shop*. – Die Aufschlüsselung der Subventionsvolumen für sogenannte gemeinnützige und die weiteren Vereine & GmbHs seit 1990 wäre ein Einstieg, dazu Ausgründungen der Parteien. *Anmerkung 2020: Meister, wie wärs mit der Liege, so geht das eben!*

Unter dem Kürzel der NGO's findet die prozessierende Auslagerung politischer Themen und ihrer Bearbeitung aus dem Parlament in den subventionierten ‚privaten Raum' statt. Es gleicht den gesteuerten *online*-Petitionen, die von professionellen Fragen- und Antworten-Managern eingepreist, gesammelt und eingereicht und vermarktet werden.

14.8.   Unter dem Baum auf Ebene 2, traumhaft verdösend.

SARTRES Hellsicht endet in der proletarischen Revolution. Hatte er die Möglichkeit, wie viele seiner Kollegen, das Stalinat der dreißiger Jahre zu sehen, zu beurteilen? Hatte ich, zwanzig Jahre später, die Möglichkeit? Mehr als Sartre jedenfalls. – Im Nachwort der Bruch mit ALBERT CAMUS sieben Jahre später. ‚Objektiv reaktionär', urteilte der Philosoph. Das war in den dreißiger Jahren das Stichwort für den Eintrag in die Todeslisten, die Stalin täglich abzeichnete.

Nachmittags erneut Sardinen in der Strandbude, ein Genuß – gegenüber schüttern die Boxen.

15.8. Neunter Tag wolkenfrei, auf Amrum 15 Grad, Sturm, bedeckt, Regen.

MICHAEL MOORE beschreibt die Florida-Wahl-Manöver, mit denen der Infant GEORGE W. BUSH 2000 das Präsidentenamt erklomm, ein Seilschaftensystem von Verwaltung, Presse und Justiz, welches den kleinen Stimmenvorsprung gewährleistete, neun Monate vor dem Einsturz der Türme.

Wir machen uns auf nach Ferragudo, dort ist Musik angesagt, Kapelle im Marschmodus, eine spricht ins Mikro, total langweilig, einer filmt das auch noch. Mariä Himmelfahrt ist heute und alles bereitet sich auf einen heißen Abend vor. Wir setzen uns in ein Café, es interessiert aber niemanden. Nach fünfzehn Minuten packen wir ein und gehen zum Marktplatz. Dort klappts mit Espresso, grade kommt der Musikzug an und verteilt sich auf die freien Tische. Bei Kunst & Gewerbe möchte Chefe für Sardine klein 20, alles darüber 30 Euro, uncool. Also zurück über den Berg, Kirche, *se vende* und über den Strand, 8822 beim Zahlenschloß (falls Sie dahin fahren), durch den Themenpark hoch, Weißwein gepackt und auf die Liegen für den Mittagsschnatz, lecker unterm Feigenbaum. Links oben eine Amsel, was macht die hier, na Feigen packen und auf die Liege kacken. Wir haben Glück. – Ich muß die Farbe des Audi umbestellen auf Jaguar-grün, innen beige, hat Dominik gesagt. Der schafft beim Audi in Ingolstadt. – Nach dem Schnatz Mittagsschläfchen. Nach zwanzig Minuten schießt Marion hoch, ohne Wecker, Kaffee!

Auf MICHAEL MOORE, der liebenswert bleibt, folgt JOSEF VOGLS ‚Gespenst des Kapitals', das auch im Jahr 2000 beginnt, mit der Fahrt eines 28-jährigen Milliardärs, der Ermordung eines IWF-Direktors, einer Bombenexplosion, einer Selbstverbrennung und einem Tortenattentat. Als sei dieser Baby-Bush das Menetekel des Jahrhunderts. In DE LILLOS zeitgleichem ‚Cosmopolis' gibt er nur noch das Abbild eines Untoten. Ich unterstreiche, markiere, weil es Zeit zum Verfolgen des Gedankengangs gibt. Es scheint wert, die MEW aufzuheben. Die Dichte des Textes beschleunigt den Puls, verlängert die Liste vergangener Texte.

16.8. Noch eine Tour nach Portimao, Stunden im Schmuck-Nippes-Laden, nach 40 Minuten setze ich mich in die Bar gegenüber. Später noch Wechsel-Sandalen und Dynamo-Taschenlampen und ins Wasser-Taxi. Marion will zurück, Keller aufräumen, es reicht, die Strandbar und den Kaipi hat sie auch satt. Darüber gebe ich mein Ja-Wort zum Mopet. Morgen wird es bestellt. – In der Piano-Bar jammert einer am elektrischen Klavier. Die Mücken kreisen mich ein, mein Geruch muß sich verändert haben.

PETER SCHOLL-LATOUR starb (90).

17.8. Auf dem Vorhof steht das bestellte Mopet, es ist das größte! – Das gibt Auftrieb und wir steigen um 11 Uhr abends nochmal zum Strand hinab. In Hütte eins tobt die Grundmucke, Techno, wir nehmen Weißwein und es geht ab. Wir gehen, da startet JAMES BROWN, – sofortige Umkehr, mehr Weißwein und Tanz – *you can't beat the feeling*.

WOLFGANG LEONHARD starb (93).

18.8. Aufs Mopet und 30 Kilometer landeinwärts nach Monchique, das strengt an, aber zum Berg rauf wird es besser und bergab wird's fröhlich. Zum Essen will Marion ‚vorfahren', also am Hotel vorbei und runter an den Strand. Der Mann am Grill hat einen rückwärtigen Raum, wie ein Schmied steht er im Rauch. Wir steigen drei Stufen, die Bude ist brechend voll, ein kleiner Tisch im Gang ist noch frei, Blick aufs Meer. Wir bestellen eins für zwei, neben uns drücken robuste Damen die Reste in den Abfallkübel, der Chef tritt später nach.

Schräg gegenüber der Alte vom Typ Départdieu mit ausladendem Sitz. Er zerlegt großen Fisch und vertilgt das edle Fleisch in großen Stücken, mit und ohne Gabel, in permanentem Gespräch über den Tisch. Bisweilen unterbricht er, die linke Pranke liegt auf der Lehne des Nachbarstuhls, der rechte Unterarm ruht auf dem Oberschenkel, die fast fein gestaltete Hand entspannt offen. Die Slipper liegen neben den in 90 Grad gestellten Füßen, bourgeoise Souveränität. Seine Frau könnte ihn hassen, wie sie ordnend, sortierend und sehr zügig um ihn und den Tisch herum ist. Die weiteren Gesprächspartner, Sohn, Schwiegersohn, Tochter oder ähnlich sind eifrig am Essen und im Gespräch. Am Tisch gegenüber drei Kinder und die Mutter, lärmend durch die Teller pflügend.

Derweil kommen wir ans Ende und er hat einen Cognac-Schwenker mit undefinierbarem Inhalt vor sich, Erdbeerschnaps, meint Marion, probier' doch. Es bietet sich an und ich bekomme 6 cl vorgestellt, das gibt mir den Rest. Ich schleppe mich zum Mopet, will mich am Sozius hochziehen, kriege den Auspuff zu fassen und Marion zieht mich davonfahrend hinter sich her. Wir verschwinden in einer Staubwolke – zack, zurück ins Hotel, hicks. Ich kippe aufs Bett. – Um 18 Uhr beginnt der *soundcheck* im Discozirkus gegenüber, Brachio-Modus. – Marion ist so mopetbegeistert, daß wir nochmal ins Städtchen fahren, zum Lidl auf der Suche nach etwas für die portugiesischen Jungs.

MARCI SHORE: ‚Der Geschmack von Asche'. Über den Kommunismus als Gespenst, 160 Jahre nach der Ankündigung.

19.8. Vor 2.000 Jahren starb Kaiser Augustus (78).

Letzter Tag in Portugal, dritter Mopettag. Wir fahren die Küste ab nach Osten, Carvoeiro ist erster Halt an der ge-

waltig hohen Küste, in die Sandstrände eingelassen sind. –
Nächstens *Nossa Senhora da Rocha* auf dem höchsten Punkt,
ins Meer gestellt. Danach landeinwärts nach Alcantarilha zur
Capella de Ossos, ein komplett knochen- und schädelausge-
kleidetes Kapellchen als Teil einer Kirche. Auf dem kleinen
Kirchplatz finden wir grade noch Platz für Mopet und uns
und essen feinen Fisch. Wieder auf den Sozius zur großen
Heimfahrt, Du fährst wunderbar, Schatz.

Um halb fünf laufen wir unfallfrei in Casa Bela ein. – 125
Kubik sind Mindestgröße! Meine Kartenlektüre muß noch
besser werden, ja, ja. Und Fernglas, näxdes mal. – Letzter
Gang Garten – Strand – Bude, wo erneut heftig eingeheizt
wird. Dazu mit hoher Qualität, der Sänger springt im Dreieck
– oder bin ich das, nach einigen *Kaipis* zurück.

...lag in Portugal auf der Straße ...

20.8. Der Tag verläuft wie am Schnürchen, Kleinbus – Airbus – S-Bahn – Zuch – Skoda, Jonas fährt, Leon kommt dazu – schlechtes Essen, die Jungens hauen sich.

21.8. War das nicht der Einmarsch der Russen in Prag? 1968! – MARCI SHORES Geschmack von Asche gibt zeitgenössische Einblicke in diese Welt, wo sich nichts fand – außer eben dem Geschmack von Asche. – Ich komme anders aus dem Urlaub, als ich hineinging, wieder ein Hauch von Korrektur. – Im irakischen Kalifat wird ein Journalist enthauptet.

22.8. Anruf von Reinhard und ich fahre zur Sparkasse. Wir sprechen über den Herbst, die Zukunft von L.earn, den Wunsch eines Vorstands nach Gespräch, ohne Budgetwirkung und den Umzug auf den Tanzwerder. Er zeigt mir das Anwesen, zu dem der Fahrstuhl in den Wohnungsflur führt, über eine Wendeltreppe auf eine ausladende Dachterrasse, Bremen zu Füßen. Zwei *Love-Chairs* stehen im kleinen Eck, den einen wünscht er sich von mir. Klamm kanns nicht sein, also Freundschaftsbeweis. Jedenfalls wird's nicht billig.

23.8. Wir laden das Auto für Amrum und die Einschulung in Hamburg. Hinter Hamburg ist die Strecke dicht, Bettenwechsel in Dänemark, bemerkt Marion, wir fahren ab, es reicht nicht, Stopp in Schlüttsiel zu schlechtem Capuccino. – Der Kellner auf dem Schiff arbeitet im Pöbel-Modus, Elvis liegt quer im Gang, wie immer.

26.8. L.earn ist eingetragenes Markenzeichen, ich bin begeistert. Und jetzt?

ANGELA MERKEL schreibt drei Stellen für Verhaltensforscher aus. Was ist deren Qualifikation, sind es *Nudging Trainees*, ausgerüstet mit dem Handbuch des WOLF SINGER? Kennt sie ihr Volk nicht mehr; natürlich kennt sie es, sie möchte es besser führen! – Dazu hat sie in ihrem Bundeskanzleramt, einem veritablen Mittelständler mit aktuell über 500 Leuten – Spiegelreferate sämtlicher Mysterien, pardon Ministerien!, den Arbeitsstab ‚Gut leben‘ aufgemacht, Chefin ist Eva Christiansen, erinnert mich an das GEZ-System ‚Gut gucken'. Im Arbeitsstab wird über ‚neue Formen wirksamen Regierens' nachgedacht. – In mir finstere Ahnungen, aber gemach. Wenn sie noch mehr Fachleute zum Regieren braucht, hat sie eine Ahnung oder sie weiß es bereits. Wenigstens hat sie etwas gehört, erfahren, was sie vielleicht erbleichen ließ. Der Teint ist ja eh bläßlich. Kurz, da kommt was ins Haus, wofür die aktuellen Bord- und Hilfsmittel, die ohnehin sparsamen Stellungnahmen nicht reichen werden.

Nochmal zum BKA-Stab der 500, dabei macht das Kanzlerhaus mit seinen Torbögen so einen einladenden, ja leichten Eindruck. Aber, wenn die Chefin schon über ein Bataillon gemischter Fußtruppen verfügt (man stelle sich vor, jeder denkt sich was aus, was für ein Papierkrieg!), welchen Umfang hat dann das Heerlager der gesamten Regierung? Also, jetzt mal alles, d. h. mit Bundespresseamt, dem Pulk der Beauftragten für Gleichstellung, Abstellung, Unterstützung. Ich rechne vierzehn Ministerien hoch zu 500 das Stück, macht 7.000, netto, plus Schwund 8.000. Das ist Konzernstatus! In Mono-Pole-Position, also frei von Konkurrenz, frei in der Preissetzung, ja schon in der Produktauswahl, das schärfste Geschäftsmodell in der Republik. Ein Konzern, der sich durch Wahl inthronisiert, Geldschöpfung nach *gusto* betreiben kann und sich ein Volksinformationssystem hält. Heftig! Keine nachhaltige Aufsicht, wenig Kontrolle, der Ausdehnungs-Koeffizient einigermaßen frei. Wahlen in Abständen – Wieder mein überzogener Pöbelmodus, setz' einfach hinter jeden Satz ein Fragezeichen, dieses englische *isn't it*?

Zurück zu meiner Vermutung: der Finanzminister, von dem grade wenig zu hören ist, der hat geplaudert, aus der letzten ESM-Sitzung. Dieses exterritoriale Zaubergremium ist das politische Pendant des Baseler Ausschusses. Das ist die Versammlung von Zentralbanken-Chefchens und Mega-Bank-Wahnwitzigen, auch exterritorial, kein Reinkommen, akustische Abschirmung hundertprozentig. Im ESM-*Circle* sitzen die Finanzmakler und sind für sich, fast, denn hinterm Horizont lagern *Black Rock* & drei Consorten. – Also, entweder hat WOLFGANG SCHÄUBLE geplaudert oder eine Depesche aus Basel rutschte ihm raus. Die Fristen sind jedenfalls absehbar, die den Zeitkauf-Finanz-Schauspielen von Goldfinger eingeräumt werden.

So gelang die gesetzliche, also parlamentarische Herabsetzung des Garantiezinses für die Versicherungen am Tag vor dem Fußball-Exzeß in Brasilien ohne Aufsehen, dieses Spiel mit dem abgelenkten Volk, hatte nichts von Finesse, eher sowas wie neulich das Neuner-Gremium, welches AM so ein wenig an die Stelle des Parlaments setzen wollte, als es wieder um Abgabe von etwas Souveränität ging. – SR. DRAGHI will den Banken ihre hängenden Kredite abkaufen, FELIX ZULAUF formuliert deutlicher als es bisher zu lesen war.

1.9. Dr. RALF BENDIX starb (90).

3.9. Brutaler Tag im Saubermachen, Wintergarten, der ganze Malbetrieb raus, Bürgersteig eincremen, fertig.

Der Sturm im Wasserglas des *mainstream* funktioniert, wie neulich bei der Leiharbeit, vergessen? Aufgemerkt: da lärmt jemand eine Woche über das Grotten-Dasein als Leiharbeiter und die zeitgleiche Umfrage ergibt: 35 % der Leute arbeiten in diesem Sklaven-Status – es sind aber weniger als 2 %! – Geht doch, wofür braucht die Kanzlerin noch Verhaltensforscher. – Diesmal ist es das Chlorhühnchen, die Trophäe, mit der eine Mehrheit gegen das in Verhandlung stehende Freihandelsabkommen mit Nordamerika wettert. Die mentale Koalition Links-Grün-SPD bis zu Tier-, Arten- und sonstwas-Schutz gebietet über ein Meinungssystem, welches auf dem Boden unbefleckter Kenntnis jedes gewünschte Ergebnis bringt, BIP eben. Ein bürgerliches Lager oder auch nur substanzielle Positionen solcher Art ist nicht zu sehen, nicht zu vernehmen; na gut, meine Zeitung. Es ist wohl von ‚gut leben' völlig absorbiert.

Das Kassieren wird allerdings laufend perfektioniert: so erreicht das GEZ-System die Alpenhütten. 250 Euro sollen's im Einzelfall sein, Nachzahlung wegen Unerreichbarkeit 5.000!

6.9.   Mittags aus dem Workshop zurück und den Wintergarten vorbereitet, abends sitzen wir zu zehnt, die langjährige Kochgruppe – und sind enttäuscht, nachdem die Letzten gegangen sind. Es war langweilig. Wir sehen uns an – und verstehen nicht. Was hat es so langweilig gemacht. Es ist doch was zu tun, zu reden. Haben wir ja, trotzdem, es fehlte was.

CHRISTINE HADERTHAUER, Staatskanzleichefin und Aspirantin auf den Chefsessel im Süden, trat zurück. Sie brachte nach den parlamentarischen Schamlosigkeiten von Familienversorgung jenes asymmetrische Geschäft mit Patienten ins Spiel, welches die Zeitung auskleidet.

‚Nicht unsere politischen Strategien
und schon gar nicht unsere privaten Interessen
sollen wir in die Öffentlichkeit investieren,
sondern das reine und konkrete Menschsein:
das nackte Leben, unser ungeschliffenes Leben,
unsere Kraft, unsere Imagination
und unsere ernsten Spiele.‘

Mein schönster Satz aus HANS ULRICH GUMBRECHTS geschliffenen Worten an die Trauernden in der Paulskirche, wo FRANK SCHIRRMACHER aufgebahrt ist. – Die Zeitung wird plötzlich wieder so gut, ich blättere in heller Aufregung um. Leben sei mehr als lesen, was tun, wenn die Zeit nicht reicht. Aufstehen und sie woanders hintragen.

UNICA ZÜRNS zerbrechliches Anagramm gegen den Aufschlag zweier WARHOLS zur nächsten Auktion in NY, eingeliefert von einer der NRW-Spielbanken zum Zwecke der Staatsfinanzierung.

8.9.   ‚Blitzmarathon – Bremen dabei‘, frohlockt die Zeitung. Autofahrer jagen gehört zu den schönsten Spielen der Regulierungs- und Verbote-Freudigen. Die Erläuterungen der Spielregeln über vier Spalten folgen im Innenteil des Blatts unter dem kriminalistischen Titel ‚Erwischt‘. Der Leser jagt förmlich mit.

THOMAS MIDDELHOFF verlor seine Piaget durch Taschenpfändung. Das Stück fehlt in der Vermögensauskunft und wird angerechnet. Gleichwohl, ein Lechzen ist nicht zu überhören, unangenehm, wie seinerzeit bei ZUMWINKEL von der Post, vor seinem Haus.

Es staut wieder in meinem Innenraum. Dieses 1914 ff. ist jede Aufklärung wert, jedes Mal nach dem Staunen ist mehr Verstehen, mehr Schrecken, abheften, danach das Gulag-Verschleiß-System der nächsten 70 Jahre, darüber vom Klassen- zum Rassen-Lagersystem, Babi jar war gestern im Fernsehen. Und die Mordbanden mit dem Zeichen Allahs in den blutverkrusteten Händen treiben die Kinder in ausgehobene Massengräber, worauf sie das Feuer eröffnen. – Nur ANGELA MERKEL hat einen Instinkt für Auftritt in und vor der Welt. Alles sonst schleift durch schrundige Selbstfindungs- und Bias-Persönlichkeiten. – Von ‚Wahnhaft entrückt‘ schreibt KTG im Wall Street Journal über Europa.

Vor 20 Uhr hat ULRICHT WICKERTS Institut beste Minuten, gefolgt von der Glücksspiel-Ansage, ‚viel Glück!‘. – Der Euro-Krimi des UDO ULFKOTTE entfaltet ihn als politischen Eiferer im Mediensystem. UW war alles, was gut bezahlt ist, Euro-Propagandist auf Großflächen und im Fernsehspot, zugleich, wie SABINE CHRISTIANSEN ‚mit ihrem Ersatzparlament‘ und GÜNTHER JAUCH im Amt als GEZ-Akteure, mit ‚Tschüß Deutschland‘ und Biß in Euro-Münzen. Er heiratete in einen Medien-Konzern ein und gab den Wetteransager, nach Tagesschau und Tagesthemen. – Im Freundeskreis des Geschäftsmodells Klimawandel sticht der Gesinnungsgleiche STEPHAN KOHLER hervor. Seine Heimat ist der Sumpf (an Stelle der Postleitzahl) Hannover, Abteilung ‚frogs‘ mit Ferienhaus/F.W.STEINMEIER, Büro S.GABRIEL. Dort erblickte die Blüte ‚Deutsche Energieagentur‘, die DENA, das Licht. Treiber des staatsfinanzierten Budgetwachstums waren vorzüglich exorbitante Gehälter der Truppe, vorrangig des Chefs, ansonsten ein bißchen Vorarbeit für die Dämmstoffindustrie – und der Auftritt des Bruders im Geiste ULRICH WICKERT. Nach vierzehn Jahren will KOHLER gehen, es droht Abwicklung seines Ladens mit staatsanwaltschaftlicher Begleitung.

Nächst den Banken unterwirft das Fiskal-System die Versicherungen der staatlichen Schuldturmwirtschaft: für Aktien müssen 40 % Eigenkapital hinterlegt werden, für Staatsanleihen 0! – Schont das Eigenkapital, aber die Anleiheblasen müssen sie nehmen. So wird die Geldwirtschaft auf viele Schultern verteilt.

JÜRGEN KAUBE stellt den vierzig Jahre währenden Ritt politischer Volkspädagogen zusammen, eine endlose Kette von Neuerung ohne empirische Validierung. – Sein Text gehört auf die Bühne, wie der von ANNA PRIZKAU, die sich nach der Lektüre des NSU-Ausschußberichts, eines Komplotts von 2.000 Seiten, die Frage stellt, ob sie hier noch wohnen will. So wie neulich KERSTIN HOLM aus der brachial-russischen Perspektive.

MARIO DRAGHI reibt an seiner Wunderlampe und erweitert das Spektrum seiner Versprechen. Er scheut keine Herausforderung, die ihn anfällt. Er muß mächtige Stillhalter hinter sich haben. So paßt das Desaster des Kontinents in eine Hand, an jeden Finger ein Fünftel.

Ich bin ein Hasardeur, Madame, ein Hasardeur meines Herzens, nein, ohne Witz: die Zeitung zeigt ein Foto von DON JAMES, das mich ins Herz (meines Kopfkinos) trifft. Ein Mann und eine Frau liegen am Strand …

Foto: Don James

... er blickt aufs Meer, sie zurück, eine Stimmung voller Abstand, Beiläufigkeit, Trägheit, in der zugleich ein tiefer, fast abgründiger Ernst steckt. Wie immer, wenn es unter die Haut geht, fehlt mir Erklärung. Werde den Film dieses Mannes auf die Endlosliste setzen. Amerika ist harter Realismus, ohne Belehrung, ohne Bekehrung. – Der feine Bildband ‚*Surfing San Onofre to Point Dume 1936–1942*‘ liegt kurz drauf auf dem Tisch.

9.9. Um 9 Uhr abends zerreißt ein ohrenbetäubender Schlag den Abend – für zwei Stunden steht in fünfhundert Meter Entfernung hinter den Bäumen eine schwarze Rauchwand, in der ein Flammenmeer hochschlägt. Der örtliche Chemie-Entsorgungsbetrieb fliegt in die Luft, Westwind hält uns frei. Bilder von oben erinnern an Tschernobyl. Da mitten im Wohngebiet gelegen, werden zahlreiche Häuser ruiniert. Nach der Katastrophe bahnt sich der politische Krimi an, viele Anrufe: seid Ihr noch da, bis Bremen war der Knall zu hören, bis in die Tagesschau am nächsten Abend.

11.9. Vor acht Uhr haben KLAUS TÖPFER (Umwelt) und ULRICH WICKERT (Umwelt) das Sagen, dann folgt die Märchenviertelstunde.

Mir fällt die Recherche zum Untergang der ‚Lusitania‘ 1915 in die Hände. COLIN SIMPSON legt in prägnanter Weise dar, wie abgekartet die Gefährdung und Versenkung des fehlkonstruierten Riesendampfers seitens WINSTON CHURCHILL geplant und umgesetzt wurde. Alles Offizielle war Lug & Trug, *Great Britain* ist eben Seeräubernation und souverän über die Prisenregeln, die es Anfang des 16. Jahrhunderts formulierte. – Ab einer gewissen Höhe sind militärische Strategie und Politik eins, meinte WCH, sein Motiv: die USA zum Kriegseintritt zu zwingen. Dafür wurde die ‚Lusitania‘ geopfert und die Entscheidung zugunsten der Entente gesichert.

‚BLACKY‘ FUCHSBERGER starb (87), EDGAR WALLACE lebt.

13.9. Die Frage nach ‚der Menschlichkeit' als Überschrift verrät Verzweiflung, dazu von NILS MINKMAR: FRANÇOIS HOLLANDE hatte eine Lebensgefährtin, die das Beziehungselend publiziert. Es ist in all der Infamität ein Eliten-Portrait, des harten Kerns jedenfalls, des verkommenen *Classements*, der Verachtung des *peuple*, der ‚Zahnlosen', wie FH zu formulieren beliebte. Ignorante Selbstbezogenheit, die sich in den Pariser Palästen vergnügt – spätrömische Dekadenz, wie der weiche WESTERWELLE meinte. MARINE LE PEN kann gar nicht übertreiben: es bestehe die Absicht, die Einheimischen durch Immigranten zu ersetzen. Parolen für den Bürgerkrieg, meint der Berichterstatter, der Phänomen und Struktur noch zu unterscheiden weiß.

Die Zeitung entdeckt weiterhin die Inkompetenz des politischen Apparates in Finanzdingen: alle wußten, wie es geht, nur die HRE-Bank verscheuerte zu Schleuderpreisen. Hedgefonds kauften das Zeug, griechische Staatsanleihen zu 30 %, und lösten bei Ablauf zu 100 % ein, den Spielregeln folgend. Die wütende Titulierung des *mainstream* nehmen sie gelassen. Grade leuchtet mir ein, warum sie zum Abschaum gemacht werden! So wird das Land eben regiert. Hinter dem moralsauren Gutmenschen steht Hörigkeit, Folgsamkeit – wars wieder vorauseilend – der Gehorsam, gar eine Zusage im EZB-Turm oder einem der anderen ‚Dark Rooms', die unter Geheimhaltung und Schweigen liegen?

Den Titel ‚Depp im Schulden-Drama' nimmt ein gehorsamer Finanzminister mit Fassung. Er hält ganz Anderes aus und hat schon vieles unbeantwortet gelassen. Der Umfang der Haftung spielt ihm keine Rolle, die Intonierung durch Aladin ist Beschluß und Verschlußsache. Das prozessierende Katastrophenmanagement liegt eh bei den exterritorialen Flecken mit den Kürzeln EZB, ESM und BIZ. – Es ist wie ein Gottesgericht, vor das ein scheiternder Kontinent als Zwangsverband gebracht wird. Gewählte Exekutiven werden von hoher Hand geführt.

Hier der Schwank aus der Weinprobe: die Verkostung der ‚Großen Gewächse' 2013 gerät zum Desaster: Dauerregen während der Ernte bewirkte radikale Fruchtsäuren, hinterließ reichlich Fäulnis und sparsame Aromaausprägung. Die Winzer griffen zum Äußersten, der Entsäuerung, Milchsäuregärung und dem Holzeinsatz. – Schwerwiegende Eingriffe in die geschmackliche Architektur und das natürliche Aromagefüge des Weins. Aus den verheerenden Ergebnissen: die ohnehin kleine Fruchtmelodie beim Silvaner konnte sich nicht ausbilden und fehlt als Baustein in der Geschmacksarchitektur. – Stumpfe Säure, breite Frucht, Aromen vorhanden, wenig elegant, voluminös und alkoholisch. – Casteller Schloßberg: Stille Nase. Hat Volumen, aber in sich gekehrt. Nichts Buttriges, viel Strahlkraft, kurze Wasserphase, aber gute Salzigkeit. In seiner Stille vorbildhaft. – Grau- und Weiß-Burgunder haben kräftige Blessuren aus der Schlacht um die Reife davongetragen und liefern ausgemergelte, säuerliche und eindimensionale Weine, im Einzelnen: säuerlicher Apfelduft, Holz. Unklar, salziges Finale, aber viel zu viel Holz, oder: Duft nach Meeresgischt und Sardelle, keine Frucht, im Mund eindimensional. Wirkt hohl, ohne mineralische Tiefe. Technisch ok, aber ohne künstlerischen Ausdruck. Das geht so weiter bis: Holz in der Nase, sauer im Mund und dünn. – Was soll das, ruft der Reichsrat aus, der Kollege greift noch weiter aus, nach Holz in der Nase, Gaumen im Nachklang: Säure und Süße führen eine Parallelgesellschaft. Holz sollte wohl theoretisch Struktur geben. – Das sind Weine wie Gemälde oder feuchte Kellerverliese, alles zitiert! Ich fühle mich völlig geschmacklos – sollte nur noch Limmo trinken.

15.9. Neulich durfte der VdK auf die Titelseite, weil Deutschland, wie schon immer, die soziale Spaltung droht, Tage später setzt der VSK, eine weitere Sozialfront-Organisation, einen drauf, auf Seite eins: das sei in Europa ja nicht anders. – Als politische Speerspitze mit starkem Mitgliederzuwachs kurz vor 2 Millionen im Aktionsbündnis ‚Umfairteilen' für Reichensteuer unterwegs – ‚auf der Suche nach einem neuen Geschäftsmodell' (gegründet 19.8.14) wendet er sich unter Chefin ULRIKE MASCHER an Behinderte und sämtliche Sozialrentner.

Sammeln, packen, raus in den Workshop nach Kirchseelte. Lothar kommt im Phaeton, kostet ja nix!

16.9. Abends im Freien vor dem 3-Mädel-Haus geht es um die x-box4. Ich hatte schon die Hand dran, schwärmt einer, aber wie sollst Du das zu Hause argumentieren, 400 Euro! – Ein anderer macht sich, ganz woanders, diese Gedanken: ein kleines Schwarzes Loch schaffen, es vor das Raumschiff spannen und in der kontrollierten Raumverzerrung abreisen, in einer Warp-Blase. Ich hätte Schiß!

ULRICH WICKERT ist eine Inkarnation des Söldners, der werbend im Staatsauftrag tätig wird. – Im politischen Raum geht es derber zu, wenn sich konservativer Widerstand gegen die dominante Agenda organisiert. Es gibt Muster der Neutralisierung solchen Widerstands, wie es aktuell der AfD widerfährt: das ist die Zuschreibung solchen Widerstands ins rechte, möglichst rechtsradikale Milieu seitens der Apparate, also Medien und Politik – worauf das Antifa-Milieu auf den Plan tritt, welches sich etwa des Widerstands gegen das Euro-Projekt annimmt. Was interessiert diesen politischen Wander-Mob eigentlich der Euro und die Kontrahenten dabei? Eigentlich nichts. Auf das Reizwort hin springt die Aktion an, gefüttert vom Milieu. – Das funktioniert vor dem Hintergrund des gesellschaftlichen Paradigmenwechsels – ein linker Widerstand wird nicht so angegangen, denn er läuft parallel, ist eher Treiber, bei Bedarf bündnis- und regierungsfähig. – Solche Entkernung konservativer Profile, also ihre Ignoranz und organisatorische Bekämpfung, prominent durch die CDU, könnte etwas mit dem Brüssel-Prozess zu tun haben. Daß der Wunsch nach ihrer Reaktivierung sich rechts der CDU äußert, liegt auf der Hand. So sitzt der Konservatismus in der politischen Falle. Die CDU ebenfalls, die ihren Platz nach links aufgibt. – Das Europa-Projekt bietet dem Links-Block alle Optionen seiner Agenda: Egalitarismus, Schuldensozialismus, Vergemeinschaftung statt Verantwortung, Subventionierung statt Leistung.

18.9. 7 Uhr, Sonne über dem Wald, Nebel über dem Land, ein Stier im tiefen Gras. – Einer sagte, klingt nach Verschwörungstheorie, was ich bemerkte! Da ist was dran, vor drei Jahren waren es noch Vermutungen.

19.9. Familie fährt zur Übergabe der Wohnung in Gröpelingen, ein Prachtstück. Später zu Anna, Sekt, essen, reden, weg. Vorher kotzt Elvis noch ins Restaurant, selten klassischer Abgang. – Zu Hause ein wenig Terminator 3.

Die EU-Wachstumskonfernz wurde abgesagt – da ist feines Gespür, selbst beim Kommissariat. – *Ultrasonic*, ein Unternehmen in China, vermißt den Chef und die Firmenkasse, ein klarer Fall von Landflucht. – TLTRO heißt, nach der ‚Dicken Berta‘, das neue Programm zum Gelddrucken, MARIO D., von Ansehen bekannt, grinst.

Inzwischen sind 27 Kommissariatsposten da, wegen Beitritts. Für die müssen Aufgaben geschöpft werden, eine heißt Krisenbewältigung. Das ist apart, wo der *job* doch vom ersten Tag an der wichtigste ist. Drei Kommis machen internationale Beziehungen. Die Besetzung der Posten, *don't forget the formula*, ‚PEP‘, verläuft nach Lebensweg, bisweilen auf der Achse abgesetzt, abgeschoben, abgehalftert und zielt auf Lebensabend, also gute Versorgung. – Die direkten Kosten gehen auf sechs bis fünfzehn Mio Annuität pro Mann+Frau, das dann mal 28 (einschließlich Chefe), so kommt's auf 350 Mio Euros per anno. – Übersetzungen des beschlossenen Wahnsinns in die Landessprachen gibt's nicht für die ‚Parlamentarier aller Länder, vereinigt euch!‘, die bekommen den Kram einfach in englisch. Da sitzt dann so ein Bulgare, voll auf *kyrilli* gestromt, vor seiner Kiloware und bekommt den glasigen Blick. Wahrscheinlich ist das hilfreich, abstimmen geht ja auch ohne … das geht aber manchem ähnlich, der lateinischem Druckwerk noch zugänglich ist.

Der Abend wird unterhaltsam. Um sechs Uhr sitzen wir vor der Bremer Wall-Mühle, um acht ganz vorne links im ‚Fritz‘ und vier Schauspieler geben eine Schlager-Revue: ‚2 Apfelsinen im Haar', das ist köstlich. Wir wollen noch ins Stubu, das geht auch für Alte, aber *fleutschepiepen*, um 23 Uhr isses noch Essig, *keineinda*! Erklärung: 40 Jahre zu alt und drei Stunden zu früh. So ziehen wir ins Hendrixx an die Cocktails bis 2.

19.9. Durch die Ritterhuder Wiesen auf dem Rad erreichen wir die Explosionsstätte, alles kaputt. – Später bringen wir Döner in die neue Wohnung, die Jungens streichen. – Abends ein Film des Alters, ‚Liebe' mit dem 81-jährigen LOUIS TRINTIGNANT: Depression in ihrer Zeit.

Ob Du etwas kannst, wie Du es machst, ob es schön wird, was es aussagt, entscheidet in zweiter Linie Übung, in erster Dein Innenausbau. Die Grenzen verlaufen dort.

LODDAR M. heiratet das fünfte Mal, hat mich längst überholt.

Einskommafünfbillionendollar in der Umlaufbahn auf dem Flug der Gelegenheiten und unvorhersehbaren Ergebnisse.

Den Erntehelfern in Geiselhöring wurde bei der Briefwahl geholfen. Das Ausfüllen der Stimmzettel wurde standardisiert, so klings besser, mithilfe der ‚gut vernetzten' Chefin und Kommunalpolitikerin fürs CSU. *S'is e-wurschd*, wie e-mil, später e-mail. Is der Bayer nun besonders? ... mit seinem Familien-Parlament und dem *short-cut*-Dokterchen? – Also, woanders geht's doch noch flotter: so hat Grace den Dr. in Soziologie in schlappen zwei Monaten geschafft. Der Kanzler der Universität in Harare, ROBERT, promovierte sie persönlich. Der Familienname MUGABE eint die Beiden, denen Zimbabwe gehört, das Politbüro auch.

Griechenland heißt jetzt Schwellenland, obacht, Stufe an der Grenze! Ein Hoch auf Standard&Poors (sic!), Morgan Stanley und sonstige *hedge & fence sitters*, die sich in ihrem Spekulieren auf Tatsachenwahrnehmung stützen, aus EU-Kreisen bereitgestellt.

Archäologen graben die Gaskammern in Sobibor aus, deren Größe sie erstaunt. Alles ist gesagt und es gibt Neues. Das morphologische phylogenetische Gedächtnis speichert die Last. Dagegen anlernen fängt jedes Mal bei Null an. Das sollte gefilmt werden, kommentarlos, allenfalls die Tätigkeit präzisierend. – GIUILIO RICIARELLIS ,Labyrinth des Schweigens' soll zu laut sein, trotz GERT VOSS.

Neu beschafft nach 45 Jahren, die ,Dialektik der Aufklärung' (1944), damals eines der ersten Traktate aus dem Querido Verlag Amsterdam als Edition ,Emigrant' aus Liechtenstein, jetzt in der 21. Auflage bei Fischer – mit dem sicheren Gefühl neuer Erkenntnis. Die Alternative, an die Frankfurter Oper reisen, wo die ,Sirenen – Bilder des Begehrens und des Vernichtens' gegeben werden, also ein Auftritt der Morphologie, bleibt wieder Kopfkino.

24.9. Wieder ein Anschreiben an die Zeitung:

,Die Tragik des Joachim Gauck, so möchte ich es benennen nach der Würdigung seiner Münchener Rede durch Eckart Lohse, liegt in der Verspätung seines Aufrufs an die Deutschen, ihrem Land ,zuallererst in der Erhaltung des Vertrauens zu begegnen.' – Denn, zur gleichen Zeit, als dieser Mann kontinuierlichen Widerstandes im freien Deutschland ankam, begann der manifeste Teil des Prozesses seiner Aushöhlung. – Heute haben wir ein Land, das in stetig abnehmender Zahl von Angelegenheiten noch Herr seines Geschickes ist. Das gilt für den Kernbestand nationaler Souveränität, eine Währung, die nicht seine ist, in zweiter Linie für den Kernbestand bürgerlicher Demokratie, die parlamentarische Souveränität über Haushalte und Finanzen insgesamt. Diese liegt – über den Verlust der Währungssouveränität vermittelt – bei exterritorialen, d.h. eingriffsimmunen Instanzen wie dem ESM-Rat und der EZB unter den Direktiven eines ex-Goldman-Sachs-Bankers.
Diesen Prozeß ,nationaler Enteignung', der weder etwas mit einem ,Erbe Adenauers' noch mit einer ,Friedensdividende' zu tun hat, diesen Prozeß hat eine mehr als Große Koalition

in den 90er Jahren politisch und publizistisch durchgezogen, mit bisweilen totalitärem Eifer. Ihre Granden wachen bis zur Stunde darüber, daß es so weitergeht, ‚koste es, was es wolle' (M. Draghi). Wie soll angesichts dessen Vertrauen entstehen, halten, aushalten? – Was bleibt, ist ein Glück, das unserem Land mit einer Reihe von Bundespräsidenten vom Format eines Joachim Gauck widerfahren ist. Die Tragik ist: er ist ein einsamer Rufer in der Wüste ‚enteigneter Nationen', gerade auch in Berlin, wo – einmal wieder und auch im europäischen Vergleich – die größten Eiferer beisammen sitzen. Dr. Christian Seegert, Ritterhude'.

Will die Zeitung nicht, zu wenig Europa, dafür zuviel gemeckert. – GAUCK ist auch Mitglied der ‚Atlantik-Brücke', redet er deshalb so? Auch PEER STEINBRÜCK forderte kürzlich burschikos mehr Respekt vor den politischen Akteuren, wie kam der darauf!

Europa: UDO ULFKOTTE hat, etwas larmoyant anfangs, diese Geschichte der Einbindung von Medienexponenten mit Rössern & Reitern nacherzählt – ein Kriminalstück, von einer formatierten politischen Klasse gegen konstanten Widerstand von drei Vierteln der Bevölkerung vorbereitet und ‚unter tosendem Beifall' des Parlaments durchgewunken hat. Die Granden HELMUT KOHL und HELMUT SCHMIDT sorgten für die Ausrichtung und Neutralisierung des Widerstands, ersterer über LEO KIRCH, den Springer-Verlag und Privatsender. Letzterer über das Hamburger Mediennetzwerk. Exponenten des GEZ-Systems standen selbstredend und frühzeitig in Europhorie.

Der Vorwurf etwa volkswirtschaftlicher Inkompetenz verfehlt das Motiv – sie haben es geschworen und eine Totschlags-Werbestrategie darübergelegt. Am Währungs-Umstellungstag wurden an Frankreich knapp 60 Milliarden Deutsche Mark transferiert, verlor also Deutschland diesen Betrag. Das spricht gegen die Erpressungspose MITTERANDS, eher für das kursierende Wort von ‚Versailles Nr. 2'. THEO WAIGEL deckte das zu. Auf den Währungsscheinen wurden nationale Kennzeichnungen vermieden und die EZB als Emittend draufgesetzt – was nicht stimmt. Die Markierung für Deutschland ist ein ‚X'. – In realistischer Einschätzung kommender Verwerfungen wurden bereits 2003 Gespräche über ‚Bad Bank & Transfersysteme' geführt, in geheimer Mission. – Wo und von wem der Schwur geleistet wurde, HK und HSCH sind in der Nähe, bleibt zu ermitteln. Der Schwur, dem Projekt zu folgen, wurde zur Bedingung politischer Karrieren der folgenden zwanzig Jahre. – Zahlreich sind unter Verschluß stehende Protokolle, im Geheimen tagende Gremien.

Derweil bleibt die Ministerin wegen technischer Mängel am Flugwerk gerade irgendwo liegen. – Und der Ethikrat will das Inzestverbot aufheben, jedenfalls seine Mehrheit. Ein profunder Beitrag zur Förderung familiären Beisammenseins.

So setzen wir in kürzer werdenden Abständen die Welt in Erstaunen, von weiterer Beimischung abgesehen. Der gallige Kommentar der Zeitung rät zu dem, was wir richtig gut können: Windräder betreiben und Biogasanlagen fahren. Die Entkernung des Landes erreicht die Fassade. Beim Versand von Mensch und Material sollte Amazon genutzt werden. Vielleicht auch nur dies: Kampfmittel werden auf ökologisch-verträgliches Maß umgerüstet. Gegen die Tornado- und Leo-Abgase ist die Runterregelung auf überschaubare Geschwindigkeit (‚jederzeit erreichbar') sowie Filtereinbau geboten. Schließlich werden auch, auf Initiative der Kanzlerin, Toaster und Heizkissen heruntergeregelt. Das halbiert Flug- und Fahrgeschwindigkeit, da muß der Feind eben warten, bis das Zeug ankommt.

28.9. Und nochmal überrascht mich ein Bild, das ich kenne. Es war vor dreißig Jahren, eine Stadt in Frankreich, von einem mächtigen Viadukt überragt, darüber fuhren hundert Jahre zuvor die ersten Eisenbahnen. Niemand braucht das Viadukt und doch ist es unersetzlich für den Ort. – Der Chateau Pont du Neuf geht auch zur Neige, Oliven, Terrine de Canard. Den Schmetterlingsflieder werden wir vor die Mauer zum mittleren Nachbarn pflanzen, Sichtschutz gegen die volle Wäscheleine, die der Sohn oder seine Mutter im Wechsel bestücken.

Die grundempörten Frauen der ARD zelebrieren die Tagesschau.

,Für immer ein Mörder', ein Gang durchs Gebiet nach der Wende, Gelegenheiten zum Scheitern jeder Hoffnung, realistisch inszeniert.

1989: ,Zug in die Freiheit' im Zweiten, vierzehn Züge waren nötig, um die Prager Botschaft leerzufahren, durch die DDR, mit Krieg am Dresdener Bahnhof, Belagerung der Strecke, Aufspringen, Kinderwagen im Gleis – unfaßbar, in den Zügen kein Essen, keine Heizung, Visapflicht, nach drei Wochen wieder Aufhebung, Freigabe der Ausreise, fünf Tage vor SCHABOWSKIS Selbstüberraschung in der Pressekonferenz. Die Fahrt durch die DDR hatte ERICH HONNECKER gefordert, letzter Versuch, den Gang der Dinge zu beeinflussen. Da ist unendlich mehr passiert, als mir bekannt ist. Und das ist immer so, ein Trost, wie aktuell in Hongkong.

Wer ist eigentlich HELMUT LETHEN, ,Der Schatten des Fotografen'. Das Bild auf dem Umschlag verführte mich zum Kauf. Darauf watet eine Frau durch einen Fluss, aufgenommen von einem Wehrmachtssoldaten. So wurde überprüft, ob das Gewässer vermint war. Im Fotoalbum des Soldaten hieß die Unterschrift ,Die Mutprobe', (als ,Minenprobe' siehe oben). – Über die Revolte von 1968 schreibt LETHEN, damals führte die Sehnsucht nach Evidenz ... in die Konstruktionen von Theorie. – So habe ich das auch gemacht, meine Sehnsucht nach Erkenntnis und Verständnis in spekulativen Konstruktionen kompensiert, vielleicht mystifiziert – und war so schlau als wie zuvor. Es war lange Zeit Barrikade gegen Neuorientierung, ja Wahrnehmung dessen, was ist.

3.10. ,Zug in die Freiheit', zum zweiten Mal. Die Zugfenster gingen herunter und die 1.000 Passagiere warfen ihr Geld und ihre Schlüssel auf den Bahnsteig, revolutionärer Bruch mit der Vergangenheit, die bis eben währte. Der Zug fuhr nur noch zwischen Betonwänden hindurch, in Abständen Posten mit Hund, ,da wurde mir erst klar, wie eingesperrt wir waren', die bayrische

Erde geküßt. Der Lokführer bleibt systemverbunden: habe mich geschämt, sie transportiert zu haben.

4.10. KAI KNIFFKE kennzeichnet die Nachrichten als ‚journalistisches Stahlmantelgeschoss der ARD'. Was das Kriegsziel ist, läßt er offen, zahlreiche belegte Falschmeldungen durchschlagen offenbar einiges. Ich bleibe zivil und spreche von der abendlichen Märchenstunde.

Amerika liebt seine Sieger und verzeiht den Verlierern, Deutschland beneidet sie im günstigsten Fall, eher wird gefragt: woher hat der sein Geld, Verlierer werden bedauert, ja als Opfer gefeiert – des Systems.

5.10. SONNTAG
Marion fährt zum Chor, ich hinterher, perfekter Gesang, die Predigt stimmt.

GERHARD POLT ‚Toleranz? das ist doch ein Fremdwort, kein deutscher Begriff! Der Böhm karnickelt vor sich hin – ich toleriere das! – Also bin ich tolerant!' Also der steht auf dem Zettel. Obwohl ich nur ein gutes Drittel Text auf Anhieb verstehe. Seine Körpersprache, mehr noch die Pausen ersetzen das spielend.

Wie hart dagegen der Umgang mit meinen resistenten Mietern, aus Afrika. Ich habe die Korrespondenz – der Begriff unterstellt Antworten, die es nie gab – zusammengestellt: 12.500 Zeichen, 29 Briefe, Schriftsätze eingeschlossen, über drei Jahre. Dabei wollte ich nur die Miete! Wozu er unterschrieben hat. Vermieten will eben auch gelernt sein, vielleicht liegt mir das gar nicht. – Als ich ihn kennenlernte, wollte ich alles fallen lassen. – Dagegen ist Polt Medizin, *i lohsmer do ned von einer Hand apokalyptischer Radlfahrer die Freud' am Autofahrn verderben!*

SIEGFRIED LENZ starb, 88. Ich kannte nur den Namen. Als seine ‚Deutschstunde' 1968 erschien, war ich (23) bereits mit der fundamentalen Kritik gemäß Band 23 MEW befaßt.

Es ist auch schön, Bilder abzuhängen – erleichternd. Die ‚Buchhalterin‘ kam aus Italien zurück. Ich repariere den Rahmen, dann geht sie an die Wand der Nachbarin zurück. – Morgens schmerzt das linke Bein, abends der linke Arm, das Armgelenk. Was soll das! – Beginn mit den ‚Wahlverwandtschaften‘.

8.10. Das Überseemuseum ‚beleuchtet den Einfluß Maos auf China‘, informiert die Ortszeitung. So schlimm kanns ja dann nicht werden, vielleicht eine Installation à la Erichs Lampenladen mit Einführung von GREGOR GYSI. Der hat grade wieder um den ‚Unrechtsstaat‘ herumscharwenzelt. Vielleicht nur tagespolitischer Opportunismus vor der Regierungsbildung in Thüringen.

RICHARD SCHRÖDER gibt einen Abriß des zehnjährigen kirchlichen Widerstands in Dresden und Leipzig. Dazu gehörten das Abschalten des Mikros, die alles übertönende Orgel und drauf das Abstellen des Orgelmotors. Worauf der Widerstand auf den Platz vor der Kirche getragen wurde. Dort begannen die Montags-Demonstrationen, sei's durch Gottes Fügung oder durch Hegels List der Vernunft, schmunzelt der Autor.

Vor dem Termin bei der Steuerberaterin war ich in der Kirche. Das hat sich gelohnt. So gelang es, dem Nach- und Vorauszahlungsvolumen in fünfstelliger Höhe, oberes Drittel, fröhlich standzuhalten, denn der Pastor hatte grade zitiert: ich freue mich, viele Steuern zu zahlen, weil ich weiß, daß ich viel Geld verdiene. Wo er das herhat, bestimmt hat der Finanzminister eine größere Spende rüberwachsen lassen. Man muß den Steuerzahler ja stillstellen.

9.10. Nachmittags in der Sparkasse Arbeit am L.earn-3-Komplex. Mit dem Personaltrupp abends ins Viertel, wo es ein schönes Restaurant gibt. Es erinnert mich mit seinem tiefen Raum, den Spiegeln und Lüstern an Paris 1988. – Danach ins Kriminaltheater, wo Nils wie ein Derwisch die Bühne pflügt. Schöne Zweikämpfe, die besten zwischen Männern und zwischen Frauen, die Putze mit der kleinen Einlage apart! Wie im Punktekleid bei ‚Vater und Sohn' neulich. Zurück durch das soziale Elend, wo der Notarzt im neonblauen Alarmlicht an der Wiederbelebung arbeitet, davor drei offene Notarztkoffer, dahinter Publikum.

10.10. Bericht aus dem Leipziger Gewandhaus mit JOACHIM GAUCKS Worten von Befreiung und Freiheit. Ersteres sei beglückender, bekennt er. Freiheit ist eben Arbeit, Arbeit, Arbeit, das Durchmessen der Ebene nach dem Blick vom Berg herab. Die Nation wachse zusammen, sagt er auch – im Prozeß ihrer Auflösung, setze ich dran, in ein Europa der 500-Euro-Scheine. Das Geldreglement zersetzt den Kontinent, statt ihn zu stärken.

Marion fährt mich zum Zug, der ist voller Migrationsvordergrund, auch so ein Begriff aus der neutral-aseptisch-korrekt-Tüte. Alles wird neutralisiert, das Leben, die Leute, um Angriffs-, Berührungsfläche zu vermeiden. Dabei geht das Leben in Lösung, basisch oder sauer, löst sich in Zahlenreihen auf, Übersetzungen des neutralen Zustands. Der Zug nimmt alles mit, was winkt, ich nehme die U-Bahn längs des Hafens. – Die Bibliothek in der Haynstraße ist alphabetisch sortiert, welch einfaches Prinzip, um das Suchen ins Finden zu bringen. – Morgen geht's zum Segeltörn nach Italien.

11.10. SEGELN
Flug nach München und weiter nach Neapel. – Das hindert mich nicht: der Tagesumsatz im Devisenhandel liegt bei 5,3 Billionen, die physische Geschwindigkeit von Absprache, Auftragsübermittlung und Markteingabe entspricht der des Lichts, der Bremsweg ist gleich null. – Nach Libor finden Ermittlungen bei laufendem Betrieb statt. Frisur der Kurse mit System, 24-stündig, d. h. fortlaufend durch einen Händlerring organisiert, dem spanischen Gürtel vergleichbar, mit der Folge permanenter Windfallprofits gegen zusätzliche Traglast des ‚Kunden'. So lautet der Vorwurf an fünf Institute, von Ansehen bekannt. Betroffen sei ‚das Herz der Integrität der Märkte'. Die Deutsche Bank steht mit Platz zwei ausnahmsweise mal oben im Ranking. Die rechtsrisikobezogenen Rückstellungen werden um fünf Milliarden

aufgestockt, der Begriff schluckt den Tatbestand. Die Summe ‚RR‘ <Rückstellungen wg. Rechtsstreit> liegt aktuell bei 35 Milliarden $, das sind staatsstreichrelevante Zahlen, meine Herren! Beim angenommenen Umfang der Liborschädigung übersteigt die Summe von Strafe und Schadensersatz das Eigenkapital. Der proklamierte Kulturwandel lief die falsche Richtung, rückwärts, *Compliance* ist ‚*limit up*‘, bei HSBC 24.000 *people*. Es kommt die Stunde, das Jahrzehnt der Berater, das kenne ich.

Castellamare di Stabia. Wir entern das Schiff, 42 Fuß, das wird abendfüllend. – Das empfohlene Restaurant zu finden, kostet kleine Mühe, da gibt's ein Essen vom Feinsten, umgeben von jungen, reifen, schönen Frauen – es ist unerträglich. Sie sind einfach so. – Wir räumen den schönen Platz und wandern durch Berge junger Menschen. Zweiter Stopp zu einem Schlag Softeis, lecker, *essich* sonst nie. Näxder Stopp zu espresso, der Atem stockt: in diesem hohen Raum mit Deckenmalerei und Lüstern agieren drei Frauen hinterm Tresen mit unverschämter Präsenz, dazu Café von nicht zu steigernder Qualität. – Es ist ein *Corso perpetuum* von Sucht nach dem offenen Raum, von Sehnsucht und Liebe.

Zurück aufs Schiff zum abschließenden *Corvo*. Der Anker fordert dieses Mal Einsatz, keine Elektrik. Gerd erläutert sein System Maulwurf ex, verstehe ich nicht, wahrscheinlich wieder so eine Starkstromanlage mit automatischer Beerdigung, wenn die Viecher vom Himmel fallen. Dietmar meint, er geht schlummern, Werner erwidert sogleich, schlummern? Du mußt mir noch was vorlesen! Letzter Aufruf: hast Du Deine Tabletten genommen! Der Skipper greift zum Cocktail, mit Rotwein.

Alle fahren zurück, wie früher, auf der Lambretta, NSU Quickly … schwer auf die Fresse gelegt. Wir hatten mehr Doktoren in der Firma als Kugelhähne, könnense mir was mitbringen und ich hätte gerne …, alles Sparfüchse, es ging um 20, 40 oder max. 60 Pfennige … darauf die EAV: … denn wer nicht den Pfennig ehrt, der wird nie EIN DAGOBERT!

161

Mit 19 bei Buderus, Guß, können Sie nicht …, meine Herren, ich bin hier zum Geldverdienen, Sie sind hier zum Arbeiten – von Pinneberg nach Prisdorf zu Fuß, stramm wie ein voller Sack, sturzbesoffen. Fußballspiele gegen die Gießerei, FR bis SO, alles organisiert.

Bei Kraft bekam der Vertrieb Incentive-Reisen in die Sahara, am Flugplatz jeder einen 2 CV und ab in die Wüste zum Hotel. Im Suff haben sie nachts die Heizung aus der Halterung gerissen und übern Balkon und so … naja, was braucht man auch eine Heizung in der Sahara. – Wenn Du um 6 Uhr aufstehst und randalierst, hol ich Dich kiel … vorm Schiff ist der Paternoster auf das Geländer geschweißt! – Wem diese Drohung galt, ist nicht notiert.

12.10.   Ich bin Küchendienst, wir richten es her. – Die Fahrt bringt mich in *stomac troubles*, mir ist so schlecht von Schleichfahrt mit querlaufender Dünung, dazu wird der Blister ausgepackt. Erst fehlt die Verseilung, dann, als das gute Stück der Trompete entwickelt ist, der Wind. Nur raumer Wind taugt für dieses Kunstwerk, diesem traumhaften Anblick, wenn's gefüllt ist. Ersterer kommt aber jetzt von backbord! Wir übernehmen die *Marina di Procedo*. Zum Ankertrunk gibt's drei Teller Tomaten & Mozzarella, es erscheinen die pfiffigen Ladies, die hier bereits Unterkunft haben. Wir verabreden uns für den Abend, das Beste an Garderobe steht zur Verfügung. – Von Bord und langsam die Jahrhunderte alte Stadt hinan zur Kirche und mit den Damen wieder runter auf die andere Seite mit kleinem Hafen und Freilichtrestaurant. Das wird

unterhaltsam mit sprungfix frecheren Bemerkungen. Und geschmeckt hats. Und gekostet. Das ist üblich.

13.10. Raus aus dem Hafen und nach *Ventotene,* einer kleinen Insel mit eng und voll gebautem Städtchen und großem Marktplatz plus Rathaus, 50 Meter über Wasser. Dort finden wir ein Restaurant, wo Fisch auf das Feinste hergerichtet wird, umstellt von Antipasti, *Rossi e Bianci.* Am Hafen noch *cinque espressi,* ein Genuß wie Likör, Tropfen für Tropfen – Herrschaften! An Bord zieht Werner den Grappa auf und wir sinnieren in die Nacht, hüten uns, jedes Wort auf die Goldwaage zu legen. Wegen Erschöpfung hält sich Grobschlächtiges ohnehin in Grenzen. Der Südwind setzt sich im Mast fest und tönt!

14.10. Ein Segeltag! Wind aus achtern, *misch isset nur schleschd, woll.* Scheißkurs, aber Segeln geht eben nach Ziel und nicht nach privatem Wohlbefinden eines einzelnen Herrn. – Wir erreichen die *Isola di Ponza,* legen uns zwischen die Fährenplätze und werden wieder rausgewunken. Sodann schleichen wir um die einlaufende Fähre herum und gehen entschlossen längsseits. Sogar die *policia* akzeptiert und nimmt ihr 6-Uhr-Limit zurück, Schikane! Die Leute sind eben doch nett. Mir ist nicht mehr schlecht, aber ich fühle mich so. – Nach dem Essen an Bord drehen wir eine Runde ums Hafenbecken. Ich habe den Müllsack, finde aber keine Tonne. Die Saison ist vorbei, die Schwimmstege abgeräumt, die Tonnen auch. Gerd nimmt mir das Ding ab, laß mich mal, und weg ist es! So macht er das, er hat die Ruhe des Terminators und ist gerne kurz entschlossen, wenn's zögert. Dann ist da noch Hermer, Name geändert, ein Braver, der anpackt, versteht nicht immer gleich, macht aber. Stupend verläßlich für den Skipper. Teilt schnell aus, nimmt, was er braucht. Wenn der Skipper mit sechs Kilogramm Nudeln und Tomatensoße hochkommt mit den Worten, es bleibt nichts übrig – dann haut Hermer sich den Teller dreimal voll, aus so einer Mischung von ‚nimm, was Du kriegst' und Fügsamkeit. Im Aufräum-, Such- oder Sortiermodus pfeift er leise, beständig. Ich werde wahnsinnig. Dabei entgeht ihm kein Gotteshaus, wovon das Land ja vollsteht. Auch Hermer ist des Lebens voll und des Lebens froh. – In der Bar Tripoli wird es akustisch opernhaft, ich bin melancholisch. Ich brauche eine Reha. Was liegt noch an, wo alles erledigt, abgefrühstückt und gedacht ist! – Ich denke ans Verabschieden.

Dazu bin ich Knoten-Legastheniker, soll ich da noch mitfahren. Wir legen mit Tuchfühlung ab. Später beruhigt sich alles, grauer Himmel wie das Meer bei 25 Grad. – Eckhard steuerte den Führungspanzer, da standen, Geschützturm ab, sieben *chiefs*, zwei von uns. Wenn du durchs Gelände kachelst, mußt du vor der Höhe Gas wegnehmen. Hab ich nicht gemacht und die Gäste im Panzer schlugen heftig auf. ‚Wenn ihr verschossen habt', wurden die Roten belehrt, ‚dann ergebt ihr euch!' Da tobte einer unserer Chefs los: was für eine Moral, schließlich haben Volk, Armee und Führung bis zum letzten Lebenden zum Führer gehalten. – Der Himmel wird grau wie die Ostsee und eins mit der See. Bei Wind frontal geht's mit Motor nach *Ventotene*. Dort gibt's nix außer Campari, wir essen an Bord, nehmen Wasser auf und knobeln. Nebenan liegen Schweizer, die kein Halten kennen, singend und kreischend geht's durch den Abend.

16.10. um 4 Uhr an *Porto di Forio*. *San Angelo* ist bereits zu, zurück um die Spitze mit dem kathedralen Leuchtfeuer. – Mein Entschluß ist gefaßt.

17.10. Nach stürmischer Nacht durch die rumorige See mit Vollgas um die Huk, ab 10 Uhr mit Segel, mir ist nicht gut! In Vor-

bereitung auf den 40-jährigen Segelzirkus zählt der Skipper auf, wer kam, wer ging und wer gegangen ist. – Beim Tanken Streß, zwei im Gummiboot übernehmen und pflügen das Schiff im Marschmodus durch die verwinkelten Liegeplätze zum Anleger. Abnahme, weiß&rot, packen.

Früh abends ziehen wir auf die Meile von Sucht, Sehnsucht und Liebe. Nach dem Essen ins Eisrestaurant, alles vom Feinsten, Eis und Bedienung, weiter zum *Punto di Corso* am alten Tempel. Vorher noch ein feines Café hinter Sichtschutz, wo eine Frau, Russin, das Klavier bedient, daß es eine Art hat – und dazu singt. Zwei Gäste querab, unglaublich. Danach zurück ins Café, wo die zwei mächtigen Süßen mit wissendem Lächeln bedienen. Da kommt eine Dritte dazu, gleiches Format. Hinterm Tresen ist jetzt eine Fülle von Eros versammelt, die uns chancenlose Alte spielend vor sich hertreibt. Mich schwindelts, lieber Oheim. Wir verabschieden uns. Nachts stehe ich wieder am Tresen. Warum tat ich nicht mehr in die Wasserschale und erbat ein Foto? Weil ich grade noch Kontrolle habe … soviel war noch nie, selten so eine selbstbewußte Verkörperung von Schönheit gehabt: da stehen die Brüste der Üppigen hinter tiefem Ausschnitt, pardon, *ismir* rausgerutscht. – Zurück aufs Schiff, links die Bayern, eins weiter kreischen die *girls* in den höchsten Tönen, wie vor einer Woche. Das können Frauen die ganze Nacht, und wir? – Werner referiert die letzten fünfzig Jahre Programmierung, Gerd die Geschichte und Produktion des Pfannkuchens.

18.10. 6 Uhr hoch, 7 Uhr Taxi, 8 Uhr Flughafen, 9 Uhr angemeldet, 10 Uhr abgehoben. Die Landungen werden zur Tortur, der Kopf implodiert. – Der Lokführerstreik läßt einen Zug nach Bremen durch, sehr päßlich. – Mit Marion aufs Land zurück, zum Nachbarn, der zum 50. auftischt.

19.10. Wetter wie Italien, Familienvollversammlung wegen Pflegeversicherung: die Kosten werden geteilt. – Danach fahren wir in die Wohnung von Jonas und ich rede über L.earn zu den Jungs. Mal sehen, ob es wird.

20.10. LUTZ GÖBEL, Chef der Familienunternehmer, wettert gegen das ‚Schand-Votum' des Finanzministers: die AfD speise sich nicht von den Rändern her, sondern aus der Mitte der Gesellschaft. Meine Worte: aus deren Leere.

EU knackte die 9-Billionen-Hürde, obwohl die Schuldenquoten durch neue Berechnungs-‚Methoden', also am politischen Stammtisch, gesenkt werden konnten. Staatliche Rüstungskäufe gelten jetzt als Investitionen, Drogen- und Zigarrettenschmuggel sowie illegale Prostitution als wirtschaftliche Wertschöpfung. Wie die wohl berechnet wird! Wahrscheinlich durch Ortstermine.

Der erste SED-Nachfolge-Ministerpräsident auf Ex-SED-Boden, Thüringen.

UDO ULFKOTTE breitet heißes Material zum System Kopfwäsche, er meint die gekauften Journalisten, die in einer unüberschaubaren Fläche von Einflußorganisationen baden. Das sprengt meine Fokussierung auf das GEZ-System, dem ZDF mit seinen klebrigen Freundeskreisen, Tante CHRISTIANSEN und Onkel WICKERT als Top-Verkäufern von allem, was der Apparat wünscht. Nach den USA und der CIA nennt er die Bilderberg-Gesellschaft, den *Council on Foreign Relations,* den Ableger Deutsche Gesellschaft für Auswärtige Politik, das *Transatlantic Policy Network,* wo alle drin sind! Es erinnert mich an den Code des MARK LOMBARDI, das die letzte documenta zeigte.

23.10. HANNELORE KRAFT ist *short,* das ist notorisch und gute Tradition seit JOHANNES RAU. Haushalten ist nicht ihre Sache.

Daher läßt sie in der Abteilung ‚Brot und Spiele' zwei Warhols abhängen. Die soll *Christie's* verkloppen, aus ehemals 400.000 das Fünfhundertfache rausholen. Solcher Utilitarismus ist wie die Wertelosigkeit des SED-Ladens, als der Devisenhändler SCHALK-GOLODKOWSKI Kunst marodierte, um Bares zu beschaffen. Vorne wird der Mammon verachtet, ja der Hedge-Fonds zur Heuschrecke gemacht, dahinter herrscht Kasinomentalität. Vom Erlös soll gar eine weitere Spielbank errichtet werden – weil's staatliche Glücksspiel so profitabel ist. – Zehn Tage drauf hängt das zweite Bundes-Pleite-Land zwei MODER-SOHN-BECKER-Formate raus, genauer: ein Kasino in Westspiel-Hand, darauf die Schuldenpranke des Bundeslandes. – Der Bankrott windiger politischer Geschäfte aus dem letzten Jahrhundert setzt sich fort. Kunst ist fürs Volk da, gell, die SPD ist ja auch fürs Volk, der Hedge-Fond wird gehaßt, weil er nicht dafür ist.

25.10. Generalsekretärin YASMIN FAHIMI wünscht sich eine Volksfront gegen die AfD, ihren Text könnte auch die ‚Antifa' geschrieben haben. WOLFGANG SCHÄUBLE nimmt in Anspruch, von Schande für das Land zu sprechen. Die Maske der Gefälligkeit fällt, wie bei HELMUT KOHL in den 90er Jahren, als es auf den Euro zuging, gegen 75 % Volksmeinung.

Seit neunzehn Jahren ist die ‚Gender-Agenda' in der Welt, auf einer sogenannten Weltfrauenkonferenz im befreundeten Peking in einem infamen 5-Punkte-Programm formuliert, darunter:

- es braucht die Abschaffung der Unterschiede zwischen Mann und Frau ...
- es braucht die Abschaffung der Rechte der Eltern über ihre Kinder ...

Das haben sie aus der Mao-Bibel abgeschrieben – und abends zum Tee ins ZK. Aktuell beansprucht das Gender-Forsch 191, in Worten: einhundertundeinundneunzig, Professorenstellen, fast soviel wie die Pharmazie. HEIKE SCHMOLL nennt 230 Professuren in dreißig Fachgebieten. Und das Bundeskabinett des

Jahres 1999 machte dieses Glaubensbekenntnis zum Leitprinzip seiner Politik. Totalitär. – Die Gender-Agenda hat die Lehrpläne der Sexualpädagogik besetzt. Ihre nationalen Wurzeln liegen bei HELMUT KENTLER, der einst Straßenkinder bei vorbestraften Pädophilen unterbrachte, staatlich gefördert, versteht sich. – Ziel ist die Entnaturalisierung der Familie, die Entnormalisierung der Mutter-Vater-Kind-Beziehung. Das ist die Aufzucht von Zombies, von beziehungslosen Wandervöglern. Das ist der massivste Eingriff in das Menschsein, Enteignung, Abtrennung von Eigenart und Handeln. Die Lager Nord-Koreas markieren den Endpunkt, der dort in direkter Gewalt hergestellt wird. – Die Zerstörung der Gesellschaft ist vielfältig. Hier ist das Kommune 1+2-Extrem zur Staatsraison geworden. Für all das gibt es volksseits keinen Auftrag.

Die Steuerberaterin schickt ein Vier-Seiten-Schriftstück, die Einbehaltung der Kirchensteuer auf Kapitalerträge betreffend. – Spontan stehe ich vor dem Kirchenaustritt, besinne mich sodann. Diese Kirche macht sich doch gemein mit dem Steuersammler, hat sie um die Erweiterung der Berechnungsbasis gebettelt, wurde es ihr angetragen? Der Staat arbeitet am Zugriff. Die 52 Prozent genügen nicht.

Dann noch diese Klima-Konferenz, die Tante EU schlug vor, bis 2050 195 % weniger Zeh-o-Zwei herzustellen. *Des gehdjaned*, wurde eingewandt, na gut, aber 40 geht! Bei einem Anteil am Welt-Zeh-o-Zwei-Ausstoß von 5 Prozent geht's nur so, daß die übrigen 95 % so richtig mitgerissen werden. Diese Dauervorbildpolitik führt garantiert zu Rückenschäden, durchgedrückt hats sicher wieder ANGELA M. Fehlt nur noch, daß wieder so'n Vulkan ausbricht, zur Unzeit, so mit 100 Tausend Tonnen Abgas pro Minute.

26.10. Was Praktisches: 16 Schuhe bekommen einen feinen Glanz durch Lederfett, *that kind of ‚Shiny, shiny, shiny boots of leather‘*, wovon schon LOU REED schwärmte, dazu *Heartbreak Hotel*.

Das Zwangsumtauschgebiet Euro: Italiens Lage sei ‚verheerend‘, die Wirtschaft unter dem Niveau von 1999, die arbeitslosen Jugendlichen bei 40 %, na ja, in Spanien und Griechenland sind's mehr als 50. In Deutschland: alles für die Alten, wenig für die Jungen, von Aufstand keine Spur, warum eigentlich nicht? Vielleicht, weil alle grade und nur mit ihren App's unterwegs sind? Keine Zeit für Aufstand, bin online! Und die seit Jahren fallende Reinvestitionsquote im Land? – Man kann ja dahin fahren, wo sie höher ist. Und der Berufswunsch? Staatsdienst, zu einem Drittel sind die Antworten so. Also, Anstellung beim größten Beutemacher müßte doch Sicherheit genug bieten, Mitarbeit bei der größten Blasenbildung überhaupt. – Ich drehe am Rad, noch muß es.

‚Sie mögen eine Geschichte, in der MARINE LE PEN Frankreich aus dem Euro und der EU nimmt, unplausibel finden. Aber was ist Ihr Szenario?‘, fragt PAUL KRUGMAN.

JACK BRUCE starb (71), es reagiert sofort, heiß durch die Brust, Tränen. Ich habe ihn nie gesehen, konnte weder Guitarre noch Bass, aber er war ‚White Room‘ auf ‚Wheels of Fire‘, Sänger und Bass in ‚Cream‘. Der koksende Nachbar in der Marburger Wohngemeinschaft hatte die Platte am Tag ihres Erscheinens 1968 – ich hörte sie Nacht für Nacht und war vom ersten Moment gefangen, bis heute. Als wärs ein Stück von mir. – Rückseitig deutsche Soldaten am Scherenfernrohr in Thessaloniki, 1941.

Cream 1968 – Ginger Baker, Jack Bruce
und Eric Clapton – Foto: F. van Geelen

Nr. 99 sollte den Titel wechseln: Maos Schweine sind schließlich die Folge der Entfesselung des Jahrhunderts. Soll es nicht schon in den britischen KZ und Gaskriegsversuchen des 19. Jahrhunderts beginnen, so setzt der Zivilisationsabriß – nach gravierenden Vorkriegen – doch in den Erdgräben ein, den elektrischen Zäunen in Belgien 1914, den Zeppelinbombardements und Gasschwaden des Weltkriegs, also besser: ‚Die Spur der Schweine‘. Die Kreatur taugt als Spiegel des Krepierens, folgt ja Nr. 100, ‚Die Spur der Scheine‘.

HENNING FENSKE (75) memoriert. Eine Konserve stabiler Weltsicht. Seine acht Jahre bei den Münchner Lachern und Schießern seien dem deutschen Kabarett nicht gut bekommen, meint der Rezensent. Ich kannte die schöne Hilde in der Neubertstraße. Also, er schreibt, wie er vom Buchdeckel guckt, ein Misantrop.

28.10. Die Tagesschau im Armutsmodus, Zahlen Daten, Fakten, danach zum Leistungsempfang, Zahlen, Daten, Fakten, sodann zum Verbraucherschutz mit Extra-Film, Interview mit Opfer, Interview mit Rechtsbeistand, Aufruf zur Klage. Dann ist die Zeit rum. Mein Abbuchungsauftrag rebelliert.

29.10. Die Auseinandersetzung nimmt kein Ende: wieder ein Traum, in dem ich Jochen gegenüber saß mit seiner Frage ‚wer war es!‘ (der – Jonas? – mit geholfen hat, den Tisch zu decken). Das anfangs freundliche Mimikspiel mit meinem Signal, ich wars, schlug unvermittelt um in Angriff, ich blieb sitzen mit den Worten ‚laß es!‘ bis zur Drohung, es wird fürchterlich enden. Die Frauen standen auf, Mimi und Marion … Es begann bereits 1950, vor dem Zungenkuß.

JOHANNA WANKA ist irritiert über politische Apathie und Desinteresse der Studenten. Die sollten die politische Freiheit nutzen! – Recht hat sie, so haben andere freies Spiel. Dann sagt der Finanzminister wieder ‚Schande für Deutschland‘, da will ja auch keiner drin sein. Und: bei der Detailgängelei mit 5.000 akkreditierten Studiengängen und der Creditpoint-Jägerei ist für einen Aufbruch in Freiheit keine Zeit, Frau Wanka! – Sozialleistungen gibt's jetzt auch für Kinder, die Deutschland nur besuchen, wie mit dem Mindestlohn für polnische Transis.

Nr. 99 – Die Spur der Schweine ... oder die Ästhetik des Massenmordes, von dem das Jahrhundert wie kein anderes durchblutet ist. Die Spur reicht, vertikal betrachtet, vom Gaskrieg über die Vergasungslager und den Selbstvernichtungskrieg zu Maos Schweinen, industriell oder archaisch bewerkstelligt, tituliert mit Nation, Klasse oder Rasse. Diesen Abschnitt zivilisatorischer Existenz umstellen Figuren aus der Wildnis, die aus dem Staunen nicht herauskommen.

Grade ist das Bankgeheimnis abgeschafft, da strahlt der erfolgreichste Minister des Kabinetts. Achtzig Jahre nach CARL SCHMITT etabliert sich ein Finanzdiktat vom Feinsten. Jetzt fehlt nur noch die Abschaffung der Barzahlung oberhalb von zwanzig Euro. Dann hat er sein gläsernes Volk zum täglichen Abgleich, zum Abführen. Motto: ‚jetzt ziehn wir Leine, Johnny!‘ (so die EAV).

Nächster Gag: die Wahllokale sollen in die Einkaufszentren verlegt werden. Das paßt, kann man gleich auf dem Einkaufszettel notieren: irgendwas wählen! Macht bloß die Buchstabenkürzel groß genug, sonst wählen die Leute noch ALDI oder AUDI. Unsinnig wärs nicht.

Ich düse nach Hamburg, leise und pfeilschnell, bei 180 ist noch Luft für 120. Dem wäre ich nicht gewachsen. Parken beim Steinweg, ich wandere zur Degussa am Ballindamm, vorbei an großen Fassaden, alten Fronten, jetzt entkernt. Am Goldtresen geht es zügig und unbürokratisch zu: Ausweis, Unterschrift und die eingeschweißten Stücke in die Brusttasche gepackt. Büffel und Indianerkopf zieren die Oberfläche, die Unze gabs mal zu 50 Dollar, das ist lange her. – Darauf Schampus, denke ich und begebe mich ins neue Museum am Bahnhof, setze mich an den Tresen und nehme noch ein zweites. Hamburg ist gut für den Tresenplatz: hinter dem dichten Verkehr die Binnenalster im gischtigen Nebel, flirrend erleuchtet, großzügig, als wärs ein Fest, nach alledem. Der Kellner ist geläufig und gesprächig. Nach Ankündigung einer größeren Gruppe besteigt er den Wandtresen und sammelt Sauvignon aus dem vierten Fach. Ich frage ihn, woher er kommt. Nicht aus dem Osten, wie ich vermute, klingt aber so. Ich verbinde einen guten Mann hinterm Tresen einfach mit dem Osten.

Gleichwohl, sympathisch, Lüneburger Heide, bei Egestorf, Kramer Amtsstuben, davor bestimmt doch Osten! – Claus Diers wäre jetzt ein Gespräch, er bleibt aber hinter dem Anrufbeantworter. Es geht nichts über eine gut gearbeitete Bar, Erinnerung an Auerbachs Keller. Du mußt reingehen. Reingehen heißt, alles draußen lassen, wenn Du verstehst, was ich meine, und mitgehen. Die Kellnerin ist, nett. *As well, as you can't leave your trouble away, you never are off-road, don't bother people!* – Also, der Neue läuft wie Sau, 2.000 Touren bei 180. – Beim Tee möchte Marion die Münzen sehen, wohin damit! – Keinen Cent für SCHÄUBLE, ist das Wesentliche. Später werde ich über die Regulierung des Münzhandels informiert. Ich hinterlege einen Suchweg.

JORDAN BELFORT, ein verfilmter, nach verkürztem Knast freier und in Frankfurt gefeierter Anlagebetrüger ist wieder Ansager. Es gäbe zwei Sorten von Menschen: Enten und Adler. Das triffts. Und Amerika liebt eben seine Adler. – Jonas fragt nach Bildern, den Löwenfrauen, die Leon schon abgezogen hat.

30.10. RECIP ERDOĞANS Denkmal ist fertig, stillose 4.000 Zimmer, aber etwas luftiger als die Burg des 1989 exekutierten CEAUSESCU. Jetzt ist die Natur dran, wenn ihr nicht jemand zuvorkommt.

Endlich, Nic nimmt mir den *sound* von Booker-T & the MG's auf, ‚Green Onions'. Puristisch, ich stehe ergriffen im Raum und höre, wiederholt. – Nächste DVD: die JAMES BROWN-Story von TATE TAYLOR, MICK JAGGER als Produzent,

Die Spur der Schweine, Acryl auf Holz – 120 x 100 cm – 2014

CHADWICK BOSEMAN gibt den ,*hardest working man in showbusiness*', offenbar perfekt. Lieferung am 1.4.2015, was soll das, Amazon?

2.11. Wir waren auf dem Wurmberg, neben dem Brocken, 970 Meter. Der hat die komplette Infrastruktur: Hänge voller Ski-Kanonen, Schikanen für Mountain-Biker und Pisten für Monsterroller. Am Berg ist also unentwegt Unterhaltung, wir steigen auf – und wieder ab und sind platt in Braunlage, abends in Wolfenbüttel zurück – ohne Kontakt mit den *speed controllettis*, ich bin stolz. – Doppelkopf bis Mitternacht, der Schwager schenkt Feuerstein ein, oder wie das Zeug heißt. Angela erzählt, daß die Aufzucht von Kleinstfischen (1 cm max.) das Bestehen der Haltereignungsprüfung vor der Veterinärärztlichen Vereinigung oder was Ähnlichem in Hannover voraussetzt. Du packst die Koffer!

Die ökologisch verseuchte Landesregierung will Agrarflächen nässen, ,um eine Vorreiterrolle im Klimaschutz einzunehmen.' Wie ehrenwert, Moore speichern CO_2, die Bauern toben. – Ja, der Ökologist liebt die Natur wie der Kommunist die Menschen. Ersterer möchte sie rein, der Mensch ist da allererst Verunreiniger, der auf den Hochsitz gehört, zum Zugucken. Der Ornitologe ist sein Ideal, wenngleich ebenfalls CO_2-Ausstoßer! Sodann geht's an den Erhalt, der Öko ist stock-konservativ, in seiner Naturverbundenheit eben Menschenfeind. Zusammen mit dem Klimaschund, den der Mensch anrichtet, wird er zum Wolf, des Menschen! Dabei ist der auch Natur! – Beim Kommunisten ist es ähnlich, er sieht im Menschen ein Strukturelement. Da sortiert er ihn ein und verlangt Bekenntnis, also hinter die Parole oder weg.

Dem Bundespräsidenten schlägt die Wahl des BODO RAMELOW, Biedermann der Linken, aufs Gemüt. Die SED-Nachfolger sind darob empört. – Schließlich ist er kein AfD-Mann.

Die Pensionsverpflichtungen der Lufthansa betragen fünfzehn Milliarden, das sind 250 % ihres Eigenkapitals. Den abgezinsten Rücklagen liegt ein Zinssatz von 3,75 zugrunde, gegen aktuell kaum 1,8 %ige Anlagen. Das hieße Verdopplung der Rücklagen gegen 10 Milliarden Eigenkapital, kurz ohne einen griechenlandähnlichen Einsatz von Goldman Sachs ist der Gang zum Konkursrichter angesagt – alles, was Recht ist, gell Herr DRAGHI. – Die Piloten sind intelligente Menschen, aber sie leben nur einmal und möchten an der fünfzigjährigen Vereinbarung mit zehnjährigem Übergangsgeld bis zur Rente gern festhalten.

Der schöne Text von THOMAS MAYER zeigte mir zweierlei: endlich verstand ich ,spielend' die Abzinsungsmechanik. Rückstellungen für Pensionspflichten sind Wetten auf die Zukunft, echte ,futures'. Sie basieren auf Marktannahmen. Die sind aber hier für selbst die sichersten Anlageformen schlicht ohne Boden, weil Markt zerstört ist. – Zweitens erscheint eine weitere Szene aus dem Berliner Monopoly ,Denn sie wissen nicht, was sie tun': während der Verteidiger und Höchstinteressierte an der Nullzins-Fixierung euro-schwurbelt, will die Kabinettskollegin um die Ecke die Unternehmen zum Ausbau der Altersversorgungswerke zwingen. Um das offensichtliche Ausfallrisiko zu umgehen, wird sie wohl weiter vorschlagen, die Rückstellungen 1:1 zu wuppen. – Da schlägt sich doch die schwäbische Hausfrau Tag & Nacht auf die Schenkel, gell Frau Merkel. – Nicht auszudenken, wir würden an der nächsten Tür klopfen und uns nach Herrn DOBRINDTS Maut erkundigen, dieser mittelalterlichen Wegelagerei. Ja, Herrschaftszeiten!

Monte dei Paschi bekam Post vom Bankentest: zwei Milliarden fehlen. – Zwanzig Jahre kommunistischer Stadtherrschaft haben ein einzigartiges, pardon Standard-Biotop von Netzwerk & Seilschaft gekürt. Die integrierten Gewerkschaftskader machen Besitzstand geltend. Es droht Abwicklung, fünfhundert Jahre sind genug.

3.11.   ULRICH WICKERT schlägt wieder zu, als Postwurfsendung: mit Gutmensch-Lächeln im Allseits-Kurator-Modus fordert er meine Patenschaft, Geburtsband anbei. Ist kein Arzt zur Stelle!

4.11. JEAN-CLAUDE JUNCKER präsentiert HELMUT KOHL, also sein Buch. Das nutzt er für eine neue Friedensversion. Wir hätten sonst nämlich heute Währungskrieg.

Mein Drucker dagegen ist konkret, ich hatte die Faxen dicke, nach neun Jahren ist er aber auch fertig – ich auch. Der Neue fängt an zu wirtschaften, kaum hat er Strom. Fünf Patronen nimmt er, ich mache die oben frei ... und setze sie ein, sofort leuchten sie! Ich drücke ok und es beginnt das Saubermachen: ‚cleaning print-head‘. Zwei Minuten dauert das, könnte ich ja auch mal machen mit meinem, dauert aber länger, womöglich ewig. Wer weiß, was da rauskäm‘. – Es kommt noch schlimmer: ‚Automatische Kopfausrichtung‘, heißt es nach dem nächsten ‚ok‘. Geht‘s noch, jetzt programmieren sie mich neu, geht aber schnell – zu Nebenwirkungen ..., folgt das Drucken, die machen die Patronen leer! Ich soll sagen, ob Informationen gesendet werden dürfen – natürlich nicht! Ausforschungsapparat, ich hab nix! Schreibt der mit? Und hetzt mir komische *Loid* auf den Pelz!

Die Zeitung zeigt die Mord-Tour des Zwickauer Nazitrios als Landkarte. Die tabellarische Reihung ergibt ein unfaßbares gesellschaftliches Ensemble, welches sein Umfeld, so auch den Staatsschutz als Uraufgabe, in schwarzes Licht stellt. Solches Zusammenlegen der Teile macht Kommentierung entbehrlich. Da sind Opfer, Täter und Zuschauer, und die Spur der Mörder:

- 2.9.1997 – Fund eines Sprengstoffkoffers in Jena.
- 26.1.1998 – Fund von vier Rohrbomben mit 1,4 kg TNT in einer Garage in Jena.
- 6.10.1999 – Banküberfall in Chemnitz.
- 27.10.1999 – Banküberfall in Chemnitz.
- 9.9.2000 – ENVER SIMSEK wird an seinem Blumenstand in Nürnberg erschossen.
- 30.11.2000 – Banküberfall in Chemnitz.
- 19.1.2001 – Sprengfalle in einem Lebensmittelladen in Köln.
- 13.6.2001 – ABDURRAHIM ÖZÜDOGRU wird in seiner Änderungsschneiderei in Nürnberg getötet.

- 27.6.2001 – SÜLEYMAN TASKRÖPÜ wird im Obstladen seines Vaters in Hamburg-Bahrenfeld mit drei Kopfschüssen getötet.
- 5.7.2001 – Banküberfall in Zwickau.
- 29.8.2001 – HABIL KILIC wird in seinem Obstgeschäft in München-Ramersdorf getötet.
- 25.9.2002 – Banküberfall in Zwickau.
- 23.9.2003 – Banküberfall in Chemnitz.
- 25.2.2004 – YUNUS TURGUT wird in einem Dönerstand in Rostock erschossen.
- 14.5.2004 – Banküberfall in Chemnitz.
- 18.5.2004 – Banküberfall in Chemnitz.
- 9.6.2004 – Bombenattentat mit 22 Verletzten in Köln.
- 9.6.2005 – ISMAIL YASAR wird in seinem Imbissstand in Nürnberg mit fünf Schüssen getötet.
- 15.6.2005 – THEODOROS BOULGARIDES wird in seinem Schlüsseldienstladen in München getötet.
- 22.11.2005 – Banküberfall in Zwickau.
- 4.4.2006 – MEHMET KUBASI wird in seinem Kiosk in Dortmund mit mehreren Schüssen getötet.
- 6.4.2006 – HALIT YOSGAT wird in seinem Internetcafé in Kassel mit zwei Kopfschüssen getötet.
- 5.10.2006 – Banküberfall in Zwickau.
- 7.11.2006 – Banküberfall in Stralsund.
- 18.1.2007 – Banküberfall in Stralsund.
- 25.4.2007 – Michèle Kiesewetter, Polizistin, wird in Heilbronn mit einem Kopfschuss getötet, ihr Kollege überlebt schwerverletzt.
- 7.9.2011 – Banküberfall in Amstadt.
- 4.11.2011 – Banküberfall in Eisenach.

Die Mörder erschießen sich, die Dritte stellt sich.

5.11.   ‚Bornholmer Straße‘, mit CHARLY HÜBNER in der Regie von CHRISTIAN SCHWOCHOW (‚Der Turm‘). Der Abend des 9. November am Grenzübergang, aus der Perspektive des Grenztrupps, dem es am Befehl mangelt. Also bettelt der Chef um Befehl, sein Chef bettelt beim General im ZK, besäuft sich und legt ERNST BUSCH auf. Den spielt er beim nächsten Anruf in die Hörmuschel. Die Macht schweigt, überwältigt vom Prozeß des Zerfalls. Das Volk schiebt zum Übergang, der Chef schiebt den Grenzbaum zur Seite, ‚unsere schöne Grenze', sagt einer noch. – Auf dem Kudamm wird auch demonstriert, für den Erhalt des Ladenschlusses. – Ich habe den Herbst 89 noch im Körper, sagt der Regisseur im Interview.

6.11. Green Onions von Booker T, ein Gespräch mit BARBARA BILABEL, wir verabreden ein Treffen.

7.11. Die Frau im Haus – furios! Wann ist wieder Schule, Montag! Gute Aussicht. – Gleichwohl, die Kettensäge geht in Arbeit. – Wir machen uns fein und fahren los, richtig stolz, das Haus zu verlassen. – Alte Leute gehen nicht gerne raus, wenn's dunkel ist, erklärt Marion. Vom Parkhaus am Brill zum Dönerladen. Gingen die Mörder wie eben ich ins Geschäft des Türken, zogen ihre Waffe und schossen ihm in den Kopf, geht mir übers Gemüt, fassungslos. – Viele blinde Scheiben in der Obernstraße, die leer ist, ich höre den Wind pfeifen. Aber die Hendrixx-Bar am Hillmann-Platz, der frei von Ausstrahlung ist, dieser vereitelte Elvis-Schuppen hat's in sich. Der Mann aus Schwanewede legt los, später dazu sein englischer Elvis-Partner, mit einem *Guitar Man*, den er grade fand – eine Klasse besser, sein Stimmvolumen schafft die obere Octave spielend, *Timbre* in der Tiefe hat er auch. Er haut auch Tom Jones raus, der für England wohl der Udo Jürgens ist. Bis Mitternacht haben wir, eng sortiert, viel Spaß.

Ach ja, auf der Hinfahrt schon hörten wir, daß NORBERT LAMMERT WOLF BIERMANN in den Bundestag geladen hat, ohne die Linkspartei zu fragen. ‚Ihr seid der elende Rest dessen, was zum Glück überwunden ist', gibt der direkt nach einem Konzert in Köln 1976 Ausgebürgerte zum Besten. Das kommt von Herzen und trifft, LAMMERT greift nicht ein. Nicht links, reaktionär sei der Haufen.

Sein Kollege zu DDR-Zeiten, REINHOLD ANDERT (76), hielt den Drangsalierungen weiter stand und begleitete des machtverlorenen ERICH HONNECKERS Genesungstour. Auch er verglich in den Interviews mit dem Ex-Staatschef dessen Stasi mit dem Gestapo-System, woraufhin ERICH abbrach. Freund GYSI schwurbelt derweil vom ‚letztendlichen Unrecht in diesem (jenem) Staat‘, balsamiert von einem Gerichtsurteil, das seine Stasinähe zu thematisieren untersagt. – Nach der Veranstaltung in den Fluren des Hohen Hauses ein ‚so isser eben‘, ebenso wie VOLKER KAUDERS Zusammenfassung nach der Rede von NA-VID KERMANI.

Das Sozial- und Arbeitsmarktregulat, den staatlichen ‚Kolossalvormund‘ – samt tausend Organisationen und ihren Profiteuren – nannte LUDWIG ERHARD ‚Verzehrgemeinschaften in sich selbst‘. – GERT HABERMANNS ‚Wohlfahrtsstaat‘ muß zur Lektüre im Wohlfahrtsministerium der ANDREA NAHLES gehören, so akkurat wird das Programm umgesetzt: nach Mindestlohn auch für LZAs (i.e. Langzeitarbeitslose) bekommen die jetzt ein 100 %-Bezahlprogramm. Zeit- und Leiharbeit stehen permanent auf der Agenda. – Solche Effektivität muß die ‚elenden‘ ZK-Kader neidisch werden lassen, die ganze Länder zum Diktaturüben hatten und trotz Kilotonnen von Scheißparolen, Stacheldraht und Beton den Löffel einfach fallen ließen, als die ihnen zuriefen, vierzig Jahre seien genug.

9. November,

dieser *multiple-choice*-Tag der Deutschen. Ein wirklicher Aufreger, den NORBERT LAMMERT gekonnt inszenierte, WOLF BIERMANN trocken brachial intonierte, noch besser ohne Noten und PETER GAUWEILER im Abzugsverfahren kondensierte, mit THOMAS MANNS Worten von 1945 über die ‚schlechte Gepflogenheit, sich der Welt als das gute, das edle, das gerechte Deutschland im weißen Kleid zu empfehlen‘. Dafür gibt sich das Kartell-Berlin notfalls selbst auf, statt die ‚falsch eingeknöpfte Jacke‘, ja was denn? zu öffnen! Eher schneidet einer beherzt den untersten Knopf ab.

179

Cycladen aus Stahl? und auf Nr. 100, ‚Euro‘, besser: ‚Geld oder Leben‘, das trifft die Ereignisse des letzten Jahrzehnts. … fünffach auf rot? *Green Onions*, was sonst.

10.11. Goldunze bei 962 Euro. – Nach dem zwölften Kapitel der Wahlverwandtschaften endet der Abend unvermittelt im Rausch.

11.11. Zurück in der Sparkasse, ein ganzer Tag, bestimmt fünfzigmal werde ich begrüßt und gefragt, wies mir geht. Das bringt mich ins Grübeln, beim zehnten Mal glaube ich mir nicht mehr.

Der Sachverständigenrat, von der Regierung bestellt, überreicht der Kanzlerin sein Gutachten, worin er Eintrübung und folglich trübe Aussichten mit den jüngsten Wohlfahrtsprogrammen in Verbindung setzt. Das weist ANGELA MERKEL umgehend und schroff zurück. Der Mindestlohn komme doch erst nächstes Jahr, hält sie entgegen. Ihr Kabinetts- und IG-Metall-Mitglied lobpreist das Produkt als ‚eine der größten sozialpolitischen Reformen in der Geschichte unseres Landes.‘ Und das soll Wirtschaft ignorieren? Freies Wirtschaften lebt von Erwartungen, sowas fällt beim Berlin-Kartell wahrscheinlich unter Spekulation und gehört verboten.

13.11. QUENTIN TARANTINOS Kill Bill aus 2003, das räumt.

Post von ALEXANDER MARIA FASSBENDER mit Promotion für JOACHIM FUCHSBERGER, dem kürzlich Verstorbenen. Altwerden sei nichts für Feiglinge, ich muß widersprechen. Auch 25 % Rabatt überzeugen mich nicht, eher – einen Kasten drunter – der Impulsworkshop übers Scheitern. Da könnte ich als Referent auftreten. Stattfinden tut das in Wien-Köln-Hamburg und München. Die Ausbildung zum Altwerden, zum Space-Coach?, dann lieber das erste!, dauert 160+80+48 = 288 Stunden – fühlt sich an, als bekäme ich das Zertifikat nach meinem Tod, außerdem fehlt der Stundenpreis. Ich bleibe bei meinen Bordmitteln.

Die Katze saß auf der Mauer, das Hörnchen schon auf dem Gassiweg. Elvis ist in heller Aufregung, fünf Minuten lang – zu allem Überdruß läuft auch noch eine Schulklasse die Brahmsstraße entlang, die gehören doch auch nicht hierher! Da hilft auch kein Hinweis auf öffentlichen Raum und Benutzerfreiheit. Nur ein Leckerli bringt den Hund runter.

14.30: 240 Minis, von rechts nach links, also Küste.

16.11. ANDY WARHOLS ‚Elvis' erbrachte 115 Millionen. HANNELO-RE KRAFT saniert, was sie angerichtet hat, nachdem ihr der Verfassungsgerichtshof mehrfach ins Schuldenmachen gepfuscht hat. – Sie kann mit Geld schwer umgehen, nur bei Kunst kann sie mit Marktwert was anfangen. – Dabei macht's die Bundesregierung ähnlich, sie legt beständig Märkte still, für Arbeit, für Energie, Dienstleistungen. Warum Marktwirtschaft ein Wettbewerb zur Preisermittlung sein soll, wissen wenigstens sieben der 14 Minister nicht. Wetten!

Auch EZB-Chefe ist ähnlich. Er organisiert Staatsfinanzierung mit System und beseitigt mit dem manipulierten Hauptzins jeden Anreiz, nationale Finanzsysteme und sklerotische Strukturen zu sanieren.

Und CHRISTINE LAGARDE ist auch ähnlich: sie möchte die Schuldengrenze hochsetzen – säh' doch alles gleich viel besser aus! – Sie sind alle ähnlich, machen fast das Gleiche, errichten Systeme des Durchgriffs und der Zentralverwaltung, alles so'n bißchen Politbüro. – OECD und IWF fordern unverhohlen zur letzten Eskalationsstufe auf, was für den IWF HOLGER STELTZ-NER (o.D.) illustriert:

- 10 % Vermögensabgabe auf alles, also Geld & Steine, zum Abtrag der Staatsschulden, Zypern war Probelauf – die Erhebung der Privatvermögen seitens der EZB gehörte zum Vorlauf – wo gezahlt werde, sei klar: dort, wo auch eingetrieben wird, weiter:
- Spitzensteuersatz in Deutschland auf 70 % hoch! – Paßt zur Forderung der CHRISTINE LAGARDE, hier die Löhne hochzusetzen: Schwächung Deutschlands ‚als … Dienst an Europa', wie der geforderte Exportdeckel.

Das sind Drohkulissen, die mit Unverfrorenheit gespielt werden können, weil damit die eifrigsten Europäer des Kontinents zu allem gebracht werden, was der Schuldnermehrheit zum weiteren Auskommen so einfällt. – Mit ‚Schadensabwendung vom deutschen Volk' und so oder, sagen wir, nationaler Interessenvertretung hat's wenig zu tun. Soll ja eh verschwinden.

17.11. Luxemburg: im hellen Tageslicht wird das Geschäftsmodell des JEAN-CLAUDE JUNCKER aufgeblättert, das er seinem schmucken Herzogtum verpaßt hat. Dem Staatsanwalt entkommen, sitzt er dem Kommissariat vor, derweil's im Herzogtum übel riecht. Von wegen Cayman Islands – mitten im alten Europa, neben den Steuerflüchtlingsjägern STEINBRÜCK und SCHÄUBLE, sind die großen Konzerne mit 1 % (i. W. einem Prozent) Steuerlast zu Gast. Das Paradies ist so nah, um die Ecke. Merkt einer was, geht's um ‚mitteilen – einlassen – diskutieren – ausnutzen – erhalten', die Zeitung grade auch im Schwurbelkabinett. – Der Finanzminister empört: ‚es kann ja nicht sein, daß sich Wenige auf Kosten Vieler bereichern!' – Kein Feld in/m Euro-Pa (rk), wo das nicht die Regel ist. *Dem Ruinör ist nichts zu schwör,* gell! – Heut' bin ich wohl ein Reimerchen, und keinesfalls im Eimerchen – WOLFGANG NEUSS, Gott habe ihn selig. – Am Ende geht SCHÄUBLE zu JUNCKER und stärkt ihm den Rücken. Was er ihm wohl sagt?

Der Rücktritt des CHRISTIAN WULFF erfolgte 24 Stunden nach dem Antrag der Staatsanwaltschaft, seine Immunität aufzuheben. Die Verkörperung seiner Figur erinnert mich an meine dunkle Zeit.
Barschel-Wulff-Juncker-Draghi, was ist der Stoff, der diese Namen verbindet?

Aus dem großen Kino:

‚Harald, kannst Du mal den Hund unterschreiben!', Bornholmer Straße läuft schon wieder – und mir laufen die Tränen, eine einzige Klamotte. So schnell schlägt der Wind um, keine Wut mehr, nichts unerträglich. Als der beschlag-

Modus – Acryl auf Holz, 40 x 40 cm – 2015

nahmte Hund knurrt, geht Elvis zum Fernseher und holt sich einen Papierstern.

‚Den Hund sperrs'de ein, aber mit denen da draußen wills'de reden!' Am Gatter: ‚der Genosse Schabofsky hat gesagt' … ‚ich weiß, was der Genosse Schabofsky gesagt hat, wollnsemich für dumm verkaufen!' – ‚Nein, ich wollte meine Schwester in West-Berlin besuchen.' – oder: ‚Papa, wir hamne Weltanschauung, ohne uns die Welt angeschaut zu haben.' Das ist fein beobachtet. – Drinnen: ‚Es kippt, Harald, es kippt, laß uns die Liki in Stellung bringen' – (Kosename fürs Maschinengewehr).

Skelett und Muskel-Frührente verriegelt, jetzt stark im Kommen Burnout und Psycho-faxendicke-Syndrom. – Steuerlast steigt heimlich, Grenzsteuersatz für Alleinstand von 60 auf 61 Prozent. Die Kanzlerin erklärt Mitfühl.

20.11. … mittags in die Stadt. Wir diskutieren den ‚Leadership-Check' von Jonas, Reinhard kommt dazu. – Später zum Unternehmerforum. Im Park-Hotel spricht ROLAND KOCH über Wachstum und Europa-Skepsis. Der Blick aus der Satellitenperspektive stellt die Anforderungen in ein drastisches Licht. Das ist gut gesprochen, die Dramatik wird jedoch am Boden erlebt. – Keiner kennt die Umweltministerin, warum bloß, naja, wegen ihres Schafottschnitts, so der unschlagbare Volksmund.

21.11. KENNETH ROGOFF wirbt für die Abschaffung des Bargelds. Wer bezahlt ihn? WOLFGANG SCHÄUBLE ist das recht. Dann ist das Volk endgültig flach gelegt für monetäre Überwachung, Schröpfen und Enteignen, unsere lustige *fdGo* verdampft eh gerade in Brüssel, parlamentarische und Währungssouveränität. Solange die Leute schlemmen & shoppen, passiert nix! Erinnert mich an den Circus Maximus vor 2.000 Jahren. Und natürlich an UDO L., ‚immer lustig und vergnügt, bis der Arsch im Sarge liegt'.

22.11. Wir fahren zur 10. Frankenwein-Vernissage ins Worpsweder Kaffeehaus. Die letzten *Human Resources* aus Ex-Kraft Foods treffen sich zu feinsten Speisen mit feinsten Weinen. Die lassen sich auf der Landkarte als fröhliche Radtour abtragen und durchkosten. Heute reiner Genuss auf der Empore rechts. – Das große Unternehmen verschwindet langsam aus der Kaffeestadt Bremen. Die Rückkehr ins Familieneigentum geht auch mit Firmensitz in Holland. Eine Zeitlang widersetzen sich die ortsfesten Fabriken.

23.11. Der neue Teppich kleidet den Raum. – Elvis erkennt das Hörnchen, wie schon gesagt frech auf der Mauer sitzend, auf 60 Meter. Mit Sturm hart an den Rand, das Hörnchen schießt in die Baumspitze, später steigt es wieder herab. – Die Dortmunder Kuratorin empfiehlt die Hochsetzung des Verkaufspreises für den Picasso. Ich folge dem.

Die Asozialität der Sozialpolitik füllt wieder das Deckblatt. Mütterrente und 63er-Rente fordern mehr als das Zwanzigfache der Budgets für Kinder und Jugendliche. Soviel zur Nachhaltigkeit, die beim Klimaschutz täglich fünf Eimer Krokodilstränen produziert. Den Ansturm auf den ‚goldenen Facharbeiterherbst‘ prägen zu zwei Dritteln Facharbeiter und Unternehmens-Handwerker, also die im Rentensystem ohnehin Bestgestellten.

Familienleistungen aus dem Haushalt, 6,9 Milliarden pro Jahr, oder Das Katalogbuch ‚Geschlossene Gesellschaft‘ illustriert die Fotographie unter dem Druck des Parolensystems Ost. – Es gab alles, es kam langsamer und ergoß sich lange vor Ansage des Endes, oft in Kellern, explosiv bis zur Serie ‚Lustschutz‘ von MICHA BRENDEL.

Google control:
https://www.google.com/ads/preferences/
https://history.google.com
https://maps.google.com/locationhistory
https://security.google.com/settings/security/activity
https://security.google.com/settings/security/permissions
https://www.youtube.com/feed/history/search_history

Das Jahrhundert Picasso – Acryl, China Ink auf Karton – 70 x 100 cm – 2002

186

Angela Merkels schwäbische Hausfrau rennt schreiend vom Hof: sie soll Zinsen auf Guthaben bezahlen. Zum Glück hörts in Berlin keiner. Die Sparda-Bank erhöht stattdessen die Gebühren.

24.11. ‚Das Zeugenhaus' von CHRISTIANE KOHL ist wie Bornholmer Straße, nur andersherum. Das Überlebenden-Syndrom und die erwischten Nazis. – Sie beschlossen, ihr Schloß in Siebenbürgen zu verlassen. Sie fuhren noch einmal ins Dorf. Als sie zurückkamen, fand sie ihren Mann und die drei Kinder in der großen Vorhalle. Man hatte sie erschlagen und an den Füßen aufgehängt.

Das Urteil im Schwurgerichtssaal 600 (Nürnberg):

RUDOLF HESS lebenslang,
HERMANN GÖRING *death by hanging*, zuvor Suizid,
JOACHIM VON RIBBENTROP Tod durch den Strang,
WILHELM KEITEL Tod durch den Strang,
ALFRED ROSENBERG Tod durch den Strang,
HANS FRANK Tod durch den Strang,
WILHELM FRICK Tod durch den Strang,
JULIUS STREICHER Tod durch den Strang,
WALTER FUNK lebenslänglich,
HJALMAR SCHACHT nicht schuldig,
KARL DÖNITZ 10 Jahre Gefängnis,
ERICH RAEDER lebenslänglich,
BALDUR VON SCHIRACH 20 Jahre Gefängnis:

‚Ich will nichts anderes sein als das Werkzeug, durch das der größte Deutsche seine Jugend formt'.

Er meldete Hitler ein judenfreies Wien, der freute sich.

FRITZ SAUCKEL Tod durch den Strang,
ALFRED JODL Tod durch den Strang,
FRANZ VON PAPEN nicht schuldig,
ARTHUR SEYß-INQUART Tod durch den Strang,
ALBERT SPEER 20 Jahre Gefängnis,

CONSTANTIN VON NEURATH 15 Jahre Gefängnis,
HANS FRITZSCHE nicht schuldig.

Der Film läuft zweimal hintereinander, er könnte zwei Wochen
am Stück laufen. Es ist immer noch nicht zu begreifen. Was das
Nazi-Gen ‚Plündern' betrifft, stand GÖRING an der Spitze, bei
ihm fanden sich allein 4.000 Kunstwerke. – WILLY BRANDT,
Pressekorrespondent Norwegen – LAHUSEN aus dem Stab von
CANARIS und einziger Überlebender des 20. Juli 1944.

Zum Kriegsstart 1939 die Heimtücke aus dem Nazi-Gen, nein,
aus ihrem ‚Heimtückegesetz' von 1934 (sie schrieben ihre versammelten Verbrechen auch noch ins Gesetz!): es wurden KZ-
Insassen in polnische Uniformen gesteckt für Gleiwitz. – ANNA-
MARIA SIGMUND: Die Frauen der Nazis. – Merkwürdige Leute, diese Nazis, sitzen in Nürnberg schweigend vor den Doku-
menten des Massenmordes. Aber sie schneiden GÖRING, weil
der sich mit Raubkunst schmückte. Das schickt sich nicht. Dabei
gehörte doch das Plündern zur ersten Nazi-Pflicht, vom Ural bis
Brest, von Norwegen bis in den Süden des Kontinents, bis zum
Landser-‚Gutschein' – DOUGLAS M. KELLEY untersuchte diese
Leute 1947, sein Befund: ‚ganz normale Verbrecher'. Mit Göring
verstand er sich – und setzte seinem Leben ein Ende, ebenfalls
mit Zyankali.

25.11. In <u>Ferguson</u> gehen zwanzig Supermärkte und Immobilien in
Flammen auf. – Zwölf Geschworene, neun Weiße und drei
Schwarze, sahen zuvor keine ausreichenden Beweise für eine
Anklage des Polizisten, der einen schwarzen Jugendlichen er-
schoß. Der hatte sich der Aufforderung widersetzt, den Bürgersteig zu benutzen. – Im Zusammenhang: Es gibt in Ferguson ein
kleinteiliges Gerichts- und Polizeisystem. Letzteres führt erste-
rem die Kundschaft zu. Die ist zu 90 % schwarz und arm und
füllt mit Straf- und Gerichtsgebühren von über 2,5 Millionen
Dollar im vergangenen Jahr den zweitgrößten Einnahmenpos-
ten der Gemeinde. Mehr als ein Fünftel von 21 Gemeindebud-
gets kommen auf diesem Weg in die Kassen. Die ‚profitabelsten
Gerichte' residieren in den ärmsten Gebieten. Das ist staatlich

organisierter Rassismus, der entschiedene Aktion auf der Straße herausfordert. Fehlt nur noch die Prämie.

BODO RAMELOW, auf dem Weg zum thüringischen Ministerpräsidenten, trägt den roten Keil EL LISSITZKYS am Revers.

In Portugal hats jetzt JOSÉ SÓCRATES erwischt. Kollegialen Vorbildern folgend, hatte er 20 Millionen in die Schweizer Deponie geschafft, als Ministerpräsident Portugals sodann eine Steueramnestie verfügt und also alles mühsam zurückgeschafft. Seine 3-Millionen-Remise am Eiffelturm führte er auf Erbschaft zurück. Am Flughafen Lissabon mußte er jetzt direkt umsteigen in den fensterlosen Transportwagen. Kollegen sind schon da. Er trägt die Nr. 44, wie die Panzerknacker. Böswillige Schlingel nennt Freund MARIO SOARES seine Verfolger. – Die Tage vergehen und die Versammlung von Freunden wird größer. Es kommt RICARDO SALGADO dazu, vom *Banco Espiritu Santo*. – Die derzeitige Regierungspartei freut sich, weil von der grade laufenden ‚Operation Labyrinth', einer weiteren Korruptionsrecherche, kurzzeitig die Aufmerksamkeit abgezogen wird. Da waren grade ein Dutzend Rücktritte unvermeidlich geworden, wegen Tonnen von Schmiermitteln, darunter die ‚Goldenen Visa' an Chinesen. Diese Kartenspiele erfreuten sich auf der Halbinsel geradezu dreisten Zuspruchs. Wohlsein!

26.11. Das *obiter dictum* ‚denn sie wissen nicht, was sie tun' wieder auf 100 %: da wird der Goldverkauf der AfD skandalisiert – und VON ARNIM aktualisiert seine 2011 vorgelegten Zahlen zu den Berliner Selbstbedienungsläden in der Zeitung, das zig-fache des Goldumsatzes, zumal unter Zurechnung der staatsgespendeten Stiftungsgelder. Sein Urteil schon damals: verfassungswidrig – die Fraktionsgelder, die Abgeordnetengelder, die Stiftungsgelder. Die Herren im Glashaus mit der Steinschleuder.

Passagiere eines Linienfluges haben im Gebiet Krasnojarsk ein festgefrorenes Flugzeug angeschoben, immerhin eine TU 135. – Man schmeichelt sich ins Leben, aber das Leben schmeichelt uns nicht, sagt GOETHE in den Wahlverwandschaften.

28.11. ,Sie verstetigen den Soli', im Streit ist nur, wer wieviel bekommt. Zur Begründung erzählen sie von kaputten Brücken. Als hätt's nicht Milliarden dafür gegeben. Sie probieren Glaubwürdigkeit gar nicht erst.

29.11. Wir fahren zum Weihnachtsmarkt in Wolfenbüttel. Im Schloß, Zentrum dieser schönen Stadt, laufen & kaufen wir durch die Räume des Gymnasiums, Marions Jugend. Der Weihnachtsmarkt selbst bietet die größte Abwechslung in Punsch. Nach vier Durchgängen beginne ich den Abstieg. Ich werde Zeuge meines Verschwindens, werde von links und rechts gestützt – und komme gegen die Scham meiner Hilflosigkeit nicht an. Anderntags sitze ich vor dem Ende des Vorabends. Der Sonntag sieht mich in langsamem Wiederaufbau. Dank gilt meiner Umgebung, Eric vorweg.

30.11. Große Bilder in der Zeitung: vor 25 Jahren zerriss eine Rohrbombe, hergestellt in Palästina, den Wagen des ALFRED HERRHAUSEN, Vorstand der Deutschen Bank. Das Schweigen der Täter hält an.

1.12. Fast die Termine in der Sparkasse verpaßt, Coaching und Jahresplanung 2015. Ich bin begeistert.

ANGELA MERKEL wirkt entleert. Jetzt läuft das Regierungsprojekt ,Gut leben' an. Als wäre alles erledigt und Berlin hat keine Themen mehr, es wirkt kindisch. Warum fusionieren die Parteien nicht? Klar, wegen der vielen Posten, die dann wegfielen. Im Ausland staunt man, der ,New Yorker' beschreibt das deutsche ,Über allen Wipfeln ist Ruh'. – Vielleicht soll das Euro-Sklerotikum etwas in den Schatten gestellt werden? *(Isjaguhd, Meister)*.

In Österreich gibt es Punkteabzug, wenn Studienarbeiten nicht im Conchita Wurst-Format formulieren. ,Es geht uns um die Einstellung', erklärt eine Sprecherin zur ,gendersensiblen Sprache' (STEPHAN LÖWENSTEIN 1.12.14). Ach was, darum gings der FDJ auch.

Ein Leserbrief bietet eine Zitatensammlung auf, ein Jäger & Sammler wie ich!, von JOHANNES RAU über EGON BAHR, HANS EICHEL, H.-J. VOGEL bis WILLY BRANDT zur Frage deutscher Einheit, Zeitraum 1988 bis 1989. An der Spitze ein Blitztelegramm des SPD-Vorstands an die SED-Führung, worin versichert wird, die Beziehungen aufrecht zu erhalten und gegen Angriffe, Diffamierungen zu verteidigen. So waren die Grünen auch, eben alles, was links war.

Hallo Vater, schreibt Jonas, man überlegt in Dortmund, weibliche Ampeln einzuführen. Es ginge nicht, daß es nur Ampelmännchen gebe. Man weiß nur nicht, wie man Frauen abbilden soll. Brüste wären ja sexistisch, Kleid Klischee ... und für sowas bezahlen wir Steuern. – *Vaddi* freut sich, soviel ‚Bunte Republik'.

Es ist grotesk: während allenthalben gegen Markt, seine Akteure, gegen Nützlichkeit, gegen Marktpreise gewettert und moralisiert wird, ist es in der Bildungspädagogik umgekehrt. Dort wird Nutzen zum einzigen Maßstab für alles genommen. Die Fächer heißen wie Abteilungskürzel MNT, MSG, NWA oder EWG, die Vorsortierung in ‚brauchbares oder unbrauchbares Wissen' prägt Angebot und Gestaltung. Kenntnis von Dingen als Grundlage für Entscheidungen, Fähigkeiten als Basis für Kompetenzen geraten erst gar nicht aus dem Keller. Darüber wird nun seit Jahren, Jahrzehnten geschrieben, die ideologisierten Ressorts scheren sich nicht drum.

Der Mensch produziert Alkohol seit zehn Millionen Jahren, also schon im genetischen Frühzustand. Es ist wohl seine erste Überlebenshandlung, kann also nicht falsch sein und sollte fortgesetzt, ja forciert werden, die Verhältnisse gebieten es.

5.12. GOETHES Wahlverwandtschaften lassen mich erschüttert zurück. Die Figur Eduardens versammelt geläufige Handlungsmuster. Es ist der Umgang mit dem Schicksal, der schon dort die Frauen von den Männern scheidet.

STEPHEN HAWKING, 73, empfiehlt den Planeten langfristig zu verlassen und andere Siedlungsgebiete zu suchen, eher außerhalb des Sonnensystems. Denn die Maschinen übernähmen absehbar die Kontrolle (jom. 4.12.).

Das geht mir zu weit. Wir haben grade tapeziert und ausbauen wollen wir im ersten Stock auch noch. Blöd wärs schon, wenn alle gehen, dann *kammers Häusche auch ned mehr verkaufe*! Daher erneut: nur die Restlaufzeit bietet Trost. – Außerdem: bis das soweit ist, haben uns andere Ereignisse heimgesucht – ich *sachs, wiesis*! Ich nenne es, angelehnt an den Ereignishorizont, die Gravitationswellen, die von schwarzen Löchern ausgehen, insbesondere bei deren Verschmelzung. Alles, was sich zur großen Ordnung der Welt, ja zu ihrer Vernunft aufschwingt, endet in so einer ruinösen Gravitationswelle. Unser Land hat alle des letzten Jahrhunderts gehabt, ja genommen – wir sind es möglicherweise selbst, die Gravitationswelle – seht euch vor! Die erste Sortierung der Welt war die religiöse. Die fuhr als große Gravitationswelle um den halben Planeten, überschlug sich im Äußeren in den Kreuzzügen, im Inneren im Hexenhammer, diesem Kunstwerk aus Antisemitismus und Frauenhass, zwischendurch im Vernaschen von Protestanten, die auf dem Marktplatz von Auxerre geröstet wurden, von Mittel- und Südamerika nicht zu reden.

Der zweiten Sortierung der Welt arbeitete der religiöse Wahn gut vor, teils Hand in Hand mit dem Geschäft: der weiße Mann auf Weltreise. Die Pflege des Antisemitismus fand ihren Fundus in der ökonomischen Sortierung des Geschäfts. – Die nächste Sortierung gebar die europäische Dominanz von weltweitem Handel & Wandel: das transatlantische Sklavengeschäft fand seine Krönung im wissenschaftlichen Rassenwahn, finale Aufbereitung für das 20. Jahrhundert, worin der Antisemitismus in ein Weltbild eingerückt wurde.

Der Rausch des Wandels brachte die vierte Sortierung der Welt: die Dialektik der Aufklärung gebar den Klassenwahn.

Auch hierfür wurde das vergangene Jahrhundert zum Schauplatz konsequenter Exekution. Wohlgemerkt, ich spreche hier vom ‚weißen Mann‘, der Jesus ans Kreuz schlug, der Priester wurde, der die Juden verfolgte, der die Frauen zu Hexen erklärte, der Kaufmann wurde und die Welt auf Käufliches und Verkäufliches durchsuchte, der Wissenschaftler wurde und der Rasse und Klasse definierte und schließlich exekutierte.

Die jüngste Sortierung kommt ebenfalls als Retter daher. Das Billett ist nicht auf Rasse, nicht auf Klasse sondern auf die Natur ausgestellt. Das ist der Klimawahn im Aufzug des Ökologismus. Hinter seiner frommen Denkungsart nistet neuer Totalitarismus, die fünfte Vernunft, die planetarische Geltung und Umsetzung beansprucht. Die physische Existenz bleibt unberührt, immerhin. Einstweilen. Intoniert und durchfinanziert über ein Netz weltweiter Organisationen, wagt niemand sich dem zu entziehen, sei's Papst, Obama, die UNO oder das ZK in Asien.

JAMES BALDWIN sprach von den ‚moral monsters‘, moralischen Ungeheuern, weißen Amerikanern, die gar nicht verstehen, was die Schwarzen für ein Problem haben im Land der unbegrenzten Möglichkeiten. – Und jetzt der religiös drapierte archaische Aufstand des Kalifats gegen alle Vernunft. In Summa: für regionalen und übergreifenden Kollaps ist gesorgt, ja Vorsorge getroffen, bevor das Marsticket valide wird. Mein Abgang findet auf Erden statt! Es gilt die Zeit zu nutzen, der Planet braucht uns schließlich nicht. Niemand braucht uns. Wer war eigentlich dieser Niemand.

Auf einen 43-Punkte-Verriß Amerikas antwortet JOHN KORNBLUM, ehemaliger Botschafter in Berlin, flagrant, mit imperialem Selbstbewußtsein, mit Langzeitbewußtsein, das sich an Überleben orientiert. – ‚Spy Game‘ mit ROBERT REDFORD, viel Realismus in der Vorwegnahme technologischer Umwälzungen, also doch wieder STEPHEN HAWKING!

6.12. BODO RAMELOW ist neuer Thüringen-Chef, In Baden-Württemberg ist es WINFRIED KRETSCHMANN, in Bayern SEEHOFER, noch viermal CDU und neunmal SPD. Das konservative Element ist ein Hohlraum, die Zeitung spricht von der Dame ohne Unterleib. Vorsorgen & betreuen heißt das Programm, der Ideenspeicher für Politik sitzt links, von wo er seine Räume weitet. Von dort wird das konservative Narrativ entkernt, seine Orientierung neu gesetzt, eingesetzt.

Der Antisemitismus in Frankreich ist stabil. Nach den Friedhofsschändungen in Carpentras vor zwanzig Jahren bricht er sich erneut Bahn. Die Grundmotive von Habgier und Sozialneid finden unter dem Dreigestirn der Arroganz der Eliten, der programmatischen Aufladung im *Front National* und seiner religiösen Ausprägung im wachsenden Anteil von Muslimen keine Bändigung. So zersetzen sie den Firnis von Zivilisation.

Am Ende ihres Daseins hatte die Kastanie nur noch Blättchen, als der Frühling kam. So wars vor zwei Jahren. Wir suchten die Ursache und sahen, daß die Rinde an vielen Stellen aufgebrochen war, darunter war es schwarz, zum Teil klebrig. Ein Pilz wuchs den Stamm hinauf, der von den Wurzeln kommt. Er zieht den Lebenssaft, sodaß Blätter und Früchte verkümmern.

So geht das in einigen Bezirksversammlungen Berlins. Dort ist grade beschlossen, künftig keine Genehmigungen mehr für Veranstaltungen von Religionsgemeinschaften zu erteilen, den Weihnachtsmarkt nur noch unter dem Titel ‚Winterfest‘ zuzulassen. Das muslimische Opferfest ist bereits in ‚Sommerfest‘ umbenannt. Allenthalben wird an der Basis das Vokabular neutralisiert, d. h. der Inhalt hinter funktionaler Bezeichnung versteckt. – Auch in Solingen solls nicht länger Weihnachts- sondern ‚Winterbeleuchtung‘ heißen, Linksruck RÜDIGER SAGEL schlägt für den Martinstag das ‚Sonne-Mond-und-Sterne-Fest‘ vor (frei 6.12.). – Kulturelle Enteignung vom Feinsten.

Schon im SED-Modus wurden die Weihnachts- in Winterferien umbenannt. Es wiederholt sich unter der Tünche von Weltoffenheit, gepflegt von offenen Erben und orientierungslosen Mitläufern. – Vergleichbares passiert in der Medizin, wo erst Normierung ausufernde Abnormität gebiert – und die sodann behandeln, therapieren und disziplinieren möchte. Das Pensum des Suchtbeauftragten etwa wächst so ins Uferlose. Der Lebensuntüchtige wie der nach Stimulans Fragende geraten schnell unter Aufsicht, die Maßnahmen zur Hand hat. Das Strafmaß ist anständig. Das Spektrum von Individualität, die Farben des Lebens, das Subjektive von Entscheidungen, das Persönliche des Schicksals werden zur Disposition gestellt. *Framing*.

Ich hole die Langaxt und spalte Holz. Abends sitzen wir zu sechst um ein solides Feuer in der Waschmaschinentrommel, während der Vollmond hinter den laubkahlen Stämmen durchwandert. Mal sehen, was stehen bleibt, wenn mit schwerem Gerät die LSW, die Lärmschutzwand, errichtet wird. Ich bin dafür, ohne zu messen, ich werde sie nicht mögen. Der Ingenieur aus Dresden führte nachmittags die Beweissicherung durch. Er fand nur Risse im Haus, es hält. – Elvis wechselt den Abend über zwischen den Männern, die ihn am wenigsten mögen. Nur der Sitz auf der Bank zwischen ihnen wurde ihm verwehrt, sonst bekam er alles. – Götz Deml fordert Bilder an für den 50. Jahrestag des Abiturs. Mit den Bildern kommt die Erinnerung.

Hommage auf WoWi, nimmt man seine ganze Regierungszeit in Berlin und die Finanzen in den Blick. – Ich habe ihn nur im Segment ,Niemand hat die Absicht, einen Flughafen zu bauen' wahrgenommen. Ich mochte und kannte ihn nicht, FRANZ MÜNTEFERING vom ersten Tag hingegen. – Ein ganzer Abend über das System Zersetzung und Angst im ZDF-Neo. Wobei die nachgestellten Polizeiszenen und die Dialoge denen bei PETER SCHNEIDERS ,Rebellion und Wahn' im Dezember 1966 auffallend ähnelten, unter der Garde einer beständig nachsetzenden Springer-Presse. – Keins rechtfertigt das Andere. Beides war.

7.12. ROBERT MUGABE ist Mitglied im Club erfolgreicher Transit-Chefs. Das sind Leute, die im Rotbanner-Status Vermögensakkumulation betreiben, nach Ablauf das Geschäftsmodell wechselten und direkt aus Kapitalismus ins alte Muster zurückwechselten, also wieder KIM JONG-un-mäßig, aber mit Chance auf Spaß im *kabbdalisdschen* Ausland. Sein Täubchen, GRACE, 41 Jahre nach ihm, wird nach dem Quickie-Doktorchen – zack – Vorsitzende der Frauenliga, was immer das soll. Da muß ISABEL DOS SANTOS aus dem benachbarten Angola sich anstrengen, obwohl sie mit gewogenen 2.000.000.000 als reichste Afrikanerin geht, dem reichsten Transit-Chefchen EDUARDO zugetan.

ROBERT ist Spitzenkandidat in Zimbabwe für die nächste Wahl, das ist Standard. Dann zählt er 94. GRACE ist auf Beutezug, also Shoppingtour mit Dienstwagen bzw. -flugzeug, das Land liegt schließlich im Staub. – Bisweilen ist ‚Gucci-Grace‘, so der Kosename der Landsleute im Staub, auch operativ tätig, vertreibt Landarbeiter von frisch arrondiertem Grund&Boden und bewirtschaftet die Diamantenfelder, feinstes Exportgut. Damit Ruhe ist, eröffnet sie auch mal ein Waisenhaus, ganz wie KIM, der allerdings dazu berufsgrinst. Danach muß Frau Doktor wieder ins Flugzeug. Beim Flug übers Mittelmeer könnte sie glatt Landsleute tief unter sich entdecken, die auf Schlepperbooten den gleichen Weg nehmen, natürlich mit eher bescheidenen Ambitionen, sofern nichts kentert.

9.12. Ich bin geneigt, auf die Nutzung des ‚Populisten‘ durch die Zeitung zu reagieren. Mein Phlegma, vielleicht mein Beleidigtsein nach zwei Abweisungen, lassen es versanden.

Portrait des ‚Anständigen‘ verpaßt, HEINRICH HIMMLER in Familie, dann Interview mit T-Bone Burnett, alles was ich verpaßte, ‚Endstation Sehnsucht‘, alles was ich ewig sehen möchte. Die Seite der Zeitung platzt aus allen Nähten. – Immerhin: ‚Im Labyrinth des Lebens‘ aus Holland. Das Leben als Schadensfall, keine deutsche Regie, also weniger Larmoyanz. Das führt bisweilen zu kakophonem Hinterherlaufen, als schlägt beim Runterstürzen die Wasserflasche (Weisblech) auf jeder Treppenstufe auf. Aber so ist ein Durchkommen.

Heute Abend wieder weg von KRASSNITZER als Pfarrersdrama und hin zu SADE mit DANIEL AUTEUIL. Der ganze Film spielt, spiegelt sich in den Gesichtszügen des Schauspielers. Und die *terreur* des ROBESPIÈRRE als Massengrabschauplatz vermittelt den Eindruck dieser *Science Fiction*, die erst Moskau 1917/18 wiederaufnahm.

1989 interessierte uns das nicht zum Doppelband des 200. Jahrestages. Man war eben sozial-strukturell unterwegs. Da ist das Fallen der Guillotine nicht zu hören und auch nicht der Fall des abgetrennten Schädels in den Eimer. – Als stellte FRANCESCO MASCI seine Betrachtung Berlins unter den gleichen Gesichtspunkt, wenn er sagt, hier (in Berlin) vollende sich ‚die Trennung des Menschen von seinem eigentlichen Dasein in der Welt‘.

10.12. Das Schuldenregiment schleift alle Maßstäbe. In Münster sollen Dominikaner- und Clemenskirche verkauft werden. Die Zerlegung der Kultur in Deckungsbeiträge gewinnt Fahrt in NRW und fügt sich ein ins gender-ökologisch-soziale Enteignungsprojekt eines Matrix-Menschenbildes. – Von gleichem Format ist das hirnlose Auftürmen von Gedenktagen, denen zu folgen Sekretariatsarbeit erfordert. So verstrich gestern der ‚Welt-Antikorruptionstag‘ ohne jedes Gedenken, immerhin von 140 Staaten unterzeichnet, von Deutschland lieber nicht. Wahrscheinlich stört das sperrige ‚Anti…‘.

11.12. RALPH GIORDANO starb, 91.

CATERINA VALENTE ‚*at the Hollywood Palace*‘ (1965) um 8.40 Uhr, 10.00 Achim zum Verwaltergespräch, bringt mich aber keinen Cent weiter, 12.00 Hamburg, zum Degussa-Date. Mit kleiner Münze treffe ich nachmittags die Regisseurin von 1987 hinter einem amerikanischen Straßenkreuzer in ihrem Wohnhaus, dahinter die Veranda und ein Studio voller gefertigter Bühnenbilder, Figuren und allem sonst. Der kleine Raum ist mit mehr als zehntausend Arbeitsstunden gefüllt, mit Detail & Liebe zur Sache. – Dann sitzen wir drei Stunden, sie formuliert meine Ahnung, also das, womit ich mit dem anderen Blick auf meine Texte rechnete. Die hält sie vor den Horizont des Lebens, den die Form des Romas angemessen erfassen könnte.

N24 widmet sich dreiteilig dem ‚Aufstieg des Diktators'. Unter der beschleunigten Regie erscheint der Lauf der Ereignisse noch drängender. Von der zögerlichen Weigerung HINDENBURGS 1932 bis zur Folgesitzung des Rumpfparlamentes in der Kroll-Oper wars ein kurzer Weg. – Es war ein Weltanschauungskampf, der Brüller bot Unterwerfung an, dann Liquidation.

Grundlage wurden die Verwüstungen des ersten Weltkriegs, die Fixierungen von Versailles und der Antisemitismus, an den Hochschulen bereits 1919 bei nahe 100 %, jedenfalls in den Verbänden. – Mit dem Tag von Potsdam, Jochen war dabei, dreizehnjährig, wurde Preußen vereinnahmt, beim Begräbnis des HORST WESSEL an die Christen appelliert. Das war ein strategischer Angang der verbliebenen Projektionsflächen bürgerlicher Existenz.

12.12. In Dresden laufen 10-Tausend unter Parolen der Pegida-Sammlung gegen Islamisierung des Landes. SPD-Mann RALF JÄGER will rasch demaskieren und sieht Rechtsradikale in Nadelstreifen, klassische Standpunkthaltung im Pharisäer-Modus: ‚Herr sieh, ich bins nicht.' Die Friedrich-Ebert-Stiftung machts mit der AfD ebenso und beauftragt WILHELM HEITMEYER mit einem Pamphlet. – Die Kommunisten erklärten sich ununterbrochen die Welt mit Profit und Klasse, mehr brauchten sie nicht zum Existieren. Keine Lust auf Aus-ein-ander-setzung, auf erstmal wahrnehmen, erkennen, verstehen (warum laufen sie denn?), reagieren. Dauert eben!

Mit der Dezemberabrechnung kommt die Tantieme, bemerkt die Steuerberaterin. Das ist der Bonus für Erfolg im Geschäft, an dem sich der Geschäftsführer erfreuen soll. Als die Abrechnung auf dem Tisch liegt, ist das Antlitz des so Bedachten hingegen von blankem Entsetzen, ja kalter Wut gezeichnet. Die Abgabe beträgt 43 %, mit welchem Recht? Mit Steuerrecht, wird der Finanzchef antworten. – Ich hätte es besser spenden sollen, jedem, der den Kampf gegen das Raub-System aufnimmt. Das wäre absetzbar gewesen, es wäre ein besseres *feeling*, als der Blick auf diesen Steuerrausch, der das übrig Bleibende schal werden läßt.

15.12. Nach dem Besuch des Bremer Weihnachtsmarktes, der besser wegen Überfüllung geschlossen worden wäre, auch blöd, was machen die, die drin sind? – Das Protokoll einer Eigentümerversammlung schürft mir das Hirn auf: es werden ‚Mülleinhausungen' beschlossen, deren drei. Der Müll hauste bisher im Freien.

Was den Denkraum Berliner Symbolpolitik übersteigt, wird als ‚Schande für Deutschland' deklariert und aus dem Reinraum der Maskierten entsorgt. Nach RALF JÄGER klebt jetzt HEIKO MAAS die Pegida-Bewegung ab.

17.12. Die Suche nach ‚Bild-Texten' bringt mich zur Literatur der sechziger Jahre, zuerst zur ‚Dialektik der Aufklärung' von 1944. Jenseits der kleinen Freuden von Wiedererkennung erfordert der ungemein dichte Text alles, was ich vermag, um ‚Material für Bilder' zu destillieren, daneben POHL/TÜRCKES ‚Heilige Hure Vernunft' (1983) und HORST KURNITZKYS ‚Ödipus', schließlich ARNO GRUENS ‚Wider den Gehorsam' (2014).

Die Dialektik-Lektüre zeigt, wie viele Autoren 50, 60 Jahre später (noch) in ihrem Kontext schreiben. Der Text verdichtet so grob, daß kaum ein Durchkommen ist und zeigt den Hitler-Stalin-Pakt, welcher aus der Perspektive des Amerikaners THIMOTHY SNIDER die Gewaltspirale des ‚faschistischen und des kommunistischen ‚Tickets' illustriert. Deportierend, internierend und mordend verfügten beide Seiten über zahlreiche Länder.

20.12. Die Zeitung tituliert den Bericht über die Dresdener Pegida-Leute mit Verdummung. – Sie sollte damit in der Mitte der Gesellschaft beginnen, denn der Rand ist ein Produkt. – Im Falle des Terrorverdachts soll der Paß eingezogen und durch Sonderausweis ersetzt werden. Solche Dokumente haben ihre Besitzer bisher nicht gehindert.

Abends sind wir auf Amrum. Mimis (93) Ausdruck ist härter geworden. Jonas schickt eine sms: UDO JÜRGENS (80) sackte beim Spaziergang zusammen. – Vier Menschen sitzen und nehmen Stellung zum Tod. Am Abend drauf ist JOE COCKER (70) gegangen. Zwei gingen immer, wird bemerkt. Das Warten hält an.

22.12. Ein Mann fuhr mit seinem Lieferwagen in Nantes in die Menschenmenge. Er soll erst kürzlich zum Islam konvertiert sein. – Was besagt die Nachricht? Es steht nicht im Koran, daß der Gläubige mit dem Lieferwagen in Ansammlungen von Ungläubigen hineinzufahren hat.

25.12. Markus und Familie kamen, heute reisten sie ab. Zwanzig Minuten drauf fallen Leon & Jonas ein und begehren Essen. Marion zieht den Puter wieder in die Röhre und wir geben ihm den Rest, dazu ‚Pink' mit dem Melbourne-Konzert.

Was hältst Du für das Wesentliche, das Du der Welt mitteilen möchtest, daß es wert ist ihr mitzuteilen, das allgemeines Interesse trifft. – So ungefähr reagierte BARBARA BILABEL auf meine Tagebuch-Auszüge, Jahrgang 1987 und 1988. Seitdem sinniere ich am Aufbau, Umfang und Herangehen an eine Romanform. – Davon erzählte ich Markus, nachdem Yve und Peet im Bett waren. Der reagierte kreativ – aus der Perspektive des Konsumenten, wie er es bescheiden nannte. So eine Art ‚crowd-writing' im Netz. Und sprang sogleich auf das Ende

Titanic-Kalender, Wachskreide und Acryl auf Karton – 57 x 42 cm – 2000

eines solchen Projektes, den Ausblick: was erwartet uns, wieweit werden die Inhaber von Geld & Macht gehen, ungestört bleiben, bis sich bedeutende Teile abwenden, in Widerstand gehen. Überhaupt: wer wird das sein? – Dort ungefähr endete auch das Gespräch mit BARBARA. – Meine Schreibhypothese bleibt ,Enteignung des Menschen', bis zum Pessimismus des STEPHEN HAWKINGS. – Markus ging nun weiter, ganz praktisch. Er sprach von der Errichtung eines Netzwerks, das sich aus angebotenen Haltepunkten des Erzählstrangs, aus offenen Abzweigungen bildet, an denen Spezialisten für ,lokale Fragestellungen' weiterschreiben, Exkurse verfassen. – Das fand ich sehr reizvoll, und entlastend. – Es kann dazu führen, daß meine Arbeitshypothese von der Enteignung sich als konservativ, als stationär, ja rückwärts gewandt entpuppt, daß die Sache mit dem Menschenbild, dem europäisch zentrierten zumal, nur Teil beständiger Veränderung ist.

In der Post ist der ,Hexenhammer', jenes Teufelswerk christlicher Raserei von 1487, welches nächst den Juden die Frauen in Verfolgung nahm.

26.12.   … endlich knapp unter null Grad. – ,The King's Speech', wunderbar, unfaßbar die Engländer, so grotesk, *but serious*. – AMY WINEHOUSE ,Life at the Shepards Bush' von 2007 – ohne Worte!

28.12.   Das Netz: begreife all die Instrumente der Informatik, der neuen in Wort und Bild, als Verlängerungen, als Ausdehnung persönlicher Reichweite, eine einzige Verführung, die alles, was zwischen Menschen bisher ausgemacht wurde, von ihnen, zwischen ihnen abzieht – und ins Netz stellt. Das soziale Training des Annäherns, des Umgangs, der Erörterung und Auseinandersetzung, des Weggehens wegen Aussichtslosigkeit, all das verschwindet, wird ersetzt – durch eine Öffentlichkeit, Sichtbarkeit und allseitige Beurteilung, Kommentierung, auf die nur wenige vorbereitet sind. – Und nun zu den Nutzern, den persönlich überforderten, die Halt und Orientierung suchen und sich dafür auf diese Ebene privater Öffentlichkeit zurückziehen. Dort entäußern sie sich, bekommen Antwort, die sie schockt, sind empört und verletzt, vergreifen sich im Ton, sehen sich mißverstanden. Da ist ein Schein großer Freiheit, ewiger Reichweite und die Verführung zum Posieren, sich darbieten können. Auseinandersetzung hat keinen Raum, aber die große Freiheit ist berauschend, Flucht oder Zuflucht. – Frühchen im Netz, eine neue Ausbeutungsfläche: die erwachsenen ‚Pathen‘ (ADORNO und HORKHEIMER) beuten die unreifen und suchenden Jugendlichen aus.

So auch ‚Das verkaufte Lächeln‘. In dem Krimi bieten sich Jugendliche im Netz den Bedürfnissen pädophiler Männer an. – Mit dem ‚child on demand‘ geht es anders. Zwei Männer sind ein ‚Paar‘ und wollen ‚Eltern‘ sein. Das Kinderlebnis ist ihnen körperlich versagt. Sie mieten den Körper einer Frau, Vertragsfreiheit, wegen Verbots in Deutschland im Ausland. Dort sind Frauen in einer ‚Leihmutterliste‘ eingetragen, die gegen Entgelt Kinder für Dritte austragen. Die Auswahl unter den verfügbaren Leibern ist Sache des Auftraggebers, Katalog oder persönliche Anschauung werden angeboten. Der Auftraggeber verpflichtet sich zur Zahlung und Abholung des Kindes nach Austreibung. So folgt dem Organverkauf aus vorwiegend männlichen Körpern, bevorzugt Nieren, die Vermarktung des Frauenleibes für abendländisches Wohlsein. – Der BGH hat das Standesamt verpflichtet, zwei Männer als Eltern einzutragen.
Dem Mindestlohn folgte die Mindestlohnverordnung, umfangreiche Dokumentationspflichten auflistend. Nun folgt die Mindestlohndokumentationspflichten-Einschränkungsverordnung, ein weiteres Gespenst geht um! – Ab morgen sind die Mindestlohn-Ermittler los. Tausende Neueinstellungen werden fällig. Der Staatszirkus zieht seinen Weg.

Der Etat des Bundeslandes NRW basiert zunehmend auf Beschaffung, also auf Kunstverkauf und Ankauf von Steuer-CDs.

Wir kommen zum dynamischen Jahresabschluß: am 30. fragen wir an, ob's denn dieses Jahr ausfällt. Nein, Harald hat sich längst in die Vorbereitung köstlicher Häppchen geworfen, kredenzt weiß und rot – und nach Mitternacht erst verlassen wir das gastfreundliche Haus, in üblem Zustand – was allein dem ungestümen Zuspruch unsererseits geschuldet ist. Der Heimweg ist von Unfällen, genauer vom Umfallen gezeichnet, kleine Kollisionen, dann schieben wir zur Haustür.

Der 31. gebiert daher morgendlichen Entschluß: kein Alkohol zu Sylvester. – Auf der Gala-Feier im Hamme-Forum bestellt Marion die Ein-Liter-Flasche Fanta und ich Wasser, Flasche für Flasche. Das tut keinen Abbruch, der Abend gleichwohl fröhlich, ja unterhaltsam, wir tanzen – und holen um 1.30 den Wagen aus der Garage und fahren zur Gratulation von Reinhard in der neuen Prachtwohnung hinterm Wasserturm, schließlich ist der 60. annonciert. Doch die Feier im dritten Stock übertönt alle Klingelzeichen. So kehren wir ernüchtert nach Hause zurück. – Am 1.1. gehen wir reichlich spazieren, Marita kündigt Berliner an, vorher zu Birgit und Anja, wo Elvis und Jack die Bude erstmal klarmachen: mit ihren freudekündenden Schwänzen hauen sie binnen kurzem zwei volle Champagnergläser vom Tisch. Ich fege die Splitter auf, die Flasche wird geleert und wir wechseln zum Berliner-Stand, d. h. zu Marita.

Ab morgen gibt es neunzehn Notenbankchefs, aber unverändert nur fünfzehn Stühle im EZB-Rat. Die Reise nach Jerusalem nimmt ihren Weg. Goldfinger wird ein waches Auge haben, wer wann auf der Zuschauerbank sitzt, wenn er sein Anleihekaufrausch-Programm zur Abstimmung stellt. Am Haftungseinstand der Teilnehmer, Deutschland mit 26 %, ändert sich ja nichts! Auch, *wemmer nur zuguggd.*

Wichtig noch: mit dem Körperumfang wächst der Diskriminierungsschutz.

Das Büro vor dem Theater

Bayern schlägt Amerika

Als ob die Bayern nicht schon genug Selbstbewusstsein hätten. Standard & Poor's bestätigte am Freitag die Bonitätsnote für den Freistaat mit „AAA", die höchste Stufe. Bayerns Kreditwürdigkeit ist damit besser als die der Vereinigten Staaten, die seit dem Jahr 2011 nicht mehr mit dem höchsten Rating beurteilt werden. Kleiner Wehmutstropfen: Auch Konkurrent Baden-Württemberg hat den Ritterschlag bekommen.

205

Michael Jackson Crucified 2009
Acryl, Collage auf Holz – 40 x 40 cm

Das Pressefeld ist die Wüste, in der die lange Ausgießung seines Lebens in den
Stürmen der Bühnen zum Ende kommt – zugedeckt vom Trost der Kathedralen
– ikonographisch: Kreuzigung

Michael Jackson Resurrected 2009
Acryl, Collage auf Holz – 40 x 40 cm

Mancher Untergang kommt nicht zum Ende. Die Rastlosigkeit der öffentlichen Debatte,
der globale Diskurs seines Weges zum Ende, von Medizin und Medizinmännern gehemmt
und gefördert, gestattet das Ende nicht, die Bestattung.
– ikonographisch: Wiederauferstehung

Namensverzeichnis

Annegoni, Pietro | 85
Arafat, Jassir | 132
Aragon, Louis | 96
Araújo, Heriberto | 55
Arnim, H. Herbert von | 108, 187
Auster, Paul | 27
Badinter, Robert | 69
Baldwin, James | 191
Bastiat, Frédéric | 8
Bauer, Theresa | 49
Belfort, Jordan | 170
Bengel, Michael | 121
Benjamin, Walter | 96
Benn, Gottfried | 123
Berg, Manfred | 69
Berlusconi, Silvio | 69
Best, Werner | 5, 7, 38, 53, 87, 125
Biermann, Wolf | 176 f.
Börsch-Supan, Axel | 111
Brandauer, Klaus Maria | 50
Brandt, Willy | 185, 188
Brendel, Micha | 183
Brock, Bazon | 64, 68, 128, 130 f.
Brown, James | 137, 170
Brzeziński, Zbigniew | 72, 83 f., 104
Bsirske, Frank | 110
Bucharin, Nikolai | 44, 48, 65
Buschmann, Marco | 111
Bush, George W. | 128, 136 f.
Cardenal, Pablo | 55
Carmignac, Edouard | 63
Castro, Fidel | 63
Choltitz, Dietrich von | 12
Christiansen, Sabine | 140, 144, 164
Churchill, Winston | 146
Dalí, Salvador | 71, 73
de Lillo, Don | 27, 137

Deterding, Heinrich | 102
Dobrindt, Alexander | 109 f., 173
Dönhoff, Marion Gräfin | 54
Dönitz, Karl | 14, 185
Döpfner, Mathias | 61
dos Santos, Eduardo | 125, 193
dos Santos, Isabel | 193
Draghi, Mario | 42, 60, 63, 69, 142, 145, 153, 181
Duchamp, Marcel | 131
Edathy, Sebastian | 77
Engelen-Kefer,Ursula | 111
Erdoğan, Recip | 43, 170
Erhard, Ludwig | 54, 177
Eumann, Marc Jan | 107
Fahimi, Yasmin | 165
Fenske, Henning | 168
Fischer, Joschka | 66
Fliecx, Michel | 50
Freisler, Roland | 12
Freud, Lucian | 35, 55, 58, 83
Freud, Sigmund | 24
Fromm, Erich | 52, 125
Gabriel, Sigmar | 61, 92, 110, 144
Galison, Peter | 65
Gamm, Hans-Jochen | 24
Gauweiler, Peter | 177
Gedeck, Martina | 96
Göbel, Heike | 51
Göbel, Lutz | 164
Goethe, J. Wolfgang von | 112, 187, 189
Goppel, Alfons | 15
Göring, Hermann | 14, 183, 185 f.
Greig, Gerdie | 35, 55
Gruen, Arno | 7, 197
Grün, Lili | 53

GRÜNEWALD, STEPHAN | 110
GUMBRECHT, HANS ULRICH | 143
GUTTENBERG, KTG | 144
GYSI GREGOR | 72, 157, 177
HABERMANN, GERD | 10, 177
HABERMAS, JÜRGEN | 126
HADERTHAUER, CHRISTINE | 126 f., 141
HADERTHAUER, HUBERT | 127
HAFFNER, SEBASTIAN | 88
HAFTMANN, WERNER | 68
HANKEL, WILHELM | 39
HASE, PAUL VON | 102
HAWKING, STEPHEN | 18, 189, 191, 198
HEIDKAMP, KONRAD | 74 f., 78, 85
HEITMEYER, WILHELM | 196
HERMANN, RAINER | 67
HERRHAUSEN, ALFRED | 188
HERZ-SOMMER, ALICE | 37
HIEBER, JOCHEN | 68
HIMMLER, HEINRICH | 13, 30, 102, 132, 194
HIRSCHI, CASPAR | 11
HITLER, ADOLF | 12 f., 34, 38, 53 f., 89, 185, 197
HOFFMAN, PHILIP SEYMOUR | 30
HOFREITER, ANTON | 101
HOLLANDE, FRANÇOIS | 147
HOLM, KERSTIN | 20, 72, 145
HÜBNER, CHARLY | 175
INACKER, MICHAEL | 51
JAGGER, MICK | 68, 170
JAMES, DON | 145
JANUKOWITSCH, WIKTOR | 35, 37
JAUCH, GÜNTHER | 96, 144
JENS, WALTER | 68
JEROFEJEW, VICTOR | 84
JUNCKER, JEAN CLAUDE JCJ | 66, 69, 95, 103, 134, 174, 180 f.
JÜNGER, ERNST | 38
KAESLER, DIRK | 53
KAFKA, FRANZ | 66
KAHN, OLIVER | 98
KAUBE, JÜRGEN | 145
KAUDER, VOLKER | 81 f., 94, 108, 177
KEHLMANN, DANIEL | 3, 27, 94, 96
KELLEY, DOUGLAS M. | 186
KERMANI, NAVID | 81 f., 101
KIELMANSEGG, PETER GRAF | 73
KILB, ANDREAS | 70
KISSLER, ALEXANDER | 133
KLITSCHKO, VITALI | 35
KLUGE, ALEXANDER | 59 f., 63
KNIFFKE, KAI | 156
KOESTLER, ARTHUR | 53
KOHL, HELMUT | 3, 27, 153, 165, 174, 183
KOHLER, STEPHAN | 144, 118
KÖHLER, MICHAEL | 51
KOLONKO, PETRA | 124
KORNBLUM, JOHN | 191
KRAFT, HANNELORE | 164, 179
KREIDL, JAKOB | 38
KRETSCHMANN, WINFRIED | 9, 20, 39, 54, 191
KRIEGER, NOAH | 69
KROES, NEELIE | 32
KRUGMAN, PAUL | 167
KUNERT, GÜNTER | 19 f., 52, 55
KURZWEIL, RAY | 126
LAGARDE, CHRISTINE | 95, 133, 179
LE PEN, MARINE | 147, 167
LENZ, SIEGFRIED | 68, 156
LETHEN, HELMUT | 155
LOBO, SASCHA | 54

LÖHRMANN, JULIA | 121
LOMBARDI, MARK | 164
LÖWITH, KARL | 31
LUHMANN, NIKLAS | 11, 111
MAGATANZ, KURT | 69
MANN, THOMAS | 48, 111 f., 114, 177
MARGOLIN, JULIUS | 37
MÀRQUEZ, GABRIEL G. | 63
MARX, KARL | 24
MASCI, FRANCESCO | 70, 194
MAYER, THOMAS | 173
MERKEL, ANGELA | 19, 21, 23, 31, 60, 84, 110, 112 f., 140, 144, 178, 181, 188
MERLEAU-PONTY, MAURICE | 53, 65
MIDDELHOFF, THOMAS | 144
MIELKE, ERICH | 33
MINKMAR, NILS | 125, 147
MOORE, MICHAEL | 136 f.
MORTIER, GERARD | 63
MUGABE, GRACE | 151
MUGABE, ROBERT | 151, 193
MÜLLER, HEINER | 59
MÜLLER, REINHARD | 43
MUSIL, ROBERT | 42, 51
NAHLES, ANDREA | 57, 62, 76, 111, 177
NAWALNY, ALEXEJ | 124
NIETZSCHE, FRIEDRICH | 96
NOLDE, EMIL | 68
OPPERMANN, THOMAS | 108
PACKER, GEORGE | 129
PEYMANN, CLAUS | 41
POLT, GERHARD | 16, 82, 156
PRIZKAU, ANNA | 145
PUJOL, JORDI | 123
RAFFELHUESCHEN, BERND | 110
RAMELOW, BODO | 172, 186, 191
RAU, JOHANNES | 107, 164, 188

REED, LOU | 74
REICH-RANICKI, MARCEL | 96
RESCH, JÜRGEN | 120
REUSS, ROLAND | 110
RICHARDS, KEITH | 5, 68
ROBBEN, ARJEN | 98
ROGOFF, KENNETH | 182
RULAND, FRANZ | 111
SACHS, GUNTER | 66
SARRAZIN, THILO | 41
SARTRE, JEAN PAUL | 126
SAVINIO, ROBERTO | 49
SCHABOWSKI, GÜNTER | 155
SCHALAMOW, WARLAM | 26 ff., 35, 37, 53
SCHALCK-GOLODKOWSKI, A. | 33
SCHÄUBLE, WOLFGANG | 27, 141, 165, 170, 180 ff.
SCHEUER, ANDREAS | 15 f., 20
SCHEWARDNADSE, EDUARD | 109
SCHIRRMACHER, FRANK | 40, 96, 101
SCHMID, GEORG | 99, 126
SCHMIDT, ERIC | 61, 65
SCHMIDT, HELMUT | 153
SCHMINCKE, HANS-ULRICH | 123
SCHMOLL, HEIKE | 81, 165
SCHULZ V. THUN, F. | 93
SCHULZ, MARTIN | 69, 71, 79 f.
SCHÜMER, DIRK | 52
SCHWOCHOW, CHRISTIAN | 175
SEEHOFER, HORST | 98, 191
SEMPRUN, JORGE | 28
SHORE, MARCI | 138, 140
SIGMUND, ANNA-MARIA | 185
SIMPSON, COLIN | 146
SNIDER, TIMOTHY | 197
SOARES, MARIO | 186
SOMUNCU, SERDAR | 79

Spaemann, Robert | 81
Spaenle, Ludwig | 99
Späth, Lothar | 54
Stadelmeyer, Gerd | 111
Stalin, Josef | 27 f., 36, 43 ff., 53, 65, 136, 197
Steigerwald, Robert | 37, 65
Steinbrück, Peer | 54, 107, 153, 180
Steinmeier, Frank-Walter | 144
Stoiber, Edmund | 16
Suntum, Ulrich von | 5 f.
Tauber, Peter | 81
Tenorth, Heinz-E. | 121
Thuss, Holger | 77
Tol, Richard | 119
Töpfer, Klaus | 146
Torp, Cornelius | 111
Trakl, Georg | 63
Trittin, Jürgen | 19, 21, 55
Ulfkotte, Udo | 153, 144, 164
Üxküll-Gyllenbrand, N. Graf v. | 102
Vaubel, Roland | 95
Vogl, Josef | 137
Voigt, Martin | 24 f.
von der Leyen, Ursula | 37
Voss, Gerd | 111, 152
Vuillard, Éric | 70
Wagschal, Uwe | 68
Wanka, Johanna | 168 f.
Warhol, Andy | 143, 165, 179
Weber, Manfred | 94
Weber, Max | 53
Weber, Peter | 94
Wickert, Ulrich | 118, 144, 146, 149, 164, 173
Wiethölter, Rudolf | 93
Wowereit, Klaus, Wowi | 39, 71, 193

Wulff, Christian | 181
Wurst, Conchita | 75 f., 188
Xi, Jinping | 41, 124 f.
Zulauf, Felix | 142
Zürn, Unica | 143

THEMENVERZEICHNIS

BAYERN | 8, 15 f., 38, 98 f., 126

BILDUNG | 20 f., 39, 75, 109, 189

CHINA | 41, 55, 124, 126, 150

ENTEIGNUNG | 24 ff., 39, 73, 79 ff.

EUROPA | 5 f., 39, 51, 69, 101, 147, 149, 151, 179 ff.

FRAUENKINDER | 24, 30, 67

GENDERSPRECH | 75 f., 165 f., 192

GRIECHENLAND | 60, 66, 69, 151

KLIMAWAHN&ENERGIE | 19, 31 ff., 55, 92, 106 f., 166

KOMMUNISMUS | 27 f., 33, 36, 42, 43–48, 52, 65, 155, 157

NAZI | 7, 12 ff., 22, 28 ff., 33, 102 f., 183 ff.

PARTEIEN, BUTAGMIN. | 36, 108, 149, 151, 164 f., 187 f., 191

UKRAINE | 35 f., 37, 57, 72, 83

AUSFAHRTEN

SAASFEE | APRIL

BERLIN | MAI

MALTA | JULI

PORTUGAL | AUGUST

SEGELNNEAPEL | OKTOBER

Abkürzungen

AfD	Alternative für Deutschland
BIP	Bruttoinlandsprodukt
BIP©	System von Bildung-Information-Politik
BIZ	Bank für Internationalen Zahlungsausgleich
DENA	Deutsche Energie-Agentur
EKKI	Exekutiv-Komitee der Kommunistischen Internationale
EnEV	Energieeinsparverordnung
ESM	Europ Stabilitätsmechanismus
IfW	Institut für Weltwirtschaft
KfW	Kreditanstalt f Wiederaufbau
KMU	kleine und mittlere Unternehmen
MEW	Marx-Engels-Werke
PEP©	Posten-Einkommen-Pensionen
WSV	Wirsctahftsstabilisierungsfonds

Phantastisches
Tagebuch 1985–1989
Von einem, der vergaß, älter zu werden und mitten im Leben damit anfing

WELTBILDER

Christian Seegert – Phantastisches Tagebuch – Band 1

1990 – 1994
Ab in die Kehrtwenden des Lebens

HAMBURGER MORGENPOST

Die Sensation ist perfekt

● DDR-Bürger dürfen ab sofort direkt in die Bundesrepublik und nach West-Berlin ausreisen

Die MAUER ist weg!

Drei Tote auf der Fähre „Hamburg"
Stur auf Kurs ins Unglück

● Im Bundestag sangen sie die Nationalhymne
● Riesenansturm wird heute in Berlin erwartet

Christian Seegert
Phantastisches Tagebuch – Band 2

2012
„... what ever it takes ..."

Christian Seegert
Phantastisches Tagebuch – Band 7.1

2013
„Der Euro, Aladin & die Wunderbank"

200 aus sieben Banken fusioniert-2012 verstaatlicht-526 Milliarden

Christian Seegert
Phantastisches Tagebuch – Band 7.2

2014

...die „casa del papel" im Aufbau

Christian Seegert
Phantastisches Tagebuch - Band 7.3

2017

Das Glas ist voll!

Christian Seegert
Phantastisches Tagebuch - Band 9

2018¹

Das Glas - Das Erdbeben - Das Sandwich

Christian Seegert
Phantastisches Tagebuch - Band 10

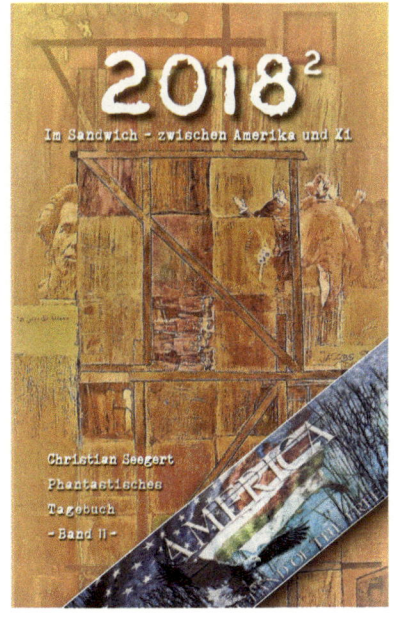

2018²

Im Sandwich - zwischen Amerika und Ki

Christian Seegert
Phantastisches
Tagebuch
- Band 11 -

2019[1]

CeOh² oder ABisCet - eins geht nur - oder keine ...

Christian Seegert
Phantastisches Tagebuch - Band 12

2019[2]

Was sehen Sie?

Christian Seegert
Phantastisches Tagebuch - Band 13

2020[1]

Vom Durchmarsch des
viralen Wanderzirkus

Christian Seegert
Phantastisches Tagebuch - Band 14